"十二五"普通高等教育汽车服务工程专业规划教材

（第二版）

汽车金融
Qiche Jinrong

强添纲　孙凤英　主编

人民交通出版社
China Communications Press

内容提要

在汽车的生产、销售、维修服务及消费者购买过程中，汽车金融是通过货币流动和信用渠道所进行的筹资、融资及相关金融服务的一系列金融活动的总称，内容包括资金筹集、信贷运用、抵押贴现、证券发行和交易，以及相关保险、投资。汽车金融服务对提高汽车生产、服务、消费行业的资金使用效率，推动汽车产业结构的优化和升级，调节国民经济中生产与消费不平衡具有重要作用。

本书共分八章，主要阐述了汽车金融及其作用，汽车金融体系，汽车消费信贷与模式，汽车消费信贷的风险和风险管理，汽车消费信贷的操作实务，汽车金融公司的资本结构、融资方式、赢利模式与金融产品，我国汽车消费信贷的法律实务，汽车保险与保险程序，汽车保险的理赔等。本书兼顾学术性和实用性，引证典型实例，有较强的针对性，切合专业技术人才培养的要求。

本书既是高等院校汽车服务工程专业的教材，也可作为汽车类、交通运输类、金融与保险类专业的选修课教材，同时，还可作为汽车金融公司、汽车经销商、保险公司从业人员的培训用书及广大汽车消费者的参考书。

图书在版编目(CIP)数据

汽车金融/强添纲,孙凤英主编.—2版.—北京:人民交通出版社,2012.6
ISBN 978-7-114-09821-5

Ⅰ.①汽… Ⅱ.①强…②孙… Ⅲ.①汽车—金融—高等学校—教材 Ⅳ.①F830.571②F840.63

中国版本图书馆 CIP 数据核字(2012)第 108360 号

"十二五"普通高等教育汽车服务工程专业规划教材

书　　名：	汽车金融（第二版）
著 作 者：	强添纲　孙凤英
责任编辑：	夏　犇
出版发行：	人民交通出版社
地　　址：	(100011) 北京市朝阳区安定门外外馆斜街3号
网　　址：	http://www.ccpress.com.cn
销售电话：	(010) 59757973
总 经 销：	人民交通出版社发行部
经　　销：	各地新华书店
印　　刷：	北京市密东印刷有限公司
开　　本：	787×1092　1/16
印　　张：	14
字　　数：	361 千
版　　次：	2009年3月　第1版 2012年7月　第2版
印　　次：	2018年11月　第2版　第5次印刷
书　　号：	ISBN 978-7-114-09821-5
定　　价：	29.00 元

(有印刷、装订质量问题的图书由本社负责调换)

前言

Qianyan

随着汽车产业的快速发展,汽车消费主体日益多元化,广大消费者对高质量汽车服务的渴求日益凸显,汽车厂商围绕提升服务质量的竞争业已开展,市场竞争从产品、广告层面提升到服务层面,这些发展和变化直接催生并推进了一个新兴产业——汽车服务业的发展与壮大。

当前,我国的汽车服务业正呈现出"发展快、空间广、变化大"的特点。"发展快"是与汽车工业本身的发展和社会汽车保有量的快速增长相伴而来的。"空间广"是因为我国的汽车普及率尚不够高,每千人拥有的汽车数量还不及世界平均水平的1/3,汽车服务市场尚有很大的发展潜力,汽车服务将是一个比汽车工业本身更广阔的产业。"变化大"一方面是因为汽车后市场空前繁荣,蓬勃发展,大大拉长和拓宽了汽车产业链。汽车技术服务、金融服务、销售服务、物流服务、文化服务等新兴的业务领域和服务项目层出不穷;另一方面是因为汽车服务的新兴经营理念不断涌现,汽车服务的方式正在改变,传统的业务分离、各自独立、效率低下的模式,向服务主体多元化、经营连锁化、运作规范化、业务集成化、品牌专业化、技术先进化、手段信息化、竞争国际化的方向发展,这将进一步促进汽车服务业向纵深发展。

汽车金融是依托并促进汽车产业发展的服务性活动。国外汽车金融发展已经有近百年的历史,其发展水平已经相当完善,汽车金融已成为位居房地产金融之后的第二大个人金融服务项目,是一个规模大、发展成熟的产业,每年的平均增长率在3%左右。目前,在全世界每年的汽车销售总额中,现金销售额占30%左右,汽车金融服务融资约占70%左右。当今世界,整个汽车产业的价值链已经发生了根本性的变化,金融服务成为最有价值的环节之一。未来的汽车市场将不再是单纯车型的竞争,在很大程度上是围绕金融服务展开竞争。竞争的结果将决定未来汽车市场的格局。

因此,汽车厂商和服务商对高素质的汽车金融服务人才的需求比以往任何时候都更加迫切。在这种背景下,根据我国汽车金融近年来发生的变化,我们对《汽车金融》教材第一版进行了修订。修改后的教材进一步完善了教材体系,调整了教材结构,对前后有较大重复的第八章内容,并入到第四章,细化了第六章汽车消费信贷法律实务内容,删除了原第七章中与汽车金融需求者关系不大的第一节和第二节"汽车保险的风险和风险管理"内容,删除了第三节中"汽车保险制度"和"保险市场"等内容,增加了保险的理赔内容,使教材结构更加合理,知识体系更加完整,符合认知规律,便于学习;并处理好了重点与一般的关系;第二版教材文字规范,语言流畅、简练,文图配合适当。

  本书共分八章,以汽车金融为主线,坚持理论与实践并重的原则,系统地介绍了汽车金融及其作用,汽车金融体系,汽车消费信贷与模式,汽车消费信贷的风险和风险管理,汽车消费信贷的操作实务,汽车金融公司的资本结构、融资方式、赢利模式与金融产品,我国汽车消费信贷的法律实务,汽车保险与保险程序,汽车保险的理赔等内容。兼顾学术性和实用性,引证典型实例,有较强的针对性,适合专业技术人才培养的要求。

  本书既是高等院校汽车服务工程专业的教材,也可作为汽车类、交通运输类、金融与保险类专业的选修课教材,同时,还可作为汽车金融公司、汽车经销商、保险公司从业人员的培训用书及广大汽车爱好者的参考书。

  本书由东北林业大学强添纲教授和孙凤英教授主编。参加编写人员的分工如下:强添纲(第一章)、武慧荣(第二、三章)、张文会(第四、六章)、王宪彬(第五章)、孙凤英(第七、八章)。本书在编写过程中参考了部分学者的研究成果和公开发表的论著,在此谨向原作者致以深深的谢意。

  由于编者的经验和水平所限,疏漏和不妥之处在所难免,敬请广大读者批评指正。

编 者

2012 年 2 月

目 录
Mulu

第一章　绪论 ··· 1
　第一节　汽车金融及作用 ·· 1
　第二节　汽车金融体系 ··· 6
　第三节　汽车产业与汽车金融的关系 ··································· 9
　思考练习题 ··· 12

第二章　汽车消费信贷与风险 ·· 13
　第一节　汽车消费信贷概述 ·· 13
　第二节　国内外汽车消费信贷的发展 ·································· 16
　第三节　国内外汽车消费信贷主要模式 ······························· 21
　第四节　汽车消费信贷风险及管理 ····································· 26
　思考练习题 ··· 32

第三章　汽车消费信贷操作实务 ··· 33
　第一节　以银行为主体的汽车消费信贷操作实务 ·················· 33
　第二节　以经销商为主体的汽车消费信贷操作实务 ··············· 54
　第三节　以汽车金融公司为主体的汽车消费信贷操作实务 ····· 57
　思考练习题 ··· 59

第四章　汽车金融公司的赢利模式与产品 ···························· 60
　第一节　汽车金融公司 ·· 60
　第二节　汽车金融公司的赢利模式 ····································· 66
　第三节　其他汽车金融盈利模式 ·· 69
　第四节　汽车金融产品的开发与销售 ·································· 72
　思考练习题 ··· 77

第五章　汽车金融公司的融资 ·· 78
　第一节　汽车金融公司的融资方式 ····································· 78
　第二节　汽车金融公司的资本结构 ····································· 80
　第三节　债务筹资分析 ·· 85
　第四节　股权筹资分析 ·· 92
　思考练习题 ··· 97

第六章　汽车消费信贷法律实务 …… 98
第一节　汽车消费信贷的法律规制 …… 98
第二节　汽车所有权的转移 …… 100
第三节　汽车消费信贷的其他法律问题 …… 103
思考练习题 …… 109

第七章　汽车保险与保险程序 …… 110
第一节　概述 …… 110
第二节　机动车交通事故责任强制保险 …… 113
第三节　基本险 …… 120
第四节　附加险 …… 135
第五节　汽车投保 …… 143
第六节　保险公司核保 …… 147
第七节　缮制与签发保险单 …… 158
第八节　续保与批改 …… 160
思考练习题 …… 160

第八章　汽车保险的理赔 …… 162
第一节　汽车保险理赔案件的受理 …… 162
第二节　汽车保险理赔的处理技术 …… 169
思考练习题 …… 212

参考文献 …… 214

第一章 绪 论

汽车金融学是一门介于汽车产业经济学、货币银行学、保险学和投资学等学科之间的边缘学科。它是以这些学科的基本理论和基本方法为基础,逐步独立和发展起来的,是专门研究汽车金融活动的方法和规律的科学。它的研究对象是货币资本在汽车生产、交换、消费及服务领域的配置方式与配置效率。

第一节 汽车金融及作用

汽车金融是依托并促进汽车产业发展的金融业务。国外汽车金融发展已经有近百年的历史,其发展水平已经相当完善,汽车金融已成为位居房地产金融之后的第二大个人金融服务项目,是一个规模大、发展成熟的产业,每年的平均增长率在3%左右。目前,在全世界每年的汽车销售总额中,现金销售额占30%左右,汽车金融服务融资约占70%左右。当今世界,整个汽车产业的价值链已经发生了根本性的变化,金融服务成为最有价值的环节之一。未来的汽车市场将不再是单纯车型或新技术的竞争,而是围绕金融服务展开的竞争。竞争的结果将决定未来汽车市场的格局。

一、汽车金融

在汽车的生产、销售、维修服务及消费者购买过程中,汽车金融是通过货币流动和信用渠道所进行的筹资、融资及相关金融服务的一系列金融活动的总称。换句话说,汽车金融是指资金在汽车领域如何流动的。其基本任务是运用多种金融方式和金融工具筹集和融通资金,支持汽车生产、流通、维修服务和消费,促进汽车再生产过程中的资金良性循环,保障汽车再生产过程的顺利进行。它是汽车制造业、流通业、维修服务业与金融业相互结合渗透的必然结果,涉及政府法律、政策行为以及金融保险等市场的相互配合,是一个相互交叉、彼此渗透的复杂系统。

汽车金融是在汽车生产、销售、使用过程中,由金融及非金融机构向汽车生产、流通及消费环节提供的融资及其他金融服务,包括对生产商、经销商提供的短期融资、库存融资和对用户提供的消费信贷或融资租赁等,是汽车生产、流通、消费的各个环节中所涉及的资金融通方式、路径,包括从资金供给者到资金需求者的资金流通渠道。

汽车金融的含义可以分为两个层次:第一层次是针对汽车制造商、零部件企业的传统金融业务。如各类长、短期贷款、委托贷款、银行承兑汇票融资贴现、保函、信贷保险业务等金融产品,为汽车整车及零部件生产企业进行项目融资和营运资金融通等服务;以及由保险公司提供财产险、机器损坏险、产品责任险、运输险等保险服务。第二个层次是针对流通和消费环节提供的金融服务,主要是汽车消费信贷、融资租赁、经销商库存融资、营运设备融资等零售业务。

汽车金融作为一个完整的整体,其资金融通应是一个全方位的资金融通过程,作为汽车金融领域的资金需求者,既应该有汽车需求者,也应该有汽车供应者;作为资金供应者,既应该有银行等金融机构,也应该有资本市场上的广大投资者,还应该有汽车投资基金等新的资金来源。

汽车金融服务主要是在汽车的生产、流通、购买与维修服务等消费环节中融通资金的金融活动,包括资金筹集、信贷运用、抵押贴现、证券发行和交易,以及相关保险、投资活动,具有资金量大、周转期长、资金运动相对稳定和价值增值性等特点。汽车金融服务机构包括商业银行、信贷联盟、信托公司等金融机构,也包括汽车金融服务公司等非金融机构等;汽车金融服务模式包括分期付款销售方式、融资租赁方式、汽车销售融资公司的再融资方式、信托租赁方式等几种主要的形式。

二、汽车金融的作用

金融行业在经济发展中的重要作用毋庸置疑,而汽车产业则多是发达国家或发展中国家的支柱产业。将汽车产业与金融结合起来,在宏观上和微观上都有其重要的意义。

1. 汽车金融服务的宏观作用

在宏观上,汽车金融对于国民经济具有重要的作用,主要表现在以下几个方面。

(1) 调节国民经济运行中生产与消费不平衡的矛盾。从汽车金融最基本的职能上来说,汽车金融的产生和发展调节了国民经济运行中生产和消费不平衡的矛盾。生产力的发展加速了生产社会化和消费社会化,产品结构变化中价值高的汽车等家庭耐用消费品生产的发展,引领电子工业和材料工业的发展,并带动整个产业结构和技术结构体系的变革,这种变革强烈地刺激人们的现实消费需求和潜在消费需求。然而社会满足这种消费需求的能力却非常有限,而汽车金融则能调节国民经济运行中的生产和消费不平衡的矛盾,刺激了消费。发展汽车金融不仅能平衡汽车供需之间的矛盾,而且能解决整个生产流通消费的资金运转问题。汽车金融服务机构资金的大部分来自消费者的储蓄,同样它应该而且也可以在汽车的生产性信贷和汽车的消费性信贷之间作适当的分配,以调节和保证社会消费基金与社会生产基金之间的平衡。

(2) 充分发挥金融体系调节资金融通的功能,提高资金的使用效率。汽车金融的独特功能在于它能够充分发挥金融体系调节资金融通的功能,通过汽车金融机构的专业化分工,实现汽车生产领域和流通领域资金的相互分离,以改善汽车产业的资金循环。并在此基础上,进一步理顺流通领域的资金流向,更多地由专业化的汽车金融机构面对汽车消费者,开展汽车金融零售业务,由其他金融机构以购买汽车贷款支持证券或商业票据等方式,间接参与汽车金融业务,从而加快资金在汽车产业与金融业之间的流转速度,降低资金风险,提高资金的使用效率,最终促进汽车产业与金融业取得持续、稳定、协调发展。

(3) 汽车金融服务的发展有助于推动汽车产业结构的优化和升级。建立完善的汽车金融体系,可以通过资产证券化、商业票据等金融工具筹集资金,对上游汽车配件企业进行融资,支持其设备更新和技术改造,进而推动生产效率的提高和成本降低。还可以通过对下游汽车经销商的融资,建设标准的品牌专营店,提供优质的售后服务,增强品牌竞争力,促进汽车产业的良性发展。

(4)汽车金融服务通过乘数效应以及与其他产业的高度关联性,促进国民经济的发展。汽车金融服务能够推动汽车产业的发展,对国民经济发展产生巨大的投资乘数效应。由于汽车工业具有中间投入比例大、价值转移比例大、投资量大、规模经济要求高、与国民经济的很多部门联系密切等特点,决定了汽车工业的发展既依赖于很多产业部门,又对国民经济的发展具有很大的带动作用。汽车金融服务对国民经济的巨大乘数效应就是通过汽车工业对相关产业的带动作用体现出来的。

首先,汽车金融服务通过汽车产业的"高价值转移性",对制造业和其他部门实现其带动功能。汽车产业对其他产业有较高的依赖性,能对其他产业产生"高价值转移性"。汽车工业直接需求依赖最大的主要是机械制造加工业、冶金和橡胶制品业等几个行业。正是汽车产业具有这种价值转移的特性,汽车金融才能通过为其流通、消费甚至特殊情况下的生产提供金融支持的办法,疏通汽车产业的上下游通道,避免产品的积压和库存,缩短周转时间,提高资金使用效率和利润水平,较大幅度地带动相关产业的发展,使汽车产业的"高价值转移性"得以顺利实现。

其次,汽车金融通过汽车产业与服务业的"高度关联性",带动第三产业的发展。国民经济中的第三产业和作为第二产业的汽车业的"高度关联性"体现在两个方面:一是在汽车产品的最终价值分配中,第三产业占有较高的比例。在欧美发达国家,平均购买一辆汽车的价格中,有40%左右的价格要支付给金融、保险、法律咨询、科研设计和广告公司等与汽车相关的各种服务业;30%左右的价格归属材料、机械等其他与汽车产业有关的制造业。二是汽车产业的预投入对第三产业的预投入有较大的带动作用,后者占前者的比例约为30%~80%。也就是说,汽车工业的一定投入,可以导致主要相关服务业增加30%~80%的投入。这里的主要相关服务业包括批发和零售贸易、储运、实业和商业服务、社会和个人服务等。汽车金融服务利用这种"高度关联性",一方面以其自身的发展直接推动第三产业的发展;另一方面以汽车产业为媒介,通过"价值转移"、"引致投资"和"投资乘数效应"等方式,又间接地对第三产业的发展提供有力的支持。

再次,汽车金融服务的发展对劳动力有较好的安置能力。汽车金融服务的融合发展进一步推动了汽车产业和金融行业的发展,并通过自身行业的发展推动相关行业的发展。不论是汽车产业、金融行业还是其他相关行业,通常都具有较强的劳动力安置能力,对扩大劳动力就业发挥积极的作用。

(5)汽车金融服务的发展有助于平抑经济周期性波动对汽车产业的影响。汽车金融服务具备"逆汽车产业周期而为"的功能。汽车产业本身是周期性波动发展的,当它处于高峰而超出产能限制时,汽车金融可以通过利率、信贷价格等方式,来控制社会的汽车信贷总量;当它处于低潮达不到产能时,汽车金融要通过放松信贷总量增加汽车贷款投放,来扩大汽车销售,起到平抑汽车产业周期性波动的作用。汽车金融公司的此种作为和商业银行"顺周期"而行的做法正好相反,一些尖锐的批评认为:商业银行在汽车信贷中多数做法是"锦上添花",而非"雪中送炭"。汽车金融服务在平抑经济周期性波动方面要比商业银行对汽车产业更有积极的作用。

2. 汽车金融服务的微观作用

在微观上,汽车金融服务对汽车生产制造企业、汽车经销商、汽车消费者和汽车金融服务市场等具有重要作用。

(1)对制造商而言,汽车金融服务是实现生产和销售资金分离的主要途径,提高了资金的使用效率。汽车金融服务对汽车厂商可以起到维护销售体系、整合销售策略、提供市场信息的作用。对汽车制造企业来讲，企业要实现生产和销售资金的相互分离，必须有汽车金融服务。有了汽车金融服务，就会大大改善生产企业和经销商的资金运用状况，提高资金的使用效率。

(2) 对经销商而言，汽车金融服务是实现批发和零售资金分离的途径，是现代汽车销售体系中一个不可缺少的基本组成部分。批发资金是用于经销商库存周转的短期资金，零售资金是用于客户融资的中长期资金，两者性质不同。汽车金融对汽车经销商可以起到提供存货融资、营运资金融资、设备融资的作用。通过对经销商的库存融资和对客户的消费信贷，可以促进汽车销售过程中批发资金和零售资金的相互分离，从而便于进行资金管理和风险控制，提高资金收益率。同时，汽车金融服务还有利于汽车生产制造和汽车销售企业开辟多种融资渠道，如商业信用、金融授信。

(3) 对消费者而言，汽车金融是汽车消费的理想方式。汽车金融服务对于汽车用户可以提供消费信贷、租赁融资、维修融资、保险等业务。高折旧率是汽车消费的一个重要特点，如果以全额车价款购车，不仅要承担投资回报率小于贷款利率的损失，而且要承担高折旧率的损失。因此，对消费者而言，汽车信贷不仅是解决支付能力不足的问题，更重要的是会降低消费者资金运用的机会成本。而伴随着汽车生产技术的发展，汽车的重置价值不断降低，进一步加速了汽车的折旧过程，这样汽车消费的高折旧特点无疑大大拓展了对相关金融服务的市场需求。正因为如此，发达国家通常以金融方式消费汽车，并且金融消费中融资租赁的比例较高。

(4) 汽车金融的发展能够完善个人金融服务体系。以信用经济为特征的市场经济拥有高度发达的金融服务体系。在这个金融服务体系中，个人金融服务和公司与法人金融服务共同构成了其基本组成部分。个人金融服务是指专门为个人提供融资、信用贷款、投资理财等服务的金融业务，包括房地产金融、汽车金融、教育金融等。个人金融在整个金融服务体系中越来越重要，处于一个新兴发展的时期。汽车金融服务在个人金融中占有重要的地位，目前是仅次于房地产金融的一项金融服务。市场经济在为汽车金融服务发展提出要求的同时，也为汽车金融服务的发展造就必备的条件，表现为市场经济所创造出的巨大的国民财富和迅速增加的国民收入，为汽车金融服务的发展提供了坚实的物质基础和良好稳定环境，从而促进了汽车金融规模的扩大和品种的多样化。市场经济的完善法律和消费信用制度，保障了汽车金融服务交易双方的正当权益，促进了汽车金融服务的健康发展。在市场经济条件下，消费者的信用消费信心增强，对未来预期消费的提前实现有较大的需求，也有利于汽车金融服务的发展。

总之，汽车金融服务提高了汽车生产、服务、消费行业的资金使用效率，推动汽车产业结构的优化和升级，调节国民经济中生产与消费不平衡的矛盾，平抑经济周期性的波动，完善个人金融服务体系。

三、汽车金融的特点

从汽车金融的概念可以看出，汽车金融有别于我国传统意义上的汽车消费信贷，它包含了汽车消费信贷，含意更为广泛。它为消费者提供全方位的服务，一方面分散了银行对汽车消费信贷的风险；另一方面使提供汽车金融服务的组织从中获得良好的收益，消费者本身也享受到了全面周到的服务。汽车金融具有以下几个突出的特点。

1. 促进汽车销售

在欧美发展成熟的汽车金融市场中,汽车金融服务公司成为汽车金融服务的主角,并且和母公司利益密切相关。典型的汽车金融服务公司是附属于汽车制造商的,与其母公司利益息息相关,因此能够保证汽车金融服务公司对汽车产业连续、稳定的支持。汽车产业是典型的资金密集型规模产业,当大量投资形成大批量生产能力时,必须通过强有力的金融服务才能形成相应速度的需求增长。同时汽车产业又是一个受经济周期影响很大的行业。在经济不景气时,由于缺乏直接的利益关联,银行为了减少风险很可能收缩在这一领域的金融服务。而作为汽车制造商附属的汽车金融公司,最主要的目的就是帮助母公司销售汽车,在经济不景气时,不但不会减少汽车金融服务,相反可能会推出,显然是亏损的零利率汽车贷款,以换来汽车销售量的增长。

2. 存在规模效益

汽车产业规模越大,所取得的经济利润也越大。目前,随着汽车市场竞争程度的加剧,汽车产业的利润越来越向服务领域转移。2010年全球汽车商(含生产、销售、服务)实现的总利润大约为1万亿美元,其中一半的利润来自于汽车服务有关的市场,这远远高于汽车工业本身的销售利润,汽车服务市场被经济学家们称为汽车产业链上最大的利润"奶酪"。当年,通用和福特的汽车信贷公司,仅汽车金融服务带来的利润就占据这两大集团全部利润的36%,由此可见一斑。汽车产业是典型的资金密集型规模经济行业,当大量投资转化为大批量生产能力时,必然通过强有力的金融服务促进需求的快速增长,否则生产能力的闲置将会导致大量的投资浪费,从而制约汽车工业的发展。然而,金融服务属于典型的零售金融业务,必须有一定的客户规模才能盈利。所以,不仅汽车产业的发展必须以连续稳定的市场需求和一定的规模作保障,相应的汽车金融服务也要求具有一定的规模,这样,才能产生规模效益,实现预期的目标。

3. 服务内容多样化

广义的汽车金融服务机构不仅覆盖了汽车售前、售中、售后的全过程,并延伸到汽车消费的相关领域。汽车金融服务机构除了提供汽车金融贷款外,还包括提供融资租赁、购车储蓄、汽车消费保险、信用卡等服务。相比之下,银行的服务比较单一,仅局限于汽车金融贷款,而购买汽车是一次性的行为,但汽车消费属于经常性行为。汽车金融服务机构将服务延伸到消费领域,既增加了金融服务的收益,又有利于经常监控客户风险。通用汽车金融公司的核心业务是购车贷款,这一业务侧重于为通过通用汽车特许经销商出售的汽车提供服务。公司向通用汽车经销商们提供他们所需的资金,用以维持一定的汽车库存;并且提供给零售客户多种多样的方式,方便客户购买或租赁各类新、旧汽车。

4. 经营管理专业化

在风险控制方面,专业汽车金融服务机构能够根据汽车消费特点,开发出专门的风险评估模型、抵押登记管理系统、催收系统、不良债权处理系统等。在业务营运方面,汽车金融服务机构从金融产品设计开发、销售和售后服务等,都有一套标准化的操作系统。汽车金融公司作为附属于汽车制造企业的专业化服务公司,可以通过汽车制造商和经销商的市场营销网络,与客户进行接触和沟通,提供量体裁衣式的专业化服务。汽车产品非常复杂,售前、售中、售后都需要专业的服务,如产品咨询、签订购车合同、办理登记手续、零部件供应、维护修理、索赔、新车抵押等,汽车金融公司可以克服银行由于不熟悉这些业务,而带来的种种缺陷。这种独立的、标准化的金融服务,不仅大大节省了交易费用,而且大大提高了交易效率,从而获得了规模经济效益,同时给消费者带来了便利。

5. 资金来源多样化

汽车金融服务机构的发起设立方式,决定了其资金的来源。除银行以外,目前西方国家的政府规定汽车金融服务机构不能吸收社会公众的存款,其资金来源除资本金和正常利润留存外,主要依靠资本市场和银行信贷。但是"依附型"汽车金融服务公司,还有可能从母公司那里获得资金的融通与支持。一般来讲,较小的汽车金融服务公司除资本金外,融资方式主要为从银行信贷和其他金融财务公司借款。大型汽车金融服务公司由于有较高的信用评级,资产规模较大,资本运作的能力和手段的优势较多,还可以通过投资银行或者自己发行商业票据、债券融资,以及将汽车信贷资产证券化来获取资金。

第二节 汽车金融体系

一、市场体系

在现代经济社会中,汽车产业广泛而活跃的融资活动,必须通过金融市场才能进行汽车生产和消费所需资金的筹集与融通。汽车金融市场,是指围绕汽车行业需要的一系列金融服务而形成的投融资关系;是金融市场在汽车生产、流通、维修服务和消费领域的子市场和细分化市场。

1. 汽车金融市场的构成要素

汽车金融市场由下列三个基本要素组成。

(1) 融资主体——资金的供给者和需求者。资金供给者和需求者即为汽车金融市场上资金商品的买卖双方,这是汽车金融市场最为基本的要素,它包括家庭和企业。个人和家庭通过参加汽车存款或者购买汽车金融市场上的有价证券而成为汽车金融市场的资金供给者,或者为购买、修理汽车向汽车金融机构申请贷款而成为资金的需求者。同时,企业将生产经营过程中暂时闲置的资金存入汽车金融机构或购买各种汽车消费有价证券,从而成为资金的供给者;为了汽车的生产、销售、售后服务向银行申请贷款以及在金融市场上发行债券而成为资金的需求者。

(2) 融资中介。融资中介是指在汽车资金融通过程中处于资金供给者和资金需求者之间的中间环节,主要是指兼营或专营汽车金融业务的金融机构,如汽车金融公司、商业银行、保险公司、证券公司等银行及非银行金融机构。

(3) 市场金融工具。汽车金融市场的金融工具是指可以在汽车金融市场上同货币相交易的各种金融契约。因为资金交易和一般商品买卖不同,必须借助于金融契约的形式,商业票据、汽车金融债券、汽车抵押债券、汽车生产、销售、维修服务企业和汽车金融机构所发行的股票,以及未到期的汽车存款单和汽车抵押贷款契约等,这些都是可以用于交易的金融工具。

2. 汽车金融市场的分类

汽车金融市场作为金融市场的重要组成部分,按照市场层次划分,汽车金融市场可以分为一级市场和二级市场。

汽车金融一级市场,又叫初级市场,是汽车金融融资活动的初始市场,包括汽车信贷、新汽车金融机构上市交易等。在该市场中借款人通过汽车金融中介机构或直接从资本市场进行资金融通。汽车金融二级市场指汽车金融融资工具的再交易和再流通市场,包括汽车金融中介机构将持有的汽车借款直接出售或以证券的形式转让给二级市场机构的交易,或汽车有价证券的再转让交易。

3．汽车金融市场的融资方式

汽车金融市场的融资方式包括间接融资和直接融资两种。

(1)间接融资。间接融资是指银行等汽车金融机构不直接参与汽车生产、销售、售后服务与投资,而是根据自身资本运转状态与实际力量,对从事汽车生产、销售、维修服务的企业组织存款并发放生产经营及消费所需的贷款,当然也可以是经中央银行批准在限额内发放固定资产贷款(包括技术贷款)。上述贷款通常采取抵押贷款的形式。间接融资具有无限扩展的可能性,不受融资双方在资金、数量、时间、地点与范围等方面的限制。因此,融通灵活方便,资金运用也较为合理有效。在汽车金融活动中,尤其是在汽车金融活动中,必须依靠间接融资的方式,才能合理有效地实现资金融通。

(2)直接融资。直接融资是指汽车金融机构直接向汽车产业投资,参与相关企业的生产、销售、维修服务及其他经营活动,以获取利润;还包括汽车生产、销售、维修服务等企业在资本市场上发行股票或债券来筹集资金。直接融资一般受到融资双方在资金数量、时间、地点及范围的限制。因此,显得不灵活,但直接融资对汽车生产、销售、维修服务企业改善经营管理,提高经济效益具有很大的帮助。

在现实生活中直接融资与间接融资各有利弊。两者应当相互补充、相互促进,才能充分提高资金的使用效益,促进汽车产业的健康发展。

二、企业的组织结构体系

任何金融活动的开展都必须依赖一定的金融机构,金融机构的经营活动对社会经济的发展起着十分重要的作用。

汽车金融机构是指经营汽车金融业务的各种金融中介和经营附属汽车金融业务的各种金融企业,主要包括汽车金融公司、商业银行及非银行金融机构(如证券公司、保险公司、信托公司)等。汽车金融机构是汽车金融运营的载体。从世界范围看,各国的汽车金融机构组织体系都因各国不同的政治、经济、文化背景而不同。

1．国外的汽车金融机构体系

在国外,从事汽车金融服务的机构包括商业银行、信贷联盟、信托公司、汽车金融服务公司等金融机构。

(1)商业银行。在国外,大多数国家的商业银行都积极推广汽车消费贷款,商业银行已成为汽车贷款的主要供应商。20世纪60年代中期,美国商业银行提供了56%的汽车贷款,1998年底美国商业银行的这一比例有所下降,但仍然达到35%。在新加坡,由于新旧汽车的售价差别太大,加上政府对汽车使用年限的严格管制,新加坡商业银行则较少直接涉足汽车贷款,通常是通过向金融公司或从事汽车贷款业务的其他信贷公司提供贷款的方式间接参与汽车贷款。

(2)汽车金融服务公司。国外汽车金融服务公司是办理汽车金融业务的企业,通常隶属于生产和销售汽车的母公司,向母公司经销商及其下属零售商的库存产品提供贷款服务,并允许其经销商向消费者提供多种选择的贷款或租赁服务,设立汽车金融服务公司是推动母公司汽车销售的一种手段。由于它们与汽车制造商、经销商关系密切,具有成熟运作的经验和风险控制体系,因而能够为消费者、经销商和生产厂商提供专业化、全方位的金融服务。经过较长时间的发展,汽车金融服务公司的发展已经非常成熟完善,在北美和欧洲市场上各有其代表性的汽车金融服务公司。

(3) 信托公司。信托公司有两种不同的职能:一是财产信托,即作为受托人代人管理财产和安排投资;二是作为真正的金融中介机构,吸收存款并发放贷款。从传统业务来看,信托公司主要是代为管理财产,如代人管理不动产和其他私人财产,安排和管理退休金、养老金,管理企业的偿债基金等。当然信托公司的受托投资活动必须符合法律规定。信托公司托管资产的投资去向主要集中在各种金融债券及企业股票投资上,另外也发放一定比例的长期抵押贷款业务。第二次世界大战以后,信托公司作为金融中介的职能得到了迅速的发展,其资金来源主要集中在私人储蓄存款和定期存款,资金运用则侧重于长期信贷,汽车金融服务也是目前信托公司从事的主要业务之一。

近年来,信托公司的资产组合越来越趋于分散化,它们与商业银行的差别也越来越缩小,自20世纪70年代以来这类非银行金融机构开始大力开拓新的业务领域,并采取许多措施提高其竞争力。为了绕过法律的限制,信托公司设立其他专业化的附属机构,如专门的汽车金融服务机构等。

(4) 信贷联盟。信贷联盟最早起源于19世纪40年代的德国,它是由会员共同发起,旨在提高会员经济和社会地位而创立,并以公平合理的利率为其会员提供金融服务的一种非盈利性信用合作组织。资金来源除了会员的存款或储蓄外,信贷联盟还可以向银行、其他信贷联盟等筹集资金。信贷联盟可以发放生产信贷,也可以是包括汽车消费信贷在内的信贷。但是信贷联盟对外发放贷款一般也有一些限制条件,比如年龄限制、数额限制和贷款期限限制等。

2. 我国汽车金融机构体系

目前,我国的汽车金融机构主要有商业银行、汽车企业集团财务公司、汽车金融公司、保险公司和金融租赁公司等。

(1) 商业银行。在我国,商业银行是唯一可以吸收公众存款的汽车金融机构。多年来,受我国经济体制和金融自由化发展程度的影响,使我国的商业银行发展缓慢,无论在风险管理上,还是产品创新上都无法同发达国家的银行相比。我国商业银行垄断着近80%的资金资源,并占有着几乎全部的汽车消费信贷市场份额。由于缺乏市场竞争,使得我国商业银行的金融创新动力大大削弱,目前能够提供的汽车金融产品只有分期贷款一种,各金融机构的产品同质性强。但是,在欧美,甚至是印度等国家,由于其金融自由化程度较高,商业银行还可以从事证券发行,融资租赁等业务。

(2) 汽车金融公司。按照《汽车金融公司管理办法》的定义,是指经中国银行业监督管理委员会批准设立的,为中国境内的汽车购买者及销售者提供金融服务的非银行金融机构。我国汽车金融公司的资金来源主要有股东投资,接受境外股东及其所在集团在华全资子公司和境内股东3个月(含)以上定期存款和向金融机构借款。它的主要业务范围是:接受汽车经销商采购车辆贷款保证金和承租人汽车租赁保证金;经批准,发行金融债券;从事同业拆借;向金融机构借款;提供购车贷款业务;提供汽车经销商采购车辆贷款和营运设备贷款,包括展示厅建设贷款和零配件贷款以及维修设备贷款等;提供汽车融资租赁业务(售后回租业务除外);向金融机构出售或回购汽车贷款应收款和汽车融资租赁应收款业务;办理租赁汽车残值变卖及处理业务;从事与购车融资活动相关的咨询、代理业务;经批准,从事与汽车金融业务相关的金融机构股权投资业务;经中国银监会批准的其他业务。

(3)汽车企业集团财务公司。按照《企业集团财务公司管理办法》的规定,企业集团财务公司是指以加强企业集团资金集中管理和提高企业集团资金使用效率为目的,为企业集团成员单位提供财务管理服务的非银行金融机构。它的资金来源主要有股东投入、成员单位的存款和同业拆借。符合条件的财务公司,可以向中国银行业监督管理委员会申请发行财务公司债券。其从事的业务主要有:对成员单位办理财务和融资顾问、信用鉴证及相关的咨询、代理业务;协助成员单位实现交易款项的收付;经批准的保险代理业务;对成员单位提供担保;办理成员单位之间的委托贷款及委托投资;对成员单位办理票据承兑与贴现;办理成员单位之间的内部转账结算及相应的结算、清算方案设计;吸收成员单位的存款;对成员单位办理贷款及融资租赁;经中国银行业监督管理委员会批准还可以从事承销成员单位的企业债券;对金融机构的股权投资;有价证券投资;成员单位产品的消费信贷、买方信贷及融资租赁等业务。我国目前有7家汽车企业集团设立的财务公司,分属于不同的汽车企业集团。虽然《企业集团财务公司管理办法》没有对汽车企业财务公司从事汽车金融业务进行规定,但是,由于其规定部分财务公司经中国银监会的批准,可以从事成员单位产品的消费贷款、买方信贷及融资租赁等业务,事实上也放开了汽车企业财务公司从事汽车金融业务的政策限制。然而,尽管部分汽车企业集团财务公司已经开始进行汽车消费贷款的试点工作,由于资金来源有限,经营管理经验不足等原因,其在汽车金融领域内的专业化优势尚未显现。

(4)金融租赁公司。金融租赁公司是指经中国人民银行批准,以经营融资租赁业务为主的非银行金融机构。它的资金来源有:金融机构借款;外汇借款;同业拆借业务;经中国人民银行批准发行金融债券等。其业务范围包括:直接租赁、回租、转租赁、委托租赁等融资性租赁业务;经营性租赁业务;接受法人或机构委托租赁资金;接受有关租赁当事人的租赁保证金;向承租人提供租赁项下的流动资金贷款;有价证券投资、金融机构股权投资;租赁物品残值变卖及处理业务;经济咨询和担保;中国人民银行批准的其他业务。

第三节 汽车产业与汽车金融的关系

汽车产业是汽车工业的升级。汽车工业的概念较为封闭和狭小,主要突出的是整车及零部件的制造环节,而"汽车产业"则把与汽车相关的内容扩展到整个汽车产业价值链,不仅包括汽车整车和零部件的制造环节,还涉及汽车的销售和服务等环节。金融是指货币资金的融通,包括与货币流通和信用有关的一切经济活动。金融的基本职能是为经济的运行筹集资金和分配资金,它是通过金融市场或金融中介直接或间接地将资金从供给方转移给需求方。

从产业的性质看,汽车产业价值链中的汽车制造环节属于第二产业,产业价值链中的销售、服务等环节属于第三产业。因此,汽车产业既是一个技术密集型产业,也是一个资金密集型产业。汽车产业的高技术含量和规模化生产决定了它从融资到生产、销售及售后服务,都离不开金融资本和金融服务。而金融业是服务业,属于第三产业,其经营的本质是为相关产业提供资金,并在此基础上寻求自身发展。这种产业之间的相互依赖性决定了汽车产业和金融业之间的必然联系,主要体现在以下两个方面。

一、汽车产业的发展需要金融业的支持

1. 汽车生产、销售融通资金需要金融业的支持

通过专业的金融配套服务,对各个环节提供及时周到的资金融通,可以有效地疏通汽车生产、销售、消费和服务等各个环节,从而有效地化解供求矛盾。由于现代汽车生产是规模化和大批量的流水线生产,故产能的增加是跳跃性的,而社会满足这种产能的消费需求却是逐渐提升的,在市场上形成了生产有余,卖者有货,买者无钱的局面。通过金融手段可以调剂社会消费资金,使其在短时间内即可以实现购买的愿望,资金供给充分;还可以通过金融手段调节数量上的平衡。汽车经销商可以用与汽车有关的各项汇票、本票申请票据融资,获得低成本的流动资金,还可以申请抵押贷款获得资金支持。汽车消费者可以更快、更优惠地获得购车贷款。通过金融服务,消费者虽然增加了汽车消费的相关支出,但同时大大减少了一次性支出的现金流量,因此不致因汽车消费而失去资产的其他盈利机会,汽车消费的机会成本大大下降。通用汽车公司为了推动其汽车的销售,克服当时银行不愿向还属于奢侈品的汽车发放消费贷款的障碍,成立了通用汽车票据承兑公司(GMAC),而福特公司为了给其流水线大规模生产的汽车寻找销路,稍后也成立了福特信贷公司(FC)。

金融服务机构资金的大部分来自于消费者的储蓄。同样,它应该而且也可以在汽车的生产性信贷和汽车的消费性信贷之间作适当的分配,以调节和保证社会消费基金与社会生产基金之间的平衡。

2. 汽车产业资金使用效率的提高需要金融业的帮助

开放金融市场能有效地从社会各个角落中吸收游资和闲散资金,形成根据货币供求状况在各部门、各地区之间重新分配资金的机制。金融业提高汽车产业资金使用效率的作用,主要体现在对汽车生产制造企业、汽车经销商、汽车维修服务商、汽车消费者的作用上。

金融为汽车产业创造价值提供了强大支持。在汽车产业发展各个阶段,金融业为汽车产业注入了大量的资金,使汽车产业不断创造出真实的价值。由于汽车产业规模较大,在规模经济效应下,金融对汽车产业的支持规模逐步扩大,为汽车产业创造庞大的价值规模提供了强大的支持。从这一点上说,金融的强大供给是汽车产业蓬勃发展的关键因素。

汽车产业是一个显著体现规模化的产业,是典型的资本密集、技术密集、高投入高产出和规模经济效益递增的产业,一般具有较高的资产收益率。汽车产业对资金的需求量非常大,客观上需要有自己的融资机构,因此,国外的汽车金融公司发展很快。汽车金融公司对汽车制造商、汽车经销商和汽车消费者都是非常有利的,相互促进,相互依存,逐渐形成了汽车制造商、经销商和金融服务的"铁三角"关系。

发展汽车金融服务可以解决汽车生产、流通和消费中的资金需求,使生产资金与销售领域的资金占用分离,使资金的投向和使用环节明朗化,有助于资金合理使用,提高其使用效率。在国外,汽车制造商将产品配送给经销商,为了避免长期占用资金,制造商一般对经销商仅有2个月的赊销期,在2个月内经销商还款是免息的。经销商为了解决采购资金不足的问题,利用汽车金融公司提现便成为有效的手段。它可以利用与制造商之间的商业汇票到汽车金融公司兑换现金(当然,到银行去兑换也可以,但是银行的审查更严格,放款的时间会更长;而汽车金融公司由于了解各汽车经销商的信用状况,审查程序相对简便)。在这种机制下,汽车制造商由于经销商货款的及时到位而保证了生产经营的顺利进行,双方都不需要占用很多的资金。经销商也不会因为消费者采用信贷方式购车而带来资金压力。经销

商可以将消费者签署的贷款合同交给汽车金融公司,汽车金融公司凭此合同将车款一次性打入经销商账户,消费者只要向汽车金融公司慢慢还款就可以了。汽车金融公司在资金层面解决了制造商、经销商和消费者三者的矛盾,有力地促进了汽车产业的发展。

3. 金融服务可以为汽车产业带来新的利润增长点

对汽车制造商而言,由于增加了汽车销售而增加了盈利;对经销商而言,可以从三个方面增加盈利:一是汽车销售量增加带来的利润;二是库存资金占用减少、周转加快而增加的盈利;三是从金融机构获得的佣金收入。通过开展汽车融资销售,汽车产品从生产环节转移到流通环节后,生产企业即可收回货款,不用考虑应收账款和呆账风险,可在新产品的研发上投入更多的精力和财力,进而提高整个汽车产业的技术水平和产品开发能力。在汽车产业进入微利时代后,与汽车有关的金融服务不单纯是促进汽车销售,它本身就是重要的盈利手段,汽车金融服务已经是汽车产业链上的重要一环。

4. 金融服务有利于汽车产业的整合

资金是重要的生产要素,在趋利性作用下资金的流动具有自发增加的倾向。这样,在整个汽车产业中,由于资金是最活跃、最有渗透力的因素,在金融市场的作用下,汽车产业能按市场规律配置资源,优势企业可在资本的支持下完成对行业的整合,如20世纪的美国,在资本的作用下汽车生产企业由200家整合到主要的3家(通用、福特和克莱斯勒)。

二、金融业的发展需要拓展汽车金融产品

汽车金融是金融业的重要组成部分,开拓汽车金融对金融繁荣与发展具有举足轻重的作用。纵观国内外汽车产业与金融业的发展历史,大体上存在这样一种趋势:什么时期一个国家或地区的汽车产业兴旺发达,这一时期的金融业必然兴旺发达;反之亦然。金融业与汽车产业是相互影响,相互促进的,汽车产业的发展对金融业的影响主要表现在以下几个方面。

1. 金融业发展的需要

金融业的稳步发展,需要实行多元资产战略,体现金融业经营管理的资产分散化原则的要求。通过汽车消费信贷可扭转金融业融资主体单一的局面,提高银行贷款对象素质,扩大资金供给,提高资金使用效率。金融机构提供汽车消费贷款,一有利于以贷引存,优化存款增长;二有利于增强银行服务功能,扩大社会影响,提高知名度和竞争力;三有利于调整信贷结构,分散和控制贷款风险;四有利于促进中间业务的发展,增加银行收入;五有利于扩大消费需求,引导居民消费行为,促进消费结构的合理化。所以,金融机构有从事汽车消费信贷的积极性。目前,中国只有不到20%的汽车是通过贷款方式购买的,而在其他国家,汽车金融产品的平均市场渗透率达到了70%。据预测,到2015年,中国的汽车新增贷款额将是5000亿元左右,如果考虑到旧机动车市场,容量将会更大,故汽车金融服务将会是我国金融业的一个新的利润增长点。因此,汽车金融服务对于金融服务商是一块十分诱人的"大奶酪"。

2. 丰富了金融产品

为汽车产业提供的金融服务已是欧美等发达国家的第二大个人金融服务项目,是一个规模大、发展成熟的产业,有着多样化的汽车金融产品。如价格浮动式汽车金融产品,投资理财式汽车金融产品,以旧换新式汽车金融产品,公务用车式汽车金融产品等。与股票、债券、银行存款等大众化的金融商品相比,汽车金融产品是一种较为复杂的金融商品,随着消

费者爱好的多样性和易变性的不断提高,对汽车金融产品的需求也呈多样化趋势。各金融机构为满足消费者的多样化需求,必然会想方设法开发新的汽车金融产品。因此,发展汽车金融服务业,可以大大丰富金融市场的金融产品。

3. 金融结算工具的进一步应用和推广

随着汽车产业的蓬勃发展,金融业介入汽车产业领域的范围逐渐扩大,居民个人通过办理抵押贷款来购买汽车得到进一步推广。为了方便款项结算,个人采用支票和银行本票办理结算已经成为可能,为支票和银行本票的扩大应用提供了外部条件。另外,有的银行还利用信用卡办理汽车消费贷款手续,建立分期付款、分期还款的自动转账支付系统,也为信用卡的业务内容推广起到了积极作用,为银行拓展了结算服务领域。

以上分析表明,汽车产业与金融业相互融合是现代社会经济发展的必然要求,两者是一种相互促进、相互依赖、共同发展的关系。

思考练习题

1. 什么是汽车金融?
2. 汽车金融的研究对象有哪些?
3. 简述汽车金融的主要特点。
4. 汽车金融市场的构成要素有哪些?
5. 汽车金融的微观作用主要表现在哪些方面?
6. 我国有哪些主要的汽车金融机构?
7. 论述汽车产业与金融业的关系。

第二章 汽车消费信贷与风险

第一节 汽车消费信贷概述

一、汽车消费信贷的概念

1. 消费信贷

消费信贷是金融机构或零售商等贷款提供者向消费者提供的用于购买商品和服务的贷款，是消费者在资金不足的情况下，以贷款购买消费用品的一种特殊的消费方式。从性质上说，消费信贷是信用消费的一种形式，信用消费从银行的角度来说也可叫消费信用，是货币信用制度的产物。辞海中关于消费信用的定义是：消费信用是对个人消费者提供的信用，也就是金融机构及企业对消费者提供的信用。它是在商业信用的基础上发展起来的，是信用中的一种高级形式。消费信用的发展经历了企业与消费者之间的消费信用以及企业与消费者之间有银行媒介的"三位一体"的消费信用两个阶段，消费信贷即为后者。

美国联邦储备委员会将消费信贷定义为"通过正常的商业渠道发放的用于购买供个人消费的商品和劳务或者用于偿还由此原因而产生的债务的中、短期信贷"。从现代金融学的角度定义，所谓消费信贷就是"以刺激消费，提高居民生活水平为目的，用居民未来收入作担保，金融机构对消费者个人发放的、用于购买耐用消费品或支付其他费用的贷款，是市场经济下利用信贷手段促进消费的重要方式"。因此，消费信贷是一种以刺激消费、扩大商品销售、加速商品周转为目的，用未来收入做担保，以特定商品为对象的信贷行为；是国家经济和社会生产力发展到一定水平的产物，是现代商业银行的一项十分重要的资产业务。

2. 汽车消费信贷

汽车消费信贷即用途为购买汽车的消费信贷，是消费信贷的一种形式。它可以使更多的消费者买得起汽车，使汽车企业的潜在客户不仅限于那些可以用现金支付的人。在我国，汽车消费信贷是指贷款人向申请购买汽车自用或租赁经营的借款人发放、用于支付购车款，并由购车人分期向贷款人归还本息的一种消费贷款业务。按贷款对象划分，汽车消费贷款有两类：一类是法人汽车消费贷款，贷款对象为出租汽车公司；另一类是个人汽车消费贷款，贷款对象基本上为个人或出租车驾驶员。

3. 汽车消费信贷的背景条件

个人消费信用是汽车消费信贷的宏观背景条件，汽车消费信贷构成个人消费信用的分支品种和特殊门类，是以个人消费信贷为基础的。个人消费信贷在西方发达国家极为盛行，已成为这些国家经济生活的重要内容。其形式主要有以下两种：

一是赊销,它是由商业机构直接对消费者提供的信贷,主要是通过信用卡或分期付款等方式进行的。西方国家对一般消费信贷多采取信用卡的方式,即由金融机构或工商企业发给消费者信用卡,消费者可凭卡在约定单位购买商品或劳务,定期结算清偿,多属于短期消费信贷。分期付款是消费者在购买商品和劳务时,不付款或付一部分款就可以取货,然后按合同分期加息偿还所欠贷款,多用于购买住房、汽车和其他高档耐用消费品等,多属于中长期消费信贷。

二是消费贷款,商业银行或其他金融机构采用信用贷款或抵押贷款等方式为消费者提供贷款,到期一次或分期偿还本息,多属于中长期消费信贷。消费信贷是在商业信用的基础上发展起来的,是信用的高级形式。

国外个人消费信用的发展经历了两个阶段。第一阶段是企业与消费者之间的消费信用;第二个阶段是企业与消费者之间有媒介在其中的"三位一体的消费信用"。以银行为媒介的"三位一体"的信用消费活动涉及工商企业、银行和消费者三方。从工商企业和消费者双方来说,双方的交易活动称为信用交易,或者称为商业信用;从消费者的角度来说,称为信用消费;从银行的角度来说是消费信用、消费信贷。因此,消费信贷、消费信用是对同一问题从不同角度的不同称谓。

二、汽车消费信贷的特点

汽车消费信贷又称汽车消费贷款,在国外属于消费信贷的一个较大的分支。它的出现引起了汽车消费方式的重大变革,实现了消费者的支付方式由最初的全款支付向分期付款方式转变。主要有如下特点:

1. 提供汽车消费信贷的公司形式多样

在欧美等汽车消费信贷发达的国家,向汽车消费者提供汽车消费信贷的公司很多,有商业银行、专门的信贷公司、汽车消费信贷机构、汽车资本服务公司等,其中主要的是汽车消费信贷机构提供的。1919年美国通用汽车公司设立的通用汽车票据承兑公司是最早的汽车消费信贷机构,主要向汽车消费者提供金融信贷服务。到了1930年,德国大众汽车公司推出了针对本公司生产的"甲壳虫"车的未来消费者募集资金。

2. 汽车消费信贷的资金来源渠道不同

对汽车消费信贷资金的来源,目前西方国家的政府规定提供此项业务的公司不能吸收社会公众的存款,其资金来源除资本金和正常利润留存外,主要依靠资本市场和银行信贷。但是"依附型"汽车消费信贷机构,还有可能从母公司那里获得资金的融通与支持。一般来讲,较小的提供汽车信贷的公司除资本金外,融资方式主要为银行信贷和其他金融财务公司贷款。大型的汽车信贷公司由于有较高的信用评级,资产规模较大,资本运作的能力和手段较多,如使用发行中期票据为5年或5年以下汽车贷款筹资。中期票据具有滚动发行、成本较低、期限较长且有多种组合的特点,优势较多。国外的汽车消费信贷公司特别是一些规模较大的汽车消费信贷机构还可以通过投资银行或者自己发行商业票据、债券融资,以及将汽车信贷资产证券化来获取资金。

3. 汽车消费信贷的政策及监管规范

为了避免同其他金融机构的功能发生矛盾和冲突,政府在政策法律中对汽车消费信贷公司规定了明确的职能,定位在主要提供汽车流通销售、消费及使用阶段的融资服务上。政府还尽量为汽车消费信贷公司提供良好的市场环境与配套支持,如通过建立国家信用体系,使汽车消费信贷公司能够在社会信用状况较好的条件下运行，坏账风险容易控制；逐步向汽车消费信贷公司开放资本市场，直接进入资本市场融资，拓展筹资渠道；通过健全科学的资信评级系统，为汽车消费公司提供完善的中介服务体系。

政府对汽车消费信贷没有设置专门的监管机构，采用的是业务监管、行业自律，强化信息搜集和动态监控，防范风险。这些措施在监管模式和监管力度上体现了一定的弹性，形成了一个灵活的监管格局。特别是行业自律在美国汽车消费信贷公司的监管中发挥了重要的作用。这样一方面便于各州或联邦就近对汽车消费信贷公司进行业务监管，另一方面也不至于把公司限定太死，业务品种由公司根据自身情况、实力与竞争能力灵活开展。

4. 汽车消费信贷公司的收益增长稳定

国外汽车消费信贷的利润一般保持在20%左右，汽车消费信贷公司利润主要来自资金成本与放款利息的利差。近些年来，汽车消费信贷公司开发一些属于高收益、高风险、利润回报常可达到两位数以上的业务，如针对信用缺损和信用污点者提供汽车信贷。这些人员银行一般不愿给予贷款，汽车消费信贷机构服务公司推出的针对这类人员的次级贷款业务，利润一般较高。另外，汽车消费信贷公司将汽车租赁服务作为营销工具，推动融资产品的普及，向那些长期或短期需要用车，但又没有必要自备车辆的单位或个人有偿提供车辆使用权，并限期收回，从而获得收益。汽车消费信贷公司还通过进入资本市场，特别是信贷应收账款的证券化，来扩大汽车消费信贷资金和公司营运利润来源。在美国，汽车贷款是仅次于住宅抵押贷款的第二大金融资产，它之所以继住宅抵押贷款之后被金融工程师们实施证券化，是因为它能很方便地按照借方、贷方和地界限等标准进行划分与组合，且在还本付息方面具有可预测性。相对来说，住宅抵押贷款的期限一般很长，往往在15～30年之间，而汽车贷款的期限则相对较短，一般在20～60个月之间，因而后者能吸引希望进行短期投资的投资者。汽车贷款证券化的思路和运作方式与住宅抵押贷款完全一致，也是盘活自身资产、获取新资金来源的手段。在证券化之前，汽车贷款的资金几乎完全由汽车消费信贷机构和银行等机构提供，而现在有3/4资金通过资本市场，依靠发行资产保证证券来支撑。汽车消费信贷公司还通过改进服务，以开放便捷的形象吸引着众多的消费者和客户，以灵活的方式开展业务，再加上对汽车销售业务情况更为熟悉，对客户资信要求较低，一直因其特有的信誉度和可接受性为汽车消费者所欢迎，从而带来了可观的收益。

5. 汽车消费信贷服务的多元化

为应对日趋激烈的市场竞争，汽车信贷服务开始采用"多元战略"，从起初的仅为汽车的销售提供融资服务，逐步向售后服务发展。目前已基本形成了以售车、维修、转让、租赁为主体，汽车文化、汽车俱乐部、汽车消费品等相关产业链为辅助，以汽车消费理财、汽车信贷资产的证券化、汽车服务产品的金融化为核心的完整金融服务链；"多元战略"还根据不同国家和地区客户的需求提供相应的汽车信贷服务产品，开展汽车信贷产品个性设计与开发，让客户在汽车消费上的差异化选择均可获得相应的金融支持。

为进一步发掘利润来源，满足客户日益增加的新要求，汽车消费信贷开始有针对性地采取"深化战略"，其中一个方面就是金融工程和投资银行技术的广泛使用，汽车信贷证券化、汽车信贷服务业进一步深化和发展；另一方面是加大力度，推进汽车消费信贷服务的专业化，在机构上不断完备汽车消费信贷服务公司这一运作载体，出现了有限责任公司、服务有限公司等多种公司形式；积累了一批专门的从业人员，在产品设计、业务开发、风险管理等方面积累了专门的经验，形成了高效的业务操作系统和严密有效的风险管理体系，构成了在汽车消费信贷方面的竞争优势。

随着国际上信息技术和网络技术的发展,以及金融业网络化程度的进一步提高,为应对网络经济的出现,满足消费者多样化的个性需求,汽车消费信贷服务开始向"虚拟服务"方向发展,其业务操作和风险评估系统已充分采用现代信息技术,利用国际互联网开展业务,包括网上看车、订购、支付、信息收集与反馈,以及完成一部分售后服务等。目前在美国及欧洲,汽车消费信贷的网络化十分发达,有30%~50%的业务是在网络上完成的,其中仅美国就有300余家专业化的网络汽车消费信贷经销服务公司。

第二节 国内外汽车消费信贷的发展

经济发达国家汽车消费信贷的研究已经很成熟,其服务也很完善。我国目前汽车消费信贷看起来有其充分的发展理由,然而却由于种种原因远远落后于发达国家。

一、国外汽车消费信贷的发展

汽车消费信贷兴起于第二次世界大战后的西方国家。产生原因在于两个方面,一是战后生产力的极大发展,消费者的消费需求滞后于生产发展,导致消费与供给之间的矛盾;二是银行的资金较为充足,从生产领域的贷款扩展到消费领域,于是产生了金融创新,有了汽车消费贷款。最早的汽车金融服务,主要是由银行发放贷款。到了20世纪20年代初,对于汽车这一奢侈品,银行逐渐缩小对其发放贷款,这给汽车购买者和销售商造成了障碍,使大多数消费者买不起汽车,汽车制造商也缺乏足够的发展资金。为解决这个问题,汽车生产商组建了自己的融资公司,从而开始了汽车消费信贷的历史。

1. 国外汽车消费信贷的发展

汽车消费信贷起源于美国1907年私人汽车购买中的分期付款,到1919年,美国通用汽车公司成立了世界上第一家汽车公司自己的金融公司——通用汽车金融服务公司(GMAC),开创了世界专项汽车消费信贷的先河。通用汽车金融服务公司是通用汽车集团下属的一家全资子公司,也是世界最大的汽车金融服务公司之一。据统计,通用汽车金融服务公司的业务遍及世界41个国家。

1929年,德国开始开展汽车金融服务。最初,是由银行来提供汽车消费贷款,后来由于汽车价格高、风险大,银行不愿为其提供贷款。为促进销售,有实力的汽车公司建立了自己的金融服务公司。1949年,德国大众成立了自己的信贷银行也就是现在的大众汽车金融公司。客户每月仅需支付5个德国马克,就可以安心驾驶着一辆像甲壳虫一样的汽车。目前,它是欧洲最大的汽车金融服务商。

在法国,购买汽车时一般很少采取一次性付款,贷款购车成为大多数人的选择。统计数据表明,法国70%的汽车是通过贷款购买的,汽车信贷因此成为各大银行重要的放贷业务之一。除银行外,从事汽车信贷业务的还有众多的消费信贷机构,像雪铁龙等汽车公司也都在全国各地开设金融服务公司,专门从事本公司汽车的信贷销售。

1959年,福特成立汽车信贷公司,目前在全球五大洲共40多个国家为超过1 000万客户和超过12 500家经销商提供金融服务,福特汽车信贷公司的收入大致占整个福特汽车公司总收入的76.67%。

在加拿大,汽车早已成了每个家庭必备的交通工具。不过,许多加拿大人开的车并非完全属于自己,不少人是通过租赁——先租后买的方式从车行提车。这种方式实际上是租车和贷款购车的有机结合。在汽车租赁期内,与汽车发生的一切开支均由消费者承担。因此,消费者一定要购买各种相应的保险,把风险转移给保险公司。

此外,在欧洲、亚洲等很多国家,各大汽车公司也分别拥有自己的汽车银行,如大众汽车银行、欧宝汽车银行、雷诺汽车银行和标致—雪铁龙汽车银行。在日本,丰田汽车公司也成立了自己的"丰田汽车金融服务公司"。

经过一个多世纪的发展,国外的汽车信贷体制已相当完善。目前,提供汽车消费信贷的机构主要包括汽车企业的汽车金融服务公司、银行和经销商。其中,汽车企业所属的汽车金融服务公司实力最为强大。他们具有完整的金融服务体系和雄厚的资金,并且在化解利率和汇率风险方面具有丰富的经验。除了汽车消费信贷以外,汽车金融服务公司还为消费者提供办理牌照、保险等一条龙购车服务和维修、远程救助等全方位服务。

发达国家汽车消费信贷的渗透率很高,目前,全球每年近1.4万亿美元的汽车销售总额中,通过汽车金融服务融资的金额在1万亿美元左右,且以3%~4%的年增长速度在递增。汽车消费信贷被人称之为汽车产业发展的催化剂,其多样灵活的金融产品和便捷的服务手段有利于汽车销售市场的不断拓展,更能给汽车金融服务商带来高额利润。

2. 国外汽车消费信贷市场的经营主体

国外提供汽车消费信贷的主体主要有商业银行、各大汽车集团属下的汽车金融服务公司、汽车经销商、信贷联盟和其他金融机构。

(1)商业银行。商业银行作为汽车消费贷款的供应者,主要受理最终用户或经销商的贷款申请。商业银行受理最终用户或者经销商贷款申请,一般不与特定的车款和车型挂钩,对借款人在何处购车也没有限制。20世纪60年代中期,美国商业银行提供了56%的汽车贷款,1998年底美国商业银行的这一比例有所下降,但仍占35%,目前这一比例只占20%左右。这是由于汽车产业是一个技术性很强的行业,融资机构进行融资评估需要掌握较高的专业知识,对产品要有较为深入的了解,这对银行来说有一定的难度。另外银行并非是处理旧机动车、库存车的专业机构,因此,银行所提供的汽车贷款所占比例越来越小。

(2)汽车金融公司。汽车金融公司是办理汽车金融业务的企业,通常隶属于较大的汽车工业集团,成为向消费者提供汽车消费服务的重要组成部分,向母公司经销商及其下属零售商的库存产品提供贷款服务,并允许其经销商向消费者提供多种选择的贷款或租赁服务。用户购车一般都是直接找汽车经销商购车,选购、筹款、付款或过户等所有的手续都会在一地一次完成,给消费者带来极大的方便。从国外的实践看,汽车金融服务不仅覆盖了汽车售前、售中和售后的全过程,而且延伸到汽车消费及相关领域。从金融服务方式看,除提供信贷业务之外,还包括融资性租赁、购车储蓄、汽车消费保险、信用卡等。国外的汽车金融服务已有百年的历史,形成了成熟的风险管理体制并取得了丰富的信贷经验。如通用汽车金融服务公司、福特汽车金融服务公司、大众汽车金融服务公司都建有自成体系的一套生产销售及售后服务模式,构建起了独立的汽车金融服务体系,它极大地推动了汽车制造业和金融服务业的发展。

(3)汽车经销商。在美国,一些汽车经销商为了吸引更多的消费者,也采用分期付款方式向消费者提供购车服务。不过,汽车经销商更多地把它当作是一种营销手段,而且汽车经销商受其财力等因素的影响,所提供的汽车贷款规模较小。

(4)信贷联盟。信贷联盟(Credit Union)最早起源于19世纪40年代的德国,它是由有共同利益或共同点的会员共同发起,旨在提高会员经济和社会地位而创立,并以公平合理的利率为其会员提供金融服务的一种非盈利性信用合作组织。各国的信贷联盟法都有规定。在资金来源方面,除了会员的存款或储蓄外,信贷联盟还可以向银行、其他信贷联盟等筹集资金,但各国一般都规定信贷联盟向外借款的最高限额。在信贷业务方面,信贷联盟可以发放生产信贷,也可以是包括汽车消费信贷在内的信贷。但是,信贷联盟对外发放贷款一般也有一些限制条件,比如年龄限制、数额限制和贷款期限限制等。一般来说,信贷联盟的会员都有其共同点或共同纽带,各个信贷联盟都有其特定的群体,该群体与其他信贷联盟的会员群体一般不具有共同的利益或共同点,也不会发生利益冲突。它的宗旨是"不为牟利,不为行善,只为会员提供优质服务"。

(5)其他金融机构。互助储蓄银行、储蓄和信贷协会、信用合作社组织、信托公司等其他金融机构也提供汽车贷款,但是,贷款规模都不大。

二、我国汽车消费信贷的发展

1. 我国汽车消费信贷的发展分析

随着人们收入水平的不断提高和国家多项鼓励消费政策的出台,汽车消费已成为继住房消费之后,我国居民消费的又一热点。汽车消费信贷随汽车需求量的增多而产生和发展,不过,由于起步较晚,至今尚不成熟。就目前而言,汽车消费信贷在我国的发展大致可划分为四个阶段:

1)引入阶段(1993—1998年)

1993年,中国北方兵工汽车贸易公司第一次提出汽车分期付款概念,首开我国汽车消费信贷先河。1995年,当美国福特汽车财务公司派专人来到中国进行汽车信贷市场研究的时候,中国才进一步开展了汽车消费信贷理论上的探讨和业务上的实践。同年,"上汽"集团首次与国内金融机构联合推出了汽车消费信贷。这一阶段,恰逢国内汽车消费处于一个相对低迷的时期,为了刺激汽车消费需求的有效增长,一些汽车制造商联合部分国有商业银行,在一定范围、规模之内,尝试性地开展了汽车消费信贷业务,但由于缺少相应经验和有效的风险控制手段,逐渐暴露和产生出一些问题,以至于中国人民银行曾于1996年9月下令停办汽车消费信贷业务。这一阶段一直延续到1998年9月,中国人民银行出台《汽车消费贷款管理办法》为止。

这一阶段具有以下主要特点:

(1)国内缺乏汽车消费信贷的理念、政策和法律基础,汽车消费信贷处于自发性探索和"灰色生存"阶段,决定了它的生命力不强和随时的可夭折性;

(2)汽车生产厂商和银行是这一时期汽车信贷市场发展的主要推动者和风险承担者。

2)发展阶段(1998—2003年)

这一阶段的标志性事件是1998年9月中国人民银行出台的《汽车消费贷款管理办法》和随后于1999年4月出台了《关于开展个人消费信贷的指导意见》,这两个文件就汽车消费信贷的条件、贷款期限与利率、贷款程序、贷款担保等进行了规定,允许四家国有独资商业银行在经济比较发达、金融服务好的地区试点开办汽车消费信贷业务。2000年初中国人民银行将汽车贷款服务范围扩大到所有国内商业银行。从1999年1月到2000年6月末,四家商业银行向个人和出租车营运机构累计发放贷款103.7亿元。面对日益增长的市场需求,保险公司出于扩大自身市场份额的考虑,适时推出了汽车消费信贷信用保险。

这一阶段具有以下主要特点：

(1)国内私人汽车消费逐渐升温,北京、广州等城市的私人购车比例已经超过50%,其中汽车消费信贷占整个汽车消费总量的比例大幅度提高,由1999年的1%左右迅速升至2002年的15%；

(2)汽车信贷业务已经成为国有商业银行改善信贷机构,优化信贷资产质量的重要途径,汽车消费信贷的资金提供主体由四大国有商业银行扩展到股份制商业银行；

(3)保险公司在整个汽车信贷市场的作用和影响达到巅峰,甚至一些地区汽车信贷能否开展,取决于保险公司是否参与；

(4)银行、保险公司、汽车经销商三方合作的模式成为推动汽车消费信贷高速发展的主流做法；

(5)汽车消费信贷质量较高。据央行金融研究所统计,仅工、农、建、中四行截止到2000年年底,汽车消费信贷总额超过110亿元,增幅超过70%,但不良资产仅占0.5%,远低于其他类型资产的不良比例；

(6)银行不断降低贷款利率和首付比例,延长贷款年限,放宽贷款条件和范围,风险控制环节弱化,潜在风险不断积聚。

3)调整阶段(2003年中期—2004年8月)

2003年11月,中国银监会颁布《汽车金融公司管理办法实施细则》,对汽车金融业务、机构、从业人员、市场准入及金融监管作了具体规定。由于车价不断降低,信用体系不健全,出现了大量坏账。从2004年2月份开始,全国各大银行的汽车消费信贷业务开始急剧萎缩,由商业银行主导的从商业银行—保险公司—汽车生产商和销售商到汽车消费者的汽车金融服务业模式即刻瓦解,国内汽车金融服务业进入了寒冬。

这一阶段的主要特点体现在以下三个方面：

(1)严重依赖消费信贷的中重型商用车市场,销售受到巨大打击；

(2)汽车消费信贷占整个汽车消费总量比例下降,由2001年的15%下降至2004年的8%；

(3)银行收紧银根,提高贷款首付的比例。

4)专业化阶段(2004年8月至今)

2004年9月,中国人民银行和中国银监会修正并完善了1998年《汽车消费信贷管理办法》,自10月1日起正式实施。2004年8月18日开始,中国首家汽车金融公司——上海通用汽车金融有限责任公司在沪开业,这是个具有里程碑意义的日子,标志着中国汽车金融业开始向汽车金融服务公司主导的专业化时期转换。随后又有福特、丰田、大众汽车金融服务公司相继成立。汽车消费信贷进入了银行与非银行金融公司、中资与外资金融机构并存的新时代,这标志着我国汽车消费信贷业务开始迈向多元化、专业化发展道路。

这一阶段的特点主要有两点：

(1)保险公司在整个汽车消费信贷市场的作用日趋淡化,专业汽车信贷服务企业开始出现。中国汽车消费信贷开始向专业化、规模化方向发展；

(2)银行和汽车金融公司开始进行全面的竞争。

2.我国汽车消费信贷市场的经营主体

目前我国汽车消费信贷市场的经营主体有以下三类：

(1)商业银行。1998年9月,中国人民银行批准建设银行为首家开办汽车消费信贷业务的专业银行,在北京、上海、天津、江苏等地试点进行汽车消费信贷业务。随后,中国人民银行下发了《汽车消费信贷管理办法》,允许工商银行、农业银行、中国银行在经济比较发达、金融服务体系比较健全、汽车消费需求比较大的地区开展汽车消费信贷业务试点。2001年中国人民银行发布了《关于开展个人消费信贷的指导意见》,各商业银行反应积极,发展汽车消费信贷的速度也明显加快。到目前为止,各家商业银行均涉足汽车消费信贷领域。

(2)保险公司。2001年8月,经保监会批准,中国人民保险公司在全国范围内正式开办了"机动车辆消费贷款保证保险",标志着我国保险业正式介入汽车消费信贷业务。为适应汽车信贷的特点,保险公司对有关保险条款进行了必要修改,新保险条款降低了金融机构的经营风险,提高了金融机构贷款的积极性。保险机构的介入极大地推动了我国汽车消费信贷的发展。

(3)国内各大汽车集团所属的财务公司。1996年,中国人民银行颁布《企业集团财务公司管理暂行办法》,将企业集团财务公司为集团成员单位产品的购买者提供买方信贷作为财务公司的基本业务范围,为买方信贷提供了法律依据和政策环境。1998年以后,金融机构和汽车生产企业以合作方式提供汽车消费贷款的业务发展很快。例如中信实业银行与我国北方设备工程公司合作,重点发展汽车消费信贷业务等。这一阶段以银企合作为特点的成功尝试,为汽车消费信贷的全面普及创造了条件。

(4)汽车金融公司。2003年10月3日颁布的《汽车金融公司管理办法》以及2003年11月12日颁布的《汽车金融公司管理办法实施细则》中明确指出,无论是外资银行类机构还是外资非银行金融机构,只要符合条件的中外公司均可介入汽车金融机构,建立独资或合资公司。它的主要业务是为汽车购买者及经销商提供融资服务。凭借先天的汽车行业背景,专业化的汽车金融公司,几乎能够提供与汽车消费有关的所有金融服务,涉及从购车贷款到汽车消费的各个方面。它在使消费者享受到比以前更便捷、更专业的汽车金融服务的同时,也推动了汽车工业的健康发展。通用、丰田、大众、福特等国外汽车金融公司的成立使国内汽车信贷市场空前繁荣。

(5)第三种力量。在保险公司退出而留出来的新空间造就了新机构,一些新生的第三种力量坚决的冲进了个人汽车消费信贷市场,出现了专业信贷服务机构。这些"专业信贷服务机构"大多就是汽车经销商,他们了解汽车的销售市场,对汽车产品的反映最直接、最及时,所以它们能根据市场变化推出最合适的汽车金融服务。以经销商为主体推出的汽车信贷服务,一方面能够建立强大的汽车采购网络外,另一方面可以保证充足的车源以让消费者根据自己的条件对贷款银行、保险公司、汽车经销商进行任意组合,为客户带来了极大的方便。这些公司经过长时间的经营,积累了丰富的客户资料,可以根据客户的具体情况对其做出评级,实行不同的按揭政策,以防范个人汽车消费信贷风险,在北京、浙江、河南等地,这些信贷服务机构已经取得了不错的成绩。不过,由于这些"专业信贷服务机构"本身就是汽车经销商,依然无法解决不断增长的业务量和有限的资金与规模之间的矛盾。

3. 我国汽车消费信贷市场竞争主体间的关系

目前,中国汽车消费信贷市场的竞争主体有三个:银行、汽车经销商和汽车企业财务公司。国外汽车金融公司尚未在我国开展大规模业务。

(1)银行和经销商之间存在着一种既竞争又共生的关系。一方面,中国目前的汽车经销企业还不具备独立开展汽车消费信贷业务的资本规模,它们需要利用银行的资本开展此项业务,与银行之间是一种合作的关系;另一方面,银行的直客模式使经销商无从获得以前收取的管理费和担保费等,与汽车经销商形成了直接利益冲突,变成了一定的竞争关系。而由于银行在客户资信调查方面缺乏经验,对风险的态度过于谨慎,所以使得资信调查的中介机构有了生存空间。在汽车经销商中,通过开展资信调查服务获取利润的也不在少数。

(2)银行与汽车企业财务公司的竞争中有合作。对于具有广阔潜力的汽车消费信贷市场,这两者各有优势。银行的优势在于,其营业网点多,资本雄厚;而汽车生产企业的财务公司由于对汽车产业的了解,拥有更多的信息、资源和专业人才等优势,同时集团财务公司依托于集团企业的发展,提供消费信贷的初衷是谋求集团产品销售的增加而达到集团利益的最大化,因此,即使财务公司的汽车信贷业务本身并不赢利,但只要最终实现集团利益,财务公司仍有动力从事此项业务,这使得汽车财务公司在利率选择范围上具有自由度。目前,大多数商业银行都开展了汽车个人消费信贷业务,少数几家有实力的汽车经销企业也与银行、保险公司合作开展了此类业务。汽车企业的财务公司由于审批手续等问题,开展业务的仅有国内几家大型企业,如一汽、东风汽车、上汽等。

值得注意的是,由于汽车的分销体系往往是以品牌为系列构建的,依附于汽车生产企业的财务公司和经销商会关注某一类产品的营销,而银行则只看重借贷者的偿付能力及信用,而不关注其购买的品牌。因此,在某种程度上,银行、财务公司和经销商之间又在市场竞争中形成了一定的交错关系。比如,在一些无财务公司和经销商提供金融服务的产品上,银行能更广泛地提供服务。目前,国内汽车产业集中度不高,三者形成的这种关系还将持续一段时间。

(3)从银行间的竞争来看,汽车个人消费信贷只占商业银行信贷量很少的一部分。各商业银行目前的竞争手段主要集中在利率优惠的层面,但由于中国各金融机构执行的汽车消费贷款利率基本不能自行决定(根据央行规定,商业银行在基准利率的基础上只有10%的下调空间),所以各商业银行在汽车消费信贷的价格(利率)上操作空间很小。

(4)从竞争状况看,目前银行间的汽车消费信贷业务竞争不甚激烈;在经销商企业中,由于进入者较少,经销商更多地需倚重银行,许多经销商尚无足够的资金实力使其难将消费贷款业务作为利润增长点,所以在这一业务领域,竞争势态也很平静;对于汽车企业的财务公司而言,受到央行利率调幅的限制和营业网点的制约,所以该业务还处于起步期。总体而言,目前汽车消费信贷市场还处于预热阶段,竞争态势平缓。

从以上的分析中我们可以看到,目前参与汽车信贷消费竞争的只有国内金融机构,虽然竞争十分激烈,但彼此之间仍然相互依存,协同发展。在未来的发展中,建立专业化的汽车金融公司,把银行、经销商、财务公司的资源优势整合进来,共同把汽车信贷市场做得更大,将成为发展我国汽车信贷服务主体市场的有益尝试。

第三节　国内外汽车消费信贷主要模式

一、国外汽车消费信贷主要模式

目前,世界各国汽车消费信贷的模式各有不同,现着重介绍几种有代表性的信贷模式。

1. 美国汽车消费信贷主要模式

分期付款是各国普遍采用的一种传统的融资方式。分期付款,汽车零售商一般和消费者签订汽车分期付款零售合同,汽车分期付款零售合同是指汽车零售商和消费者之间签订的零售商保留所售汽车的所有权,以作为买方担保的一种买卖合同,根据该合同,消费者须在一定期间内向零售商偿付所融资的金额以及融资费用。

在美国,向用户提供汽车消费信贷融资的方式主要有两种,即直接融资和间接融资。直接融资是由银行或信贷公司直接贷款给用户,用户获得贷款后向经销商购买汽车,然后按分期付款归还银行或信贷公司的贷款。间接融资是用户同意以分期付款的方式向经销商购买汽车,然后经销商把合同卖给信贷公司或银行,信贷公司或银行将贷款拨给经销商或清偿经销商存货融资的贷款。目前美国直接融资的比例约占整个用户分期付款融资的42%,间接融资占58%,而且统计资料显示,银行所占的比例逐年下降,专业信贷公司的比例逐渐上升。

以专业信贷公司为主的间接融资是美国汽车消费信贷融资方式的主体,其业务流程如图2-1所示。

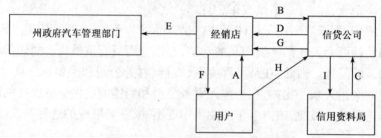

图2-1 美国汽车消费信贷融资流程

流程图说明:

A:用户在经销商处选定车型并填写贷款申请书。

B:经销商将用户贷款资料通过电脑联网,传送到信贷公司在当地的分公司。

C:信贷公司通过电脑联网向信用资料局调取用户的信用资料,进行信用评估。

D:信贷公司通知经销商贷款的核准情况。

E:经销商与用户签订汽车消费信贷销售合同,经销商向州政府汽车管理部门登记上牌,并登记信贷公司为车辆抵押权人,抵押权人将显示在汽车管理部门出具给用户的车辆所有权证明书上。

F:经销商交车给用户。

G:信贷公司在收到经销商的合同文件后,拨放贷款和佣金。

H:用户按合同规定按期支付分期款给信贷公司。

I:信贷公司将客户的付款状况信息提供给信用资料局。

美国汽车消费信贷方式具有如下特点:

(1)汽车消费信贷方式是通过完善的社会服务系统及先进的计算机系统来完成的,整体的操作非常有效率。

(2)贷款期限一般为5年,即60个月,贷款金额约为车价的80%。

(3)美国对用户消费信贷融资的法令规定广泛,主要目的是为了保障用户的权益。例如,法令规定汽车消费信贷销售合同必须说明利率、利息费用、月付款等贷款条件。

(4)目前租赁融资的比例正在逐渐增加。这种方式既能使消费者可以经常更换车辆,同时又免去了处理旧车的麻烦。

2. 日本汽车消费信贷主要模式

日本汽车消费信贷开始时主要以银行为主体来开展这项业务。到20世纪60年代前期为了对抗美国汽车生产厂家强劲的销售能力,日本汽车工业协会提出了通过扩展消费信贷销售汽车的内容,以增加对国产汽车需求的建议,并提出应创办汽车销售金融公司。以此为契机,许多汽车公司纷纷成立金融公司来促进这项业务的开展。目前,日本约有50%的用户是通过消费信贷方式购车的,而另外50%以现金或向亲友融通资金购车。

日本汽车用户融资的方式基本可以分为以下三种:

（1）直接融资。通常是用户直接向银行贷款购车,并以购买的汽车作为贷款的抵押物,然后再向银行进行分期付款。

（2）间接融资。这种方式与美国的间接融资基本上是一样的,即经销商将愿意以分期付款方式购车的用户先通过汽车生产厂专属的信贩公司的信用评估,然后与用户签订分期付款合同的经销商再把这个合同转让给信贷公司或信贩公司。信贷公司或信贩公司把贷款及佣金拨给经销商。

（3）附保证的代理贷款。简单说是金融机构（通常是保险公司）提供贷款给用户购车,但是整个贷款的作业从信用核准到贷款后的服务及催收都由信贩公司处理,信贩公司保证在客户不付款时要代替客户向金融机构支付贷款,信贩公司则向提供贷款的金融机构收取一定的费用,这是日本较有特色的做法,其业务流程如图2-2所示。

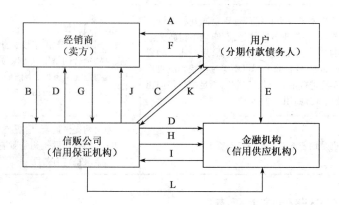

图2-2　日本汽车消费信贷融资流程

流程图说明:

A:用户在经销商处选定车型并填写贷款申请。

B:与信贩公司有合同关系的经销商将用户的贷款申请送到信贩公司。

C:信贩公司对用户做信用评估及调查。

D:信贩公司将核准贷款通知经销商及签有保证合同的金融机构。

E:用户与提供贷款的金融机构签订融资合同。

F:经销商将车辆交付给用户。

G:经销商向信贩公司请求支付贷款。

H:信贩公司向金融机构请求拨发贷款。

I:金融机构拨发贷款给信信贩公司。

J:信贩公司将贷款转拨给经销商。

K:用户向信贩公司分期付款。

L:信贩公司向金融机构支付客户到期的分期款并收取应得的收入。

这种做法的好处是金融机构（银行或保险公司）对用户的贷款通过专业信贩公司的管

理并按时收回贷款的保证,将贷款风险降到最低。信贩公司也通过这样的安排不必考虑资金的筹措问题,可用本公司提供的专业服务获取适当的报酬,这是一种高度分工的做法。

日本汽车金融融资的特点是融资的主体由信贩公司、银行、汽车制造厂专属的信贷公司及经销商所组成。其中专业信贩公司占业务量的比例最大,并且逐年上升,银行占业务量的比例则逐年下降。

3. 汽车消费信贷模式比较

美国、日本汽车消费信贷模式比较见表2-1。

美国、日本汽车消费信贷模式比较　　　　　　　　　　　表2-1

	美国(直接或间接融资)	日本(附保证的代理贷款)
市场主体	信贷公司或银行	信贩公司
资金流程	资金由银行或信贷公司直接或间接(通过经销商)贷款给用户购买汽车,用户按融资合同规定按期偿还贷款	保险公司或银行提供资金给用户购车,用户按合同定期向信贩公司偿还贷款,信贩公司将用户清偿的贷款交给保险公司或银行,并保证交付客户逾期未交贷款,信贩公司以提供专业化服务获得部分收入
法律构架	银行或信贷公司与用户签订融资合同并将融资车辆设定抵押权,在抵押权未注销前,车辆不得转让给第三人,用户须按合同定期偿还贷款,用户违反融资合同规定时,银行或信贷公司可不经过法院判决直接强制取回车辆进行拍卖以偿还贷款,不足部分仍向用户追偿,超出部分归用户所有	信贩公司与保险公司或银行签订代理贷款合同,信贩公司负责贷款的审核、处理及催收并保证贷款回收。融资合同是用户与保险公司或银行签订,用户未履约偿还债务时,由信贩公司代为清偿,并自保险公司或银行取得债权转让,然后向用户催收
特点	最传统也是最普遍的汽车用户融资做法	金融机构提供资金,信贩公司专业管理,高效分工,互受其利;金融机构贷款有双重保障,风险小,对整体金融稳定有帮助

二、我国汽车消费信贷主要模式

从银行业务角度看,汽车消费信贷可分为"间客"和"直客"两种模式。所谓"间客"模式,是指银行通过第三方即汽车经销商与汽车消费者形成金融借贷关系,汽车经销商向汽车消费者提供金融服务。所谓"直客"模式,是指银行直接向汽车消费者提供消费信贷。

从汽车经销商的角度看,汽车消费信贷可分为与银行合作和与汽车金融公司合作两种方式。与银行合作就是所谓的"间客"模式,与汽车金融公司的合作,实际上是与厂家之外的第三者合作,而汽车金融公司又具有厂家的背景。

综上所述,我国目前的汽车消费信贷业务模式按照各主体在信贷业务过程中所承担职责及其与消费者关联度的不同主要分为:以银行为主体的贷款模式("直客"模式)、以汽车经销商为主体的贷款模式("间客"模式)和以汽车金融公司为主体的贷款模式。

1. 以银行为主体的信贷模式

该模式是银行直接面对汽车消费者,因此又称之为"直客"模式。由银行直接对消费者进行信用评定,并与符合贷款条件的消费者签订消费信贷协议,消费者将会从银行设立的汽车消费贷款机构获得一定的购车贷款额度。消费者拿获得的贷款额度到汽车市场上选购自己满意的产品。

在此模式中,银行是各个业务流程的运作中心,由银行指定的征信机构或律师行出具消费者的资信报告,银行指定保险公司并要求消费者购买其保证保险,银行指定经销商销售车辆。此模式下,风险的主要承担者为银行与保险公司。因此,消费者除承担银行利息外,还要承担保证保险、代理费(律师费)等各项支出。

这种模式是比较传统的模式,可以充分发挥银行资金雄厚、网络广泛及贷款利率低的优势。但仍存在以下三个方面的问题:

(1)银行不能及时按照汽车市场的快速变化而提供相应的金融服务;

(2)消费者选择银行放贷必须通过担保公司做担保,这中间要承担比较高的手续费和交付一定金额的贷款保证金,因此消费者承担费用较高;

(3)申请比较难,手续复杂,对贷款人的要求比较严格,获贷率不高。

采用"直客"模式,回归了个人汽车消费信贷作为一个金融产品的本来面目。目前,国内大多数的商业银行都提供了"直客"模式汽车贷款。虽然各家商业银行所提供的服务程序不完全一样,但对贷款的审批条件、审批程序以及担保抵押等大致都相同。

而近年来兴起的银行卡个人消费类汽车专向分期付款业务,只需持卡人信用状况良好、有稳定收入,银行将会根据所购车型给予一定的贷款额度。该方式相对于传统车贷,突破了审批流程瓶颈,简化了审批流程,具有手续简单、还款便捷的优点,更容易被消费者所接受。但是,这种方式对贷款人和经销商有一定的要求,贷款人必须是银行的客户,经销商必须是该银行的合作经销商。

2. 以汽车经销商为主体的信贷模式

该模式由汽车经销商直接面对消费者,与用户签订贷款协议,完成消费者的信用调查与评价。经销商负责为购车者办理贷款手续,以经销商自身资产为消费者承担连带责任保证,并代银行收缴贷款本息,而购车者可享受到经销商提供的一站式服务。或引入保险公司,通过车贷履约等相关险种帮助消费者向银行取得购车贷款。因此,又称之为"间客"模式。

在这一模式中,经销商是整个业务的运作主体,它与银行和保险公司达成协议,负责与消费信贷有关的一切事务,消费者只需与一家经销商打交道。此模式下,风险由经销商与保险公司共同承担。由于经销商贷款过程中承担了一定风险并付出了一定的人力物力,所以经销商通常需要收取2%~4%的管理费。因此,消费者还要多承担此项管理费用。目前,以经销商为主体的"间客"模式又有新的发展,由原来消费者必须购买保险公司的保证保险到经销商不再与保险公司合作,消费者无需购买保证保险,经销商独立承担全部风险。

该模式的优点在于实现了对消费者的全程服务,经销商能够根据市场变化推出更合适的金融服务。缺点在于经销商的资金来源和自身资产规模有限,资金成本较高,而且信贷业务也并非其主业,所以信贷业务经验相对较少。

3. 以汽车金融公司为主体的信贷模式

该模式是由汽车金融公司直接面对消费者,组织进行消费者的资信调查、担保、审批工作,向消费者提供分期付款服务。在该模式下,消费者从汽车金融公司贷款买车采取抵押所购车辆的方式,对贷款消费者进行购车咨询、信用调查、提供担保、售车、贷款中期的信用追踪以及售车后的一系列服务,将汽车的生产、销售、消费和服务统为一体,真正实惠于消费者。

此模式与以银行为主体的"直客"模式的运作基本一致,但放贷主体通常是汽车集团所属的汽车金融公司。一般由律师行出具资信文件,由其所属集团的汽车经销商提供车辆,客户购买保险公司的保证保险,汽车金融公司提供汽车消费信贷业务。一旦出现客户风险,由保险公司将余款补偿给经销商,经销商再将其偿还给汽车金融公司。此种模式下风险主要由汽车金融公司和保险公司共同承担。汽车金融公司除去自有资金,以及吸收的3个月以上的存款作为资金依托外,一般都是按照同业往来利率向银行或其他金融机构借款,作为支撑汽车信贷的资金来源。

汽车金融公司的优势在于其更加专业化,能够有效地连接汽车生产企业、商业企业和银行,并以金融业务为其主业,可以将银行和企业的优势较好地联系在一起,所提供的车贷更灵活、更专业、更具针对性,而且手续简便。劣势在于贷款利率较高,通常比银行现行利率约高出1%~2%。

4. 我国汽车消费信贷模式比较

我国三种汽车消费信贷模式比较见表2-2。

我国汽车消费信贷业务模式比较 表2-2

模 式	合作构成	合作方式	特 点
直客模式	银行+律师行+保险公司+经销商	律师行完成信用调查,保险公司提供保证保险	银行直接面对消费者,并决定是否发放贷款
间客模式	银行+保险公司+经销商	经销商完成信用调查,保险公司提供保证保险,经销商承担连带责任	经销商直接面对消费者,负责办理手续、资信调查、保险代理等,承担连带责任保证,能够决定是否放贷
汽车金融公司为主体	汽车集团	汽车集团对贷款进行全程担保,并负责贷前、贷中、贷后的信用管理	汽车集团直接面对客户,并决定是否放贷

第四节 汽车消费信贷风险及管理

一、汽车消费信贷风险概述

1. 汽车消费信贷风险的含义

汽车消费信贷风险从狭义上来讲,一般指借款人到期不能或不履行还本付息协议,致使汽车金融机构遭受损失的可能性,即它实际上是一种违约风险。从广义上讲,汽车消费信贷风险是指由于内外部各种不确定的因素对金融机构产生的影响,使汽车金融机构经营的实际收益结果与预期目标发生背离,从而导致金融机构在经营活动中遭受损失或获取额外收益的一种可能性程度。

2. 汽车消费信贷风险的特征

汽车消费信贷风险是信贷风险的一种,具有信贷风险的一般属性。一般表现为以下几个特征:

(1)客观性。只要有信贷活动存在,信贷风险就不以人的意志为转移而客观存在,也就是说,在现实的银行业务工作中,无风险的信贷活动根本不存在。

(2)隐蔽性。信贷本身的不确定性损失很可能因信用特点而一直被其表象所掩盖。

(3)扩散性。信贷风险发生所造成银行资金的损失,不仅影响银行自身的生存和发展,更多还会引起关联的链式反映。

(4)可控性。指贷款人依照一定的方法、制度可以对风险进行事前识别、预测,事中防范和事后化解。

3. 汽车消费信贷风险的分类

(1)汽车消费信贷风险源于市场内部、市场外部的各个不同方面,宏观经济环境、市场结构、市场运行模式和市场主体的行为等因素都有可能产生相应的风险。根据产生风险的因素是根源于市场内部还是市场外部,可以将风险划分为市场内部风险和市场外部风险。

(2)根据风险产生的信贷环节不同,可以将风险划分为信贷授信环节风险、信贷管理环节风险、信贷收回环节风险。同时,因为信贷授信环节的风险产生在贷款合同订立之前我们可以将其称为事前风险,相应,信贷管理环节风险与信贷收回环节风险可以称为事后风险。

(3)根据授信者(贷款人)是否可以控制该风险,将风险划分为可控风险与不可控风险,这里的"可控"并不是说授信者有绝对的能力去控制风险甚至将风险降低为零,而是说授信者能够对该风险施以较大的影响力。

(4)根据风险产生的原因不同将汽车消费信贷风险划分为受信者偿债能力风险、受信者信用风险和市场因素风险。

授信者作为消费信贷风险的第一承担者,最有积极性去降低风险,因此,在后面的分析中,授信者作为最主要的降低消费信贷风险的行为主体。下面我们分别论述各类风险产生的根源以及授信者应该如何去降低风险。

二、受信者偿债能力风险

1. 受信者偿债能力风险特征

受信者(借款人)偿债能力风险指的是受信者在取得汽车消费信贷之后,由于受信者的生活环境发生了变化,使得现实情况与申请贷款之前的预期产生偏离,原本可以保证如实履约的偿债能力降低,导致不能按贷款合同偿还贷款。

受信者偿债能力风险有以下几个基本特征:

(1)受信者在取得贷款之前按照合理的预期是有履约能力的,这里排除原本就不具备履约能力的骗贷行为。

(2)受信者违约时已经丧失了偿债能力,排除受信者有能力而不去作为的情况。

(3)受信者丧失偿债能力这一情况发生在取得贷款之后。

受信者偿债能力风险根源于市场外部因素,是一种市场外部风险。同时,受信者偿债能力风险是管理环节产生的风险,是签约的事后风险。在后面的分析中,我们可以知道,受信者偿债能力风险也是一种不可控风险。

2. 受信者偿债能力风险表现形式

俗语说"天有不测风云,人有旦夕祸福",作为一个自然的人和一个社会的人都不可避免地面临着生活中的种种意外,每个人都难保生活中不发生变故。汽车消费信贷市场上的受信者都面临下面的一些常见的风险:

(1)受信者的人身安全,或者说生命安全,受信者生命的灭失将会直接导致偿还贷款风险。

(2)受信者劳动能力,即健康问题,如受信者健康发生问题而至使受信者丧失劳动能力或丧失部分劳动能力,也将导致偿还贷款的风险。

（3）就业或可能的失业风险，如受信者就业发生问题甚至出现失业问题，也同样会导致偿还贷款的风险。

（4）商业失败风险。

（5）标的发生碰撞等事故而遭受损失等。

当作用在受信者身上的外部风险小于等于受信者的自身承受能力的时候，外部风险就不会向授信者溢出，受信者承受了全部风险，此时外部风险没有形成市场中的消费信贷风险；但当外部风险的数量超过受信者的承受能力的时候，其超出部分就会向授信者外溢，此时外部风险转化为市场中的消费信贷风险。

3. 受信者偿债能力风险的影响因素

受信者偿债能力风险取决于两个因素：市场外部因素变化作用在受信者身上的外部风险的大小与受信者自身的风险承受能力的大小。外部风险的大小决定于市场外部因素对受信者的影响力，对此很难进行一个准确的预测和推断的。受信者风险承受能力的大小决定于受信者合法的预期收入和是否拥有可以用作偿还贷款的合法的存量资产。

（1）受信者的收入能力。受信者的收入能力是说受信者依靠自身所占有的生产要素去创造收入的能力。为了使得问题简化，假设生产要素市场是有效的，也就是说市场是按照要素的稀缺性及在生产中的作用来进行转移收入产出（收入）的。这样可以将注意力集中到受信者所占有的生产要素上来，要素占有量大的收入能力就强。

在具体的汽车消费信贷市场上，为了便于分析，我们把汽车消费信贷的对象按照还贷来源分为经营性车辆和消费性车辆。经营性车辆是指消费者购车的目的是用作经营，这时的车辆是作为生产资料的身份出现的；消费性车辆是指消费者购买的车辆是作为一件耐用消费品来使用的。其中，经营性车辆进一步细分为出租车、一般客运汽车、长途客运汽车、长途运输车辆和工程车辆。

从经营性车辆看，出租车与一般客运汽车经营风险小，经营者一般可以获得一个较为稳定的经济来源，因此，市场外部的风险也就比较小，相应的消费信贷风险也较其他的经营车辆的风险为小。长途客运车辆与长途运输车辆一般都是在省际往返，路途遥远，而且长途车辆的超载问题一直没有得到根治，相对前者经营风险明显偏高。而作为工程车辆，虽然在表面上收益高于前几类车辆，但实际上存在以下风险：一是市场逐渐饱和，收益下降。在汽车消费信贷开办之初，适逢我国新上建设项目较多，市场需求大，收益较高。但随着车辆的不断增加，加之工程方欠款普遍，贷款户难以按期还款。二是工程车辆更新换代快，淘汰率较高，经营者多拉快跑，车辆前几年的有形损耗、无形损耗都很大，一般在两三年后车辆就已基本没有价值了，这些因素都会对工程车辆的经营产生影响。由于经营性车辆的经营收入作为受信者的最主要还款来源，一旦其创收能力下降，就会明显地体现在消费信贷风险的增加上。

一般来说，消费性车辆的购买者都具有较高的收入（或预期收入）或者较大的资产存量，按照商业银行通行的划分方法，将这部分消费者划分为高端优质客户群和一般客户群。高端优质客户群是指收入稳定、信用优良的政府公务员、高校教师、科技人员、金融机构职员、部队军官、社会知名人士等客户群体；一般客户群是指除此之外的其他客户，如：一般企业员工、自由职业者、民营或私营企业主、商人等。对于商业银行来说，贷款给高端优质客户消费者偿债能力风险的确是非常小的，但这部分的优质客户的比例也很小。而在一般客户群中，限于我国目前的经济发展水平，普通企业职工购买消费性汽车的比例很小，更多的是私营、民营企业主和商人，他们往往抓住改革开放的宏观时机，通过自己的勤奋和智慧建立起自己的事业，在经济上积累了比一般人更多的物质财富，也拥有了更高的现实收入和预期收入。但是，我国加入世界贸易组织后，更加迅速地融入国际经济的大环境之中，市场上商家的竞争更加残酷，我们的民营和私营企业也面临着更多的机会和更大的挑战，业主的经济能力也会受到很大的影响。当汽车消费信贷市场的外部风险超过了主体的风险承受能力时，消费信贷的风险也就产生了。

（2）受信者的财富存量。受信者的财富存量是说受信者目前占有的物质性资产的价值总量。财富可以分为生产要素和消费资料。无论是生产要素还是消费资料，财富都具有两个功能：抵押功能和信号功能。财富的抵押功能不同于法律上的抵押担保，这里的抵押功能是说即使不在法律上设立抵押形式，授信者也有理由相信受信者的财富会对自己的债权形成一种值得信赖的保障。信号功能是说通过个人财富的存量可以反映出有关个人获取收入能力方面的信息。财富是收入积累的结果，其中财富中生产要素部分既是收入的结果也同时是收入的原因。财富的抵押功能和信号功能能够在一定程度上解释为什么商业银行更乐意把钱贷给"有钱人"，"有钱人"具有更大的外部风险承受能力，更小的偿债能力风险，银行也就承担更小的消费信贷风险。

三、受信者信用风险

受信者信用风险指的是因为受信者信用较低，导致到期不能或不予履行贷款合同的风险。考虑受信者不同的心理态度，可以分为以下两种情况：

（1）过失信用风险。过失信用风险产生于受信者对待信用、对待贷款合同的一种不负责任的态度或者是一种对待未来自身收入情况的过分的乐观预测。部分受信者信用观念淡薄，在申请贷款之前没有充分考虑自身的经济实力与预期偿债能力，怀有一种"先把款贷下来，还钱的事到时再说"的心理去申请银行贷款，到了履约时候，没有能力去偿还贷款，造成信用风险，我们可以称之为过失信用风险。

实际上，在目前的贷款购车申请人中有一部分是不具备贷款购车的偿债能力的，看到周围的人纷纷去贷款购车，在对美好物质生活憧憬的激励下，不顾自身的实际情况与偿债能力，也去模仿别人去申请贷款购买汽车。这种情况更多的发生在年轻人对消费性车辆的需求上。当这部分受信者在取得贷款的那一刻，也就是产生了新的消费信贷风险，授信者——商业银行成为风险的第一承受者。

（2）过错信用风险。极少量的受信者在申请贷款之前就怀有恶意骗贷的心理，在申请贷款时就没有想过要偿还这笔贷款，为了取得贷款甚至不惜利用虚假的个人资料去骗取，我们可以称之为过错信用风险。正如任何一个社会都无法杜绝违法犯罪行为的发生，在汽车消费信贷市场上也不可避免的出现少数不法分子的恶意行为。在汽车消费信贷中，这种明显带有恶意的信用过错行为虽然所占的比例不大，但一旦形成就会给商业银行造成很大的经济损失，银行在对客户的授信中也不得不面临着很大的此类风险，而且仅仅靠银行一家努力也是很难避免的，需要社会的综合力量。

这两种风险同属信用风险，也就是说二者都是由于受信者信用意识缺乏造成的风险，但二者还是有一定的不同之处。首先，在主观动机上，过失信用风险在主观上只能构成一种过失，并无恶意；但过错信用风险在主观上是故意的，是心怀恶意的。其次，在结果表现上，过失信用风险对于贷款合同是没有能力去履行，而过错信用风险却是很多情况下有能力去偿还但不去偿还。过失信用风险也区别于前面所说的受信者偿债能力风险,受信者偿债能力风险产生于信贷管理环节,是一种事后风险,对于授信者——商业银行来说是不可控风险;而过失信用风险产生于信贷授予环节,是一种事前风险,对于授信者来说是一种在授信之前采取一定的措施可加以控制的风险。同时,过失信用风险与受信者偿债能力风险也有其共同之处:两者都是缺乏偿还债务的能力。

四、市场风险

在汽车消费信贷市场上,我们把受信者、商业银行、汽车销售商以及风险的分流主体(如提供车贷履约险的保险公司,为车贷履约提供担保的担保公司)作为市场主体,把各个主体的商业行为作为市场行为。但同时,汽车消费信贷市场作为一个局部市场,不可避免地存在着一些外生变量,也就是说市场上一定存在着市场主体无法控制的因素,这些因素通过改变市场主体的选择空间来改变其决策和行为,进而改变市场的均衡。在汽车消费信贷市场上,汽车价格和市场利率是两个重要的外生变量:

1. 汽车价格下降带来的汽车消费信贷风险

在汽车价格方面,虽然一再降价,但我国汽车价格还远远没有降到位,目前国内汽车价格仍高于国际市场。

从生产率和设计能力看,我国汽车生产企业的人均劳动生产率远低于欧美发达国家水平。其设计能力虽达到规模经济的起始标准,但实际生产能力还没有发挥出来,并没有达到规模效益的要求,随着关税的逐步降低,国内轿车价格与国际市场价格接轨,那么今后一段时间轿车市场还会有大幅度的价格下降。

从宏观看,汽车生产技术的引进与改进、汽车产业政策的转变、消费市场的扩大带来了我国汽车产量的迅猛增长,产量的增长伴随着汽车进口政策放宽后进口车辆的增多,汽车降价成为一种必然。

从微观看,一些汽车生产商从营销策略角度考虑,在刚刚推出一款新型车时,制定较高的价格,去获取较高的单车利润,当过了试售期或者其他竞争车型上市之后,就立即大幅度降低汽车价格,以图占领市场。这种行为,从汽车生产商角度考虑是无可厚非的,但却带来了汽车消费信贷市场上的不稳定因素。

汽车价格的下降可能造成一部分消费者未来需偿还的贷款额要高于目前买一辆新车的价款。这种情况下,消费者就会考虑是否还有必要偿还余下的贷款,从而造成信贷的违约风险。

2. 市场利率变化带来的汽车消费信贷风险

市场利率作为一种重要的汽车消费信贷市场外生变量,通过改变受信者的效用函数和支付函数,产生风险,这种风险首先由受信者来承担,一旦风险的数量超过一定点,违约就成为受信者的理性选择,最终体现了汽车消费信贷风险。该风险是商业银行不可控风险。

五、汽车消费信贷风险管理

1. 建立和完善个人信用制度体系

个人信用体系是指根据居民的家庭收入资产、已发生的借贷与偿还、信用透支、不良信用记录及所受处罚与诉讼情况,对个人的信用等级进行评估并随时记录、存档,以便信用的供给方决定是否对其贷款和贷款多少的制度。在发达国家，个人信用记录早已是市场经济的基石，但在我国，个人信用制度才刚开始筹建。建立和完善个人信用制度体系主要从以下三个方面着手：

(1) 建立健全个人信用体系。汽车消费信贷具有单笔贷款相对较小，贷款时间相对较短，贷款申请者比较分散的特点，因而在消费信贷的申请与审批中存在严重的信息不对称，从而导致消费信贷的"逆向选择"效应和"道德风险"问题。建立科学有效的个人信用体系是商业银行控制汽车消费信贷风险的前提保证。个人信用体系的建立，可以在很大程度上解决消费信贷中的信息不对称问题。

(2) 加强信用评估制度建设。借鉴国外先进的信用评估系统和评估方法，不仅对客户的信用风险进行定性评估，还要运用量化的技术和方法对客户风险进行衡量。信用评估可由两个体系组成，即价值体系和信誉体系。价值体系建立在个人资产的原值、净值、市场价值等基础上采用科学方法等对其进行评估；信誉体系包括个人基本素质、收入水平、社会地位、商业信誉、金融信誉、社会保障、司法信誉等，根据个人的不同情况进行评级。以此为基础，通过对客户的信用材料进行统计分析，可以估算客户的违约率、贷款收复比率、预期贷款损失和非预期贷款损失等指标，为贷款决策及贷款定价提供依据。

(3) 建立失信行为的惩罚机制。惩罚机制的建立是个人信用业务发展、商业银行稳定经营的重要保障。其建立由以下几个方面进行：第一，确定合理的惩罚尺度，以对不同程度的失信行为进行约束、惩罚；第二，建立高效的失信行为信息的举报机制；第三，及时更新个人信用数据库；第四，建立被惩罚人申诉机制；第五，完善相关法律体系；第六，建立个人破产制度。个人破产制度是个人信用制度的必要补充，需要限定破产人在豁免债务的同时，必须付出一定的代价，比如：个人破产后不得进行高消费、不能购置房产、汽车等高档物品，并在进行消费信贷时给予更严厉的条件。

2. 增强操作风险监控意识

(1) 强化流程的管理。对现有流程进行检查和梳理，杜绝可能存在的漏洞。

(2) 加强防范汽车消费信贷操作风险的环境建设。提高商业银行的风险控制人员的控制意识，统一控制观念，使控制人员的责、权、利关系明确，形成有效的自发控制机制。只有这样，才能从源头上减少或消除商业银行汽车消费信贷业务的操作风险。

(3) 建立健全操作风险的评估机制。进行风险评估主要是辨识和分析实现预定目标发生风险的可能性，是一个有效控制操作风险的关键步骤。要从分析内部和外部两部分影响因素入手，针对商业银行的特点构建有效的操作风险评估机制。

(4) 强化贷前、贷中、贷后三阶段审核监督力度。贷前调查阶段，保证信息完整性和可靠性。银行应主动搜集客户的信息，如道德品质优劣、家庭状况、收入状况及有无不良信用记录等，为下一步的工作打好基础。贷中审批阶段，要实现定性和定量相结合的方法，首先，定性上应具备相应的资产、收入水平、足够的还款能力及信誉良好等硬性指标；其次，要有量化手段，如根据借款人收入、期限等差异分别评分，利用计算机模型对客户进行统计分析，最后综合加权作为审批的依据。加强贷后管理工作，对汽车贷款进行连续性监管。

(5) 建立后评价制度。所谓后评价指按照现行标准对以前发放的贷款进行重新评估、确认、弥补、减少因贷款评价不准确、信贷制度不落实、内部人员道德原因造成的信贷风险的措施，是立体式贷后管理的重要组成部分，使得各级管理层由被动参与变为主动参与和贷后管理。

3. 建立贷后风险预警机制

借款人、担保情况等都可能随着时间的推移发生变化,继而形成风险。不过风险的发生往往会出现许多预警信号,如果能及时把握这些信号,商业银行就可以采取相应的措施来阻止风险的形成及恶化。根据国外银行统计,75%以上的贷款损失可以通过早期的信贷风险预警予以有效控制或消除,而当贷款出现风险问题后,通过采取相应措施可以将贷款损失减少到25%。因此,为防止个人汽车消费信贷风险再次出现集中爆发,应加快建立、完善个人汽车消费信贷贷后风险预警机制。即利用现代化工具和技术手段,跟踪收集各类情况资料及预测变化趋势,针对不同阶段的实际情况,发出预警信号,并对贷款进行有效控制和调节,做到"超前预警、化险为夷"。

4. 进一步完善消费贷款的担保制度

担保制度,是贷款第一还款来源出现风险时的必要保证,也是制约借款人信用程度的一个有力武器。银行必须健全保证人担保制度,加强对保证人的风险审查,对其偿债能力进行深入分析:一是从单个保证人出发,考核该保证人的保证能力,其财务状况是否能够承担对外保证的数量,对外提供保证总额与其有形净资产是否在合理的比例关系之内;二是从风险控制角度,把相互保证的保证人视作一组借款人,审查其信用集中情况,防范由于保证不充分而导致的风险过度集中,加强对保证人财务实力的分析。

5. 拓展风险转移渠道

商业银行应当进一步开拓创新,充分利用各种合法的交易方式或者业务手续,将个人汽车消费信贷风险转移给其他经济主体。比如说加强担保、推进合作、实行资产证券化等。

1. 什么是汽车消费信贷?
2. 汽车消费信贷有哪些特点?
3. 我国汽车消费信贷市场的经营主体有哪些?
4. 汽车消费信贷风险分为哪几种?
5. 试分析降低汽车消费信贷风险的途径。

第三章 汽车消费信贷操作实务

根据第二章的分析,我国目前的汽车消费信贷业务模式按照各主体在信贷业务过程中所承担的职责及其与消费者关联度的不同,主要分为三种:以银行为主体的贷款模式(又称为"直客"模式)、以汽车经销商为主体的贷款模式(又称为"间客"模式)和以汽车金融公司为主体的贷款模式。所谓"直客"模式是指银行直接向汽车消费者提供消费信贷。所谓"间客"模式是指银行通过第三方即汽车经销商与汽车消费者形成金融借贷关系,由汽车经销商向汽车消费者提供金融服务。

第一节 以银行为主体的汽车消费信贷操作实务

在我国,商业银行是目前开办汽车消费信贷业务的主要机构,占全部汽车贷款量的90%以上。以商业银行为主要贷款机构的汽车消费信贷模式也被称为"直客"贷款模式,由购车人向商业银行贷款,用所获得的贷款支付给经销商,购买选中的汽车,然后购车人再按分期付款方式归还银行的贷款。

一、主要业务流程

由于目前许多保险公司停止办理带有为贷款人担保性质的履约保险,所以现在银行办理较多的主要是抵押加保证的贷款,即借款人将其固定资产或车辆抵押,并找一个银行认可的担保人(公务员、医生、金融员工等)进行担保。

汽车消费信贷业务流程设计可以归纳为信贷申请、资信调查与评估、信贷审查与审批、签订信贷合同、发放贷款等步骤。主要业务流程可概括为以下四个阶段。

1. 汽车信贷申请阶段

申请信贷的购车者通过与银行的资信评估部门接触,了解汽车消费信贷的一些相关事宜,如贷款人的条件、贷款额度、期限等;在确定需要申请信用贷款后,需按照要求填写有关表格及提供有关资料。银行的资信评估部门对贷款人进行立项,对其资信进行初步审核,决定是否接受其申请,对于不合要求的贷款人及时进行回复。这一阶段主要是银行筛选服务对象的第一关,主要集中在对贷款申请人文字材料的分析,通过这一阶段的筛选,将一些风险很高的贷款申请人剥离出去,一方面提高整体运营效率,另一方面也大大降低了风险。

2. 汽车信贷申请的审批阶段

对于符合汽车信用贷款的申请人,银行通过实地考察、采集资料,对贷款申请人进行资信评估和分析,然后将评估结果交信贷审查批准部门进行审查与审批,对于不符合汽车信贷条件的申请人予以回复,对于符合条件的申请人银行同意申请汽车信贷意向书,并启动贷款审批程序。该阶段是银行筛选服务对象的第二关,主要集中在银行资信评估部门对贷款申请人的实地考察和资信评估,作为汽车信贷审批的重要依据。通过第二关的筛选,银行能够挑选出符合风险控制规定的贷款申请人,并提供汽车消费信贷。

3. 汽车信贷监控阶段

银行正式发放汽车信贷后,风险监控部门需要定期、不定期的检查以得到贷款人的财务情况和偿付能力,追踪贷款人资信变化情况,监测预警系统及时发现风险并采取措施进行控制。

4. 违约处理阶段

风险监控部门一旦发现预警信号,应立即通知资产管理部门,并通过紧急止损措施,收回抵押资产等,银行的法律部门则负责各项法律事务,保证公司利益。

至于贷款手续,与其他消费贷款类似,贷款的申办是从汽车的选购开始的。消费者可以从经销商处看好车辆后,与经销商签订购车合同,到银行办理"直客"模式贷款,然后拿着"钱"(所获得的汽车消费贷款)去买车。具体业务办理流程见图3-1(在顺序上各银行的要求可能略有不同)。

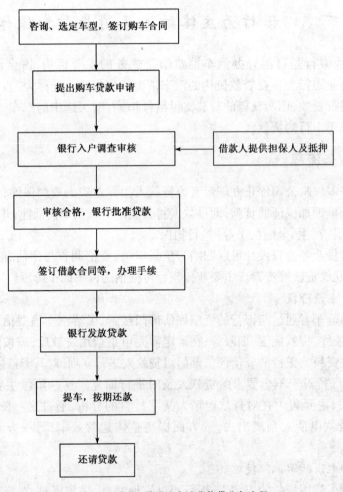

图3-1 "直客"模式汽车消费信贷业务流程

(1)咨询、选定车型,签订购车合同。购车者首先了解汽车消费信贷的一些相关事宜,然后选中满意的车型,与经销商谈好价格等,签订购车合同。

(2)提出贷款申请。购车者签订购车合同后,填写汽车消费贷款申请书、资信情况调查表,并连同个人情况的相关证明一并提交贷款银行。

(3)银行进行贷前调查和审批。对于符合贷款条件的,银行会及时通知借款人填写各种表格。

(4)审核合格,办理手续。通知借款人签订借款合同、担保合同、抵押合同,并办理抵押登记和保险等手续。

(5)银行发放贷款。由银行直接划转到汽车经销商的指定账户中。

(6)提车,按期还款。借款人将首付款交给汽车商,并凭存折和银行开具的提车单办理提车手续;按照借款合同的约定偿还贷款本息。

(7)还清贷款。还清贷款后在一定的期限内去相关部门办理抵押登记注销手续。

银行信用卡汽车专向分期付款业务的办理手续在不同的银行有所不同,但总的来说,手续操作大同小异,首先都要通过银行的审核,然后再缴款。例如,在中国建设银行的龙卡购车分期主要分为五个环节。首先,购车人到与建设银行合作的经销商处选中满意车型,商定车价;第二步,向经销商出示身份证、龙卡信用卡、工作证明(或房产证明),并填写申请表;第三步,经销商向建设银行递交购车人申请材料,通过银行审批后,购车人缴付首付款,办理保险等相关手续;第四步,经销商向建设银行提交购车人办理好的首付、保险等相关材料;最后购车人到与建设银行合作的经销商处刷卡支付购车分期款并提车。

二、购车须知

消费者如果决定向银行申请贷款购买汽车,第一步就是做好咨询工作,也就是去银行咨询相关事宜,了解我国商业银行汽车消费信贷购车须知。

1. 我国商业银行关于汽车消费信贷中借款人的条件

我国的商业银行对于申请汽车消费贷款的自然人所具备的条件要求大致相同,一般都应符合以下条件:

(1)18周岁以上,具有完全民事行为能力的中国公民,原则上年龄不超过65周岁;

(2)具有本市常住户口或有效居住身份,有固定的住所;

(3)有稳定职业和固定收入,具有按期偿还贷款本息的能力;

(4)提供贷款人认可的财产抵押或有效权利质押,提供具有代偿能力的法人或第三方作为偿还贷款本息并承担连带责任的保证担保;

(5)遵纪守法,没有不良信用记录;

(6)持有与特约经销商签定的购车协议或购车合同;

(7)提供或在贷款银行存有不低于首期付款金额的购车款;

(8)愿意接受贷款银行规定的其他条件。

2. 我国商业银行关于汽车消费信贷购车应提供的资料

汽车消费信贷购车人在申办汽车消费贷款的过程中一般需要向银行提供的个人证件及资料见表3-1。

提交了上述的个人证件及资料后,由银行委托的律师上门做借款人贷款的资信调查,签订协议。这些手续办完后,银行就会承诺贷款。

贷款购车所需资料　　　　　　　　表 3-1

角色	携带证件及资料
借款人	身份证原件和复印件
	户口本原件和复印件
	住房证明
	工资收入证明
	驾驶证
	停车泊位证明
	一寸照片（两张）
	结婚证原件和复印件
	贷款申请书
	购车协议或合同
	不低于首付款的存款凭证或首付款的收据原件和复印件
	贷款银行要求提供的其他资料
共同购车人	身份证原件和复印件
	户口本原件和复印件
	住房证明
	工资收入证明
	与借款人的关系证明
担保人	身份证原件和复印件
	户口本原件和复印件
	住房证明
	工资收入证明

银行信贷部门审查合格后同意贷款的，消费者便可以和银行签订《汽车消费借款合同》，并办理贷款的担保及保险手续。在签订借款合同时，消费者还要填写汽车消费贷款转存凭证。与此同时，消费者将购车首期付款划入经销商账户。银行信贷部门与消费者签订借款合同时，有效支款期一般规定为 15 个工作日，最长不超过 30 个工作日。

银行信贷部门向经销商出具《汽车消费贷款通知书》，经销商在收到《汽车消费贷款通知书》及首期付款收款凭证后，消费者便可以在经销商处提车，经销商协助消费者到有关部门办理缴费及领取牌照等手续。此外，经销商还要在《汽车消费贷款通知书》所规定的时限内将购买发票、各种费用凭证原件及行驶证复印件直接交予经办银行。

3. 贷款额度

以我国的建设银行为例：

（1）按建设银行的个人信用评定办法达到 A 级以上的客户，可以将所购车辆作抵押申请汽车贷款，贷款额度最高为所购车辆销售款项的 80%；

（2）借款人以建设银行认可的国债、金融债券、国家重点建设债券、本行出具的个人存单进行质押的，贷款额度最高为质押凭证价值的 90%；

（3）借款人以房屋、其他地上定着物或依法取得的国有土地使用权作抵押的，贷款额度最高为抵押物评估价值的 70%；

(4)保险公司提供分期还款保证保险的,贷款额最高为汽车销售款项的80%;

(5)提供第三方连带责任保证方式(银行、保险公司除外)的,按照建设银行的个人信用评定办法为借款人(或保证人)设定贷款额度,且贷款额度最高为汽车销售款项的80%;购买再交易车辆的,贷款额度最高为其评估价值的70%。

4.贷款期限

汽车消费贷款期限一般为3年,最长不超过5年。

5.贷款利率

贷款利率按照中国人民银行规定的同期贷款利率执行,并允许按照中国人民银行的规定实行上浮或下浮。

三、主要操作性文件

下面介绍汽车"直客式"汽车消费信贷的程序及操作性文件。

1.签订购车合同

消费者在车型选择好之后,与经销商签订《购车合同书》、《同意书》及《担保书》。

《购车合同书》是购车人与经销商签订的正式购销合同。本合同一式五份,购车人、经销商(供车方)、贷款银行、保险公司、公证处各执一份。《购车合同书》具有法律效力。

《同意书》是《购车合同书》附件,是由共同购车人签署的具有法律效力的同意文书。

《担保书》是《购车合同书》附件,是由担保人签署的具有法律效力的文书,此文件须公证处公证。

用途:购车人向经销商、贷款银行、保险公司、公证处分别提交《购车合同书》。

填写注意事项《购车合同书》由购车人本人签署;《同意书》由共同购车人本人签署。《担保书》由担保人本人签署,担保人情况表应如实填写。

《购车合同书》、《同意书》及《担保书》参考文本如下。

购 车 合 同
(代担保合同)

签约地点:　　　　　　签约时间:　　　　　　合同编号:

供车方(以下简称甲方):××企业

购车方(以下简称乙方):

甲乙双方本着自愿的原则,经协商同意签订本协议,以资双方共同遵守执行。

第一条　甲方根据乙方的要求,同意将_____汽车壹辆;发动机号_____;车架号_____,计价人民币_____拾_____万_____仟_____佰_____拾_____元(¥_____),销售给乙方。

第二条　因资金短缺原因,乙方需向银行申请汽车消费信贷专项资金贷款,并请求甲方为其贷款的担保人。

第三条　乙方在签订此合同时,首先在银行开立个人存款账户、申办信用卡,并按不低于所购车辆总价的_____%的款项,计人民币_____万元存入该账户。剩余款项_____万元向银行申请贷款,并按期向该银行归还贷款本息。

第四条　作为乙方贷款担保人,甲方接受银行委托,对乙方贷款购车的资信进行审查,乙方必须按甲方要求提供翔实证明资料配合甲方工作,并在贷款未偿清之前,必须在甲方指定的保险公司办妥所购车辆信用或保证保险以及贷款银行为第一受益人的车辆损失险、第三者责任险、车辆盗抢险、不计免赔险及其相关的附加险。在此前提下,乙方按甲方指定场所对所购车辆进行交接验收,并签署《车辆验收交接单》。

第五条 乙方在未付清车款及相关款项前,同意将所购车辆作为欠款的抵押担保物,此抵押物在乙方发生意外且无力偿还时,按最长不超过三年折旧作价给甲方。并将购车发票、合格证及车辆购置附加费凭证交甲方保存,期间不得将所购车辆转让、变卖、出租、重复抵押或做出其他损害甲方权益的行为。

第六条 在乙方提供停车泊位证明及其他入户所需证明条件下,甲方可协助乙方办理车辆的牌、证、保险手续,实际费用由乙方承担。

第七条 在三保期限内,乙方所购车辆如出现质量问题,自行到厂家特约维修服务中心进行交涉处理。此期间,乙方不得以此为借口停止或拖延支付每期应向银行偿还的欠款。

第八条 如乙方发生下列情况,按本合同第九条规定处理:

1. 乙方逾期还款,乙方经甲方二次书面催讨,在第二次催讨期限截止日仍不还款的(逾期5天后,即发出书面催讨,二次催讨间隔为7天,第二次催讨期限截止日为文书发出日第7天);

2. 乙方借口车辆质量问题,拒不按期偿还欠款;

3. 发生乙方财产被申请执行,诉讼保全,被申请破产或其他方面原因致使乙方不能按期还款的。贷款未偿清之前,不在指定的保险公司办理本合同第四条所指各类车辆保险;

4. 其他情况乙方不能按期向银行还款;

5. 乙方违反本合同第五条的规定,未经甲方同意,擅自将车辆转让、变卖、抵押。

第九条 乙方承诺,不论任何原因发生第八条的事由之一时:

1. 甲方有权要求乙方立即偿还全部贷款及利息,并承担赔偿责任;甲方有权持合同就乙方未偿还的全部欠款,向有管辖权限的人民法院申请强制执行。乙方自愿接受人民法院的强制执行。

2. 甲方有权按合同规定行使抵押权拍卖或变卖乙方所购车辆,拍卖所得价款偿还全部债款和其他欠款。如果出售所得的价值(扣除必要费用外)不足偿还全部欠款和费用总和的,甲方有权向乙方继续追偿;如果出售所得超过欠款和费用总和的,甲方应将超过部分的钱款返还给乙方。

3. 甲方有权要求乙方除支付逾期款额的利息外,并按每日逾期总额的5‰计付滞纳金。

第十条 在分期还款过程中,乙方所购车辆发生机动车辆保险责任范围内的灾害事故,致使车辆报废、灭失,保险公司赔款应保证首先偿还尚欠银行的贷款及利息部分。

第十一条 除车款外,乙方尚须向甲方交纳担保费,金额以借款额为基数,随贷款年限一次性交付(一年期1%;两年期2%;三年期3%)。乙方如提前还清车款,从还清日起,甲方自动终止担保人义务。

第十二条 乙方配偶或直系亲属,作为共同购车人,必须就此合同内容签署同意书,作为本合同附件。

第十三条 乙方担保人自愿为乙方分期付款购置汽车担保,必须就此合同的内容签署担保书,作为本合同附件。

第十四条　本合同按合同条款履行完毕时,合同即自行终止。

第十五条　本合同需经公证处公证后生效。

第十六条　本合同一式五份,甲、乙双方及贷款银行、保险公司、公证处各执一份。

附件1:同意书

附件2:担保书

供车方:××企业	购车方:
法定代表人:	法定代表人:

附件1:

同 意 书

致:××企业

　　鉴于_____(购车人)与贵单位于_____年_____月_____日签订的《购车合同书》购买壹辆_____型号汽车一事,本人作为_____(购车人)的配偶(直系亲属),对其关系存续期间财产享有共同所有权,对债务亦共同承担义务。为此,特向贵单位确认如下:

　　一、本人同意_____(购车人)将所购汽车抵押给贵单位,作为贷款购车所欠款的抵押担保物。

　　二、本人愿同购车人共同参与对银行欠款的偿还,直到对银行的欠款本息全部偿还完毕。

　　三、(若共同购车人与购车人系夫妻关系)倘若购车人与本人解除夫妻关系,除非法院离婚判决书或调解书或经民政部门办理的离婚协议书中专门注明该车辆所有权和债务的归属为购车人,否则不解除本人还款义务。

　　四、本人已详细阅读过了《购车合同书》,充分理解合同经过公证后具有强制执行效力。我同意放弃起诉权和抗辩权。

　　五、本同意书一经本人签字或盖章后即对本人具有法律约束力。

同意人(即购车人配偶)_____(签字盖章)

身份证号:_____

签署时间:_____年_____月_____日

附件2:

担 保 书

_____自愿作为汽车消费贷款购车人_____的担保人,承认并遵守以下条款:

一、当购车人未按期偿付欠款时,承担连带担保责任。

二、对由于购车人未按期偿付欠款而引起的一切相关损失及经济赔偿责任,承担连带担保责任。

三、在购车人所签署《购车合同书》终止前,不得自行退出担保人地位,或解除担保条款。

四、本人已详细阅读过了《购车合同书》,充分理解合同经公证后具有强制执行效力。我同意放弃起诉权和抗辩权。

五、本担保书一经本人签字盖章后即对本人具有法律约束力。担保人情况如表 3-2 所示。

担保人情况 表 3-2

姓名		性别		身份证号	
户口所在地				家庭住址	
通信地址				邮政编码	
联系电话				手机	
工作单位				职务	

本人承诺上述情况均为事实。
担保人:＿＿＿＿＿＿＿(签字盖章)
签署时间:＿＿＿＿年＿＿＿月＿＿＿日

2. 贷款申请手续

在客户决定购车后,将同时填写购车申请表、资信调查表和银行汽车消费信贷申请书。

(1)消费信贷购车申请表。购车申请表一式二联,一联由客户回单位盖章,一联由经销商消费信贷部门存留;内容均为本人的真实反映,并由申请人所在单位盖章认可。

用途:决定购车客户分别向银行、经销商提出申请贷款和购车;并分别向银行、经销商、保险公司出具资信调查担保。

填写注意事项:由购车人填写,各项均应如实填写、真实可靠。

购车申请表参考文本如表 3-3 所示。

(2)消费信贷购车资格审核调查表。汽车消费信贷业务中,对消费者(购车人)的资格审核是主办者的业务难点和重点,更是消费者的困扰点。怎样逾越这一鸿沟,主办者从消费者的实际出发,逐步形成了一套"全新汽车消费贷款服务模式"。

目前,由银行、经销商、保险公司联合推出的汽车消费买方信贷,资信审核将由三方共同审核,其中以经销商上门初审为主,银行、保险公司依各自需要留备材料。

此表形式为:一式三联,一联由银行留存,二联由保险公司留存,三联由经销商留存,以及统一的编号、制单日期和服务日期,购车人(被审核人)签字,主管领导和主审领导批复。用于对客户调查后,填写该客户与其共同购车人及担保人的情况,并附意见。

此表设计基础为:贷款购车人所具备的条件和应提供的资料。内容包括:购车人真实身份、家庭和职业稳定性、资金收入和支配、居住和联系方式稳定性、购车用途、共同购车人和保证人的身份、共同承担风险的可能性。此表审核对象是贷款购车(本)人、(与其)共同购车(当事)人和(为其)保证人的情况。

用途及操作:审查服务用。审查人员应熟悉表中各项目,由各当事人填写表格前应以口头对话形式进行初审和熟悉内容,事后再次核对。

购车资格审核调查表参考文本如表 3-4 所示。

购 车 申 请 表 表 3-3

编号：

申请人姓名		性别		年龄		身份证号	
户口所在地						邮政编码	
现居住地址						家庭电话	
所在派出所						所在居委会	
工作单位						单位电话	
职务、职称						学历	
个人月收入						家庭月收入	
手机号码						寻呼机号码	
共同购车人				年龄		身份证号	
工作单位						单位电话	
职务、职能						个人月收入	
手机号码						寻呼机号码	
选购车型				汽车价格		贷款金额	
首付款				首付比例		还款期限	
发动机号				车架号		颜色	
申请人工作单位意见				申请人承诺意见		1. 以上表格内容为本人如实填写，真实可靠。 2. 同意在中国人民保险公司　市　区支公司办理车辆保险。 3. 保证履行按期连本带息如数偿还购车欠款。 4. 未履约还款时，服从法院强制执行收回所购车辆。 　购车申请人： 　共同购车申请人： 　　　　　　　　　　　年　月　日	

（3）银行汽车消费贷款申请书。银行汽车消费贷款申请书由银行制发，用于客户申请购车贷款，是客户向银行提出汽车消费贷款的正式申请书，内容均根据国家金融机构有关政策制定。申请书一式三联，一联由银行信贷部门留存，二联由保险公司留存，三联由经销商消费信贷部门留存。

用途：决定购车客户分别向银行、经销商提出申请贷款和购车，并分别向银行、经销商、保险公司出具资信调查担保。

银行汽车消费贷款申请书参考文本如表 3-5 所示。

购车资格审核调查表 表 3-4

贷款购车人情况				编号：			
姓名		性别		年龄		学历	
身份证号				健康状况			照片
户口所在地				邮编			
现居住地址				电话			
所在居委会				住房状况			
所在派出所				有无劳动保险		持何种信用卡	
家庭人口		有收入人口		本人月收入		家庭月收入	
工作单位				单位电话			
单位地址				职务/职称			
手机号码				购车用途			

工作简历（最近三次工作变化）			
单位	工作时间	职务	备注

共同购车人			
姓名		年龄	身份证号
工作单位			单位电话
单位地址			职务/职称
手机号码			本人月收入

保证人情况					
姓名		性别		身份证号	
户口所在地		邮编		电话	婚否
现居住地址				所在派出所	
单位地址				职务/职称	
手机号码				本人月收入	
工作单位			电话	职务/职称	

本人在此郑重声明，表内所填内容完全属实，并愿对其承担一切责任。 购车人： 　　年　月　日	审批意见		领导签字	

本表一式三联：一联银行；二联保险公司；三联经销商。

银行汽车消费贷款申请书　　　　　表 3-5

编号：

申请人姓名		性别		年龄		出生年月	
身份证号码				家庭电话			
工作单位名称				部门		职务	
工作单位地址				单位电话		邮编	
户口所在地址						邮编	
现居住地址				申请人月收入			元
家庭人口数				家庭其他成员称谓			
配偶姓名				工作单位		月收入	元
汽车品牌				汽车售价			
首付款				贷款金额			
贷款担保方式	住房抵押□		自用住房□ 其他住房□		住房评估价值		
	质押□		质押物名称		质押物价值		
	保证□		保证人名称				
家庭月平均收入合计			每月还款金额		占家庭收入比例		
共同申请人意见	本人作为购车人的配偶（或　　），对关系存续期共同财产享有共同财产权，因此，愿同购车人共同参与对银行欠款的偿还。倘若购车人与本人解除夫妻关系（或　关系），除非法院判决或其他具有法律效力的协议书明确规定该车辆所有权和债务的归属为购车人，否则不解除本人还款义务。 共同申请人签字（盖章）： 　　年　　月　　日							
借款人意见	申请人同意上述贷款担保方式，抵（质）押权人为××银行××支行，并保证抵（质）押权人为第一受益人，或接受贷款保证人对本人约定的条件。 签字（盖章）： 　　年　　月　　日							
贷款保证人意见： 签字（盖章）： 　　年　　月　　日					贷款银行审批意见： ××银行××支行 　　年　　月　　日		

3. 银行批准

(1)汽车消费信贷银行所需存档材料。汽车消费信贷银行所需存档材料如表3-6所示。

汽车消费信贷银行所需存档材料　　　　　表3-6

角 色	银行所需存档材料
借款人	身份证复印件
	户口本复印件
	配偶身份证复印件
	配偶户口本复印件
	工资收入证明
	配偶工资收入证明
	结婚证复印件
	房屋居住证明
	驾驶证复印件(或借款人父母、配偶、子女驾驶证复印件)
	停车泊位证复印件
担保人	身份证复印件
	户口本复印件
	工资收入证明
其他	银行汽车消费贷款申请书
	个人消费贷款保证合同
	购车人资格审查表
	购车申请
	机动车辆分期付款售车信用险投保单
	公证后的购车合同
	购车发票
	委托收款通知书

以上材料贷款银行留存、建档。

(2)个人消费贷款保证合同。

个人消费贷款保证合同是经销商为购车人提供贷款保证,与银行签订的合同。合同每项内容均需当事人签署。

个人消费贷款保证合同参考文本如下。

个人消费贷款保证合同

编号：

贷款人：××银行
地址：
保证人：
注册(户籍)地址：
营业(现住)地址：
基本存款账户开户行：　　　　　　　　账号：
一般存款账户开户行：　　　　　　　　账号：

鉴于贷款人向_____提供_____贷款，保证人承诺为借款人提供不可撤销的连带责任保证。经双方协调一致，签订本合同，以资共同遵照执行。

第一章　保　证　范　围

一、本合同保证人的保证范围系指：

编号为_____的《个人汽车贷款借款合同》、编号为_____的《个人消费贷款借款合同》项下的全部债务，包括但不限于贷款本息、罚息、赔偿金和全权人为实现全权所发生的相关费用。

二、保证期限：自贷款发放之日起，至_____。如借款人在此期间因_____原因造成违约拖欠贷款本息、罚息、赔偿金和相关费用，保证人须负责代为偿还。

三、在本合同有效期间内，贷款人依法将债权全部或部分转让给第三人的，保证人在本合同规定的保证范围内继续承担保证责任。

四、保证人承担保证责任后，有权向借款人追偿。

第二章　保证人陈述

五、保证人向贷款人陈述并保证：

（一）保证人是依法登记注册的企业法人，并通过工商行政管理部门规定的签约时仍有效的年检手续，或是有完全民事行为能力的自然人，具有签订和履行本合同的资格和能力；

（二）贷款人如要求保证人提供财务报表的，保证人提供的财务报表是根据我国会计准则编制的，该报表所附其他资料是真实完整的，自借款人提出借款申请以来，财务资信状况未发生重大不利变化；

（三）保证人签订和履行本合同，与其签订和履行其他任何合同均无抵触；

（四）保证人没有隐瞒其所涉的诉讼、仲裁、索赔事件和其他会危及贷款人权益的事件。

六、在保证期限内，如借款人连续三个月未能偿还贷款本息，保证人在接到贷款人发出《履行还款保证责任通知书》的一个月内，代借款人偿还欠款。

七、接受并配合贷款人对其保证资格、权限、资信状况和代偿能力的核查。

八、发生或可以预见发生下列情形之一的。保证人除主动采取补救措施外，还应及时通知贷款人。

（一）危及保证人的保证资格、权限、能力的事件；

（二）借款人危及贷款人权益的事件。

第三章 合同纠纷的处理

九、本合同履行期间如有争议,双方协商解决。协商不成的任何一方均有权向贷款人所在地人民法院起诉。

第四章 附 则

十、《个人汽车贷款借款合同》《个人消费贷款借款合同》为主合同,本合同为从合同,如主合同无效,不影响本合同的效力。

十一、本合同及其附件的任何修改、补充均须经双方协商一致并订立书面协议方可有效。

十二、本合同的公证事宜由双方另行协商。

十三、本合同自双方法定代表人或其授权代表签名并加盖公章后生效,至借款人或保证人履行完其借款合同项下全部义务之日终止。

十四、本合同正本一式三份,合同双方及借款人各执一份,副本按需确定。

贷款人:　　　　　　　　　　　保证人:
(盖章)　　　　　　　　　　　(盖章)
法定代表人:　　　　　　　　　法定代表人:
或　　　　　　　　　　　　　或
授权代表:　　　　　　　　　　授权代表:
(签名)　　　　　　　　　　　(签名)

　　　年　月　日　　签订于　　市　　区

(3)个人消费贷款借款合同。个人消费贷款借款合同是消费者个人与贷款提供方(通常是银行)签订的合同。

个人消费贷款借款合同参考文本如下。

个人消费贷款借款合同

编号:

借款人:
身份证号码:
户籍地址:
现住地址:
贷款人:××银行××支行
地址:

借款人在本市_____(售货单位)购买_____,向贷款人申请借款。根据《银行个人消费贷款试行办法》,贷款人经审核同意向借款人提供本合同项下贷款,经双方协商一致,签订本合同,以资共同遵照执行。

贷款金额及支付

一、贷款金额人民币(大写)_____元整。

二、贷款支付的先决条件:借款人办妥贷款担保手续。

三、借款人在此委托贷款人,在办妥全部贷款手续之日起的5个营业日内将上述贷款金额全数以借款人购买耐用消费品名义划入商品销售单位在银行开立的账户。

借款用途

四、借款专项用于《个人消费贷款申请书》(编号为_____)所载购买_____(售货单位)所售耐用消费品。

贷款期限

五、本合同项下贷款期限_____年_____月,自_____年_____月_____日起至_____年_____月_____日止。遇合同借款日期与借款凭证记载日期不一致的,以借款凭证载明的日期为准。

贷款利率

六、本合同贷款月利率现为_____‰。本合同约定利率执行期为一年,期满后贷款人根据本合同约定的贷款期限和当时的利率水平确定下一年的利率。

贷款偿还

七、本合同项下的贷款本息,采取按月等额还款方式,分期(月)归还,借款人授权贷款人在贷款发生的次月起每月二十日从借款人在贷款银行开立的活期储蓄存款账户扣收或由借款人在贷款发生的次月起每月二十日前往本贷款发放行还款,直至所有贷款本息、费用清偿为止。

八、现每月还款本息额人民币(大写)_____万_____仟_____佰_____拾_____元_____角_____分。本合同约定每月还款本息额执行期为一年,期满后根据贷款剩余本金、贷款剩余期限和当时的利率水平确定下一年的每月还款本息额。

提前还款

九、借款人可以提前还款:

(一)借款人提前归还未到期贷款本金的,应至少提前三个银行工作日书面通知贷款人,该书面通知送达贷款人处即为不可撤销。贷款人在该月×日至该月最后一个工作日内办理提前还款手续。

(二)借款人经贷款人同意可一次性提前归还全部积欠本金,利随本清。贷款人不计收提前期的利息,也不退还或减免按原合同利率已收取的贷款利息。

十、有下列情况之一项或几项发生时,贷款人有权要求借款人提前归还全部贷款本息,借款人无条件放弃抗辩权:

(一)借款人违反本合同之任何责任条款。

(二)借款人发生因不能履行本合同义务之疾病、事故、死亡等和担保人发生因不能履行本合同义务之合并、重组、解散、破产等影响借款人、担保人完全民事行为能力与责任能力之情况。

(三)借款人或担保人涉入诉讼、监管等由国家行政或司法机关宣布的对其财产的没收及其处分权的限制,或存在该种情况发生的可能的威胁。

(四)借款人与耐用消费品销售单位发生退回全部商品之情况。

合同公证

十一、贷款人和借款人在本合同签订后,贷款人认为必要时,在贷款人指定的公证机关办理具有强制执行效力的借款合同公证,如借款人不履行还款义务,且累计三个月未能按期如数还款的,贷款人有权向有管辖权的人民法院申请强制执行,借款人自愿接受执行,于此情况下不再适用本合同第九条规定。

十二、同时办理个人汽车贷款和本贷款的公证费用由贷款人负担。

十三、单独办理本贷款的公证费用由借款人负担。

违约责任

十四、借款人未按期偿还贷款本息的，贷款人对其欠款加收每日百分之_____的逾期罚息。

十五、借款人连续三个月未偿还贷款本息和相关费用，并且担保人未代借款人履行偿还欠款义务的，贷款人有权终止借款合同，并向借款人、担保人追偿，或依法处分抵押（质）物。

十六、借款人申请贷款时提供的资料不实或未经贷款人书面同意，擅自将抵押（质）物出售、出租、出借、转让、交换、赠予、再抵押或以其他方式处置抵押（质）物的，均属违约，贷款人有权提前收回贷款本息或处置抵押（质）物，并有权向借款人或担保人追索由此造成的损失和发生的相关费用。

十七、与耐用消费品销售单位因质量原因发生纠纷时，不得以此为理由不归还贷款本息。

合同纠纷的处理

十八、本合同履行期间如有争议，双方先协商解决。协商不成的，应向贷款人所在地的人民法院提起诉讼。

附则

十九、本合同及其附件的任何修改、补充均须经双方协商一致并订立书面的协议方为有效。

二十、本合同经贷款人法定代表人或其授权代表签名并加盖公章，借款人签名并加盖私章后与贷款担保合同一并生效，至借款人将本合同项下全部应付款项清偿时终止。

二十一、下列附件均为本合同的组成部分，对合同双方均有法律约束力：

（一）《个人消费贷款申请书》；

（二）借、还款凭证；

（三）《个人消费贷款抵押合同》、《个人消费贷款质押合同》、《个人消费贷款保证合同》；

（四）抵（质）押财产清单。

二十二、本合同正本一式五份，合同双方及抵（质）押登记机关、担保人、公证机关各执一份，副本按需确定。

借款人：　　　　　　　　　　贷款人：

（私章）　　　　　　　　　　（签名）

　年　　月　　日

　　　　　　　　　　　　　　　　　　　　　年　　月　　日

　　　　　　　　　　　　　　　　签订于_____市_____区

（4）个人消费贷款审批表。个人消费贷款审批表参考文本如表3-7所示。

（5）委托付款授权书。委托付款授权书是银行制发的文件，用于购车人成为贷款银行贷款客户后，授权银行将其首付款及银行贷款支付经销商的文件。

此授权书签署双方为贷款银行和购车人。

个人消费贷款审批表 表 3-7

编号：

申请人姓名		性别		年龄		出生年月	
身份证号码				家庭电话			
工作单位名称				部门		职务	
工作单位地址				单位电话		邮编	
户口所在地址						邮编	
现居住地址				申请人月收入			元
家庭人口数				家庭其他成员称谓			
配偶姓名				工作单位		月收入	元
拟购商品情况	出售单位名称						
	出售单位地址						
	销售柜台编号						
	商品名称、数量及价款						
	申请书编号			商品总价款			
是否申请本行汽车贷款		是□ 否□		目前个人汽车贷款金额			
申请汽车商业性贷款金额				个人汽车商业性贷款期限			
家庭其他负债情况							
申请耐用消费品贷款金额				申请耐用消费品贷款期限			
贷款担保方式	住房抵押□		自用住房□ 其他住房□		住房评估价值		
	质押□		质押物名称		质押物价值		
	保证□		保证人名称				
月平均收入合计				每月还款占家庭收入比例			

贷款情况和意见：
调查人：
年　　月　　日

审查意见：
信贷部主管：
年　　月　　日

审查意见：
主管行长：
年　　月　　日

签批人意见：
签批人：
年　　月　　日

委托付款授权书参考文本如下。

委托付款授权书

编号：

授权人(还款人)：
户籍地址：
被授权人：××银行
地址：

为保证借款人能按合同约定准时归还贷款，根据《银行个人消费品贷款试行办法》，就委托被授权人直接从授权人在银行开立的活期储蓄存款账户中付款一事授权如下：

一、授权人在办妥全部贷款手续后，将所购车款的_____％作为首付款全额存入授权人在银行开户的活期储蓄存款账户，账号：_____，户名：_____。并授权被授权人将此项金额止付。

二、被授权人接到授权人购买商品的正式发票后，从授权人账户中将止付的首付款项付出，转账划入商品销售单位在银行开立的账户。

三、在授权人的贷款入账后，被授权人直接从授权人活期储蓄存款账户中将贷款全额付出，转账划入商品销售单位在银行开立的账户。

四、被授权人从贷款发生的次日起每月_____日将本月应归还的本息从授权人在贷款银行开立的账户(含上述活期储蓄存款账户)中付款，偿还贷款本息，直至所有贷款本息清偿为止。

五、授权人未按期偿还贷款本息，贷款行对授权人加收的罚息(罚息按《银行个人消费品借款合同》有关规定执行)，仍由被授权人从授权人在贷款行开立的银行账户中直接付款，直至所有罚息清偿为止。

六、授权人授权被授权人从其账户中付款，被授权人不需提供付款凭证，授权人对划账款项持有疑义，可向被授权人查询。

七、本授权为不可撤销授权，自授权人签字之日起生效，直至授权人在贷款行的贷款本息全部清偿后终止。

授权人(签名)：　　　　　　身份证号码：
户口所在地：　　　　　　　联系电话：
　　　　　　　　　　　　　　　　　年　　月　　日于

(6)委托收款通知书。委托收款通知书是银行制发的单据，当购车人的贷款申请被银行批准后，由经销商通知银行将购车人贷得的款项存入经销商的账户。

委托收款通知书参考文本如下。

委托收款通知书

××银行：

根据贵行信贷部门提供的第二联《银行个人消费贷款申请书》，经与消费者的有关资料核对，现确认无误，我单位已将_____台(或其他数量单位：_____)_____商品，单价_____元，总计价格_____元，发放给消费者。该消费者提供的《银行个人消费贷款申请书》的编号为_____。请你行按照《个人消费品贷款合作协议书》的规定，核对有关内容,相符后,将_____在贵行的消费贷款在收到本通知书的次日(遇节假日顺延)转存放我单位账户,账号为_____;账户名称为_____。

特此委托你行据此办理转账,产生的经济纠纷由我单位全部负责。

商业出售单位盖章
经办人员签字(盖章)
年　月　日

4. 取车手续

(1)车辆验收交接单。车辆验收交接单是客户获得车辆后的签收单。应提请购车人核对单中内容正式签收。此单一式两联,用于客户选车和提车使用,一联客户留存,二联经销商留存。由购车人本人或其委托人与供车方交接车辆。

车辆验收交接单参考文本如表3-8所示。

车辆验收交接单 表3-8

编号:

汽车名称		汽车型号	
生产厂家		颜色	
发动机号		车型号	
车辆状况	全新	随车工具	齐全
交货数量	壹辆	交货地点	

上述汽车已于　年　月　日由　　交我方,特此签收。
收车人(签收):　　　　　　　　　　年　月　日

(2)办理经济事务公证申请表。办理经济事务公证申请表是用于对《购车合同书》进行公证的申请。申请表每项内容均需当事人签署。办理经济事务公证申请表(用于个人)参考文本如表3-9所示。

办理经济事务公证申请表 表3-9

申请人姓名		别名		性别	
出生日期		籍贯		民族	
住址			身份证号码		
工作单位		职务		电话	
申请公证内容: 具体内容详见《购车合同书》					
提供有关证明文件: 身份证、户口本、《购车合同书》、结婚证					
填表人		申请日期		年　月　日	

(3)车辆保险投保单。车辆保险投保单是保险公司制发的单据,用于客户所购车辆投保的车辆险、第三者责任险、盗抢险和不计免赔险。保单每项内容均需当事人签署。

中国人民保险公司机动车辆投保单

投保人(名称):_____京××××

欢迎您到中国人民保险公司投保。填写前,请先阅读《机动车辆保险条款》、《机动车辆

《保险费率》,特别是有关责任免除和被保险人义务的部分,然后请填写下列各项。

注:保险公司对投保车辆的承保以保险单所载内容为准。

车辆险投保单参考文本如表3-10所示。

车 辆 险 投 保 单　　　　　　　　表3-10

车牌号码:	厂牌型号:
发动机号:	车架号:
行驶区域:中华人民共和国境内(不含港、澳、台地区)□	其他□
使用性质:非营业□ 营业□　　座位/吨位:　/	行驶证初次登记年月:　年　　月
保险期限:自　年　月　日零时起至　年　月　日二十四时止	
投 保 险 别	
车辆损失险:保险价值 (新车购置价):　　　　　元 保险金额:　　　　　　元	车上责任险:(人员)投保座位数:　座 每座限额:　　　元 (货物)赔偿限额:　　　元
第三者责任险赔偿限额:　　　元	车辆停驶损失险:　　元/天 ×天
全车盗抢险保险金额:　　　元	玻璃单独破碎险:□
自然损失险保险金额:　　　元	不计免赔特约险:□
车载货物掉落责任险赔偿限额:　　元	无过失责任险赔偿限额:　　元
新增加设备损失险保险金额:　　元	
特 别 约 定	
当投保车辆超过一辆时,请填写投保单附表,共　页。投保车辆合计:　辆	
本投保人兹声明上述各项填写内容均属事实,同意按本投保单所列内容和机动车辆保险条款以及特别约定向贵公司投保机动车辆保险,并对责任免除和被保险人义务条款明确无误。以此投保单作为订立保险合同的凭据。	
投保人签章:　　　　　　电话:	
日期:　　　　邮政编码:　　　联系地址:	
以下内容由保险公司填写	
核保情况	
核保人签字:	

(4)机动车辆分期付款售车信用保险投保单。机动车辆分期付款售车信用保险投保单是保险公司制发的单据,用于客户在分期购车时投保的信用险。机动车辆分期付款售车信用保险投保单参考文本如表3-11所示。

5.汽车消费信贷保险公司所需客户资料

(1)购车人身份证复印件。

(2)购车人户口本复印件。

(3)购车人的工资收入证明复印件。

(4)经过公证的购车合同书。

(5)共同购车人的身份证、户口本复印件。

(6)保证人的身份证复印件。

(7)购车发票、汽车合格证、车辆购置附加费缴费凭证复印件。

(8)首期款缴费凭证复印件。

(9)车辆交接单复印件。

以上材料保险公司留存、建档。

机动车辆分期付款售车信用保险投保单

表 3-11

投保人		地址：		电话：	
被投保人		地址：		电话：	
共同购车人	本人：		地址： 电话：		身份证号：
	直系亲属：		地址： 电话：		身份证号：
担保人：			地址： 电话：		身份证号：
厂牌型号：			牌照号：		
发动机号：			车架号：		
购车价格：人民币＿＿＿＿＿＿＿（￥＿＿＿＿＿＿＿） 首期付款：人民币＿＿＿＿＿＿＿（￥＿＿＿＿＿＿＿） 贷款金额：人民币＿＿＿＿＿＿＿（￥＿＿＿＿＿＿＿） 分＿＿＿＿个月，＿＿＿＿期还款,每期还款人民币＿＿＿＿元。					
投保金额：人民币＿＿＿＿＿＿＿（￥＿＿＿＿＿＿＿） 费率：＿＿＿＿＿＿＿％ 保险费：人民币＿＿＿＿＿＿＿（￥＿＿＿＿＿＿＿） 保险期限：自　　年　月　日零时起至　　年　月　日二十四时止					
特别约定：					
投保人声明：上述填写内容（包括抵押清单）属实，同意以本投保单及其附件作为订立保险合同的依据；对贵公司就机动车辆分期付款售车信用保险条款（包括责任免除部分）的内容及说明已经了解并认同；同意自保险单签发之日起保险合同成立。					
被保险人签章： 　　　　　　年　　月　　日			投保人签章： 　　　　　　年　　月　　日		

注：①本投保单上投保人指分期付款的购车人；
　　②被保险人指分期付款的售车人。

6. 车辆出门证

车辆出门证参考文本如表 3-12 所示。

车 辆 出 门 证　　　　　　　　　表 3-12

　　年　　月　　日　　　　　　　　车辆流水号：

用户名称			
车名与型号		颜色	
随车物品			
提车原因			
返回验车			
备注			
提车人(签字)：		验车人(签字)：	
发车人(签字)：		负责人(签字)：	

注：一联；门卫；二联；发车人。

7. 按月付款

在合同期内,贷款银行对借款人的收入状况、抵押物状况进行监督,对保证人的信誉和代偿能力进行监督,借款人和保证人应提供协助。

四、特点分析

根据上述分析,银行开展汽车消费信贷业务是有一定的优势,但是也存在一些矛盾问题。

1. 优势分析

(1)资金充足。银行作为汽车信贷的主体,优势就在于资金充足,充足的后备资金,使银行在做汽车消费信贷业务时更是游刃有余。

(2)贷款操作熟练。银行本身就是金融管理的行家,对于贷款的操作是轻车熟路,资本运作的优势是商业银行独一无二的。

2. 劣势分析

尽管银行具有资金优势,但汽车消费信贷服务对象主要是个人客户,与其他贷款种类相比,具有客户数量多、贷款数额小而分散、专业知识要求高等特点,同时由于目前在我国缺乏专业的汽车消费信贷服务体系和完善的个人征信系统,这都使得"直客"模式的汽车消费信贷模式存在如下一些比较突出的问题:

(1)汽车产品自身的特点给银行带来的附加成本。汽车消费信贷本身具有的特点造成银行人工成本大大增加。如原本1 000万元的贷款单,其他商业贷款可能是一个客户,而汽车消费贷款可能是100个客户,会增加大量的工作人员管理,分散银行的实力,增加银行成本。

(2)专业评估费用高。银行需要花费大量的人力来进行资信调查、审核和管理,显著增加管理成本,降低工作效率。

(3)承担风险高。由于缺乏完善的个人信用体系,银行难以掌握客户收入和综合信用情况,由此造成了汽车消费贷款具有较高风险。

另外,由于汽车消费是一套完整的价值链,许多链条在银行系统中还无法串联起来,如难以顺利转嫁二手车,缺乏通晓汽车信贷的专业人才,对违约车辆的处置和变现也都比较困难,客户发生违约,处置成本会很高。因此,一旦客户违约,银行就非常被动。

第二节 以经销商为主体的汽车消费信贷操作实务

以经销商为主体的汽车消费信贷模式是指银行通过汽车经销商与汽车消费者形成金融借贷关系,以经销商为消费者资信调查和信用管理的主体,并由汽车经销商向消费者提供金融服务的汽车消费信贷模式,也称之为"间客"模式。这种汽车消费信贷模式是由经销商、银行、保险公司三方联手,由经销商负责为消费者办理贷款手续,完成消费者的信用调查与评价。以经销商的自身资产为消费者承担连带责任保证,并代银行收缴贷款本息。该模式一般都是由经销商向银行贷款,并向银行存储一定的保证金,以便发生违约时可以从保证金中扣除坏账费用。由于经销商贷款过程中承担了一定风险并付出了一定的人力物力,所以通常需要收取2%~4%的管理费。在这一模式中,经销商是主体,它与银行和保险公司达成协议,负责与消费信贷有关的一切事务,客户只需与一家经销商打交道。这种模式的主体关系是"购车人—经销商—银行—保险公司"。

一、业务流程

我国以汽车经销商为主体的汽车消费信贷业务，并没有统一确定的对贷款申请人的条件限制和贷款流程。一般是消费者（贷款申请人）先到特约汽车经销商处选购汽车，提交有关贷款申请资料，并由汽车经销商代其向银行提出贷款申请。以汽车经销商为主体对消费者实施信贷资格审查和信贷风险管理，银行根据经销商对消费者的审查意见，经调查审批同意后，签订借款合同、担保合同，发放贷款给客户，保险公司提供汽车信贷信用保险或保证保险。经销商负责办理公证、保险等手续，实现了一站式服务。该模式下，汽车消费信贷业务的市场宣传、业务咨询、资信调查、客户评估、风险管理、坏账处理等大部分业务环节均由经销商来承担。贷款要素也基本是遵从汽车经销商所依靠的银行制定的贷款期限、利率以及贷款额度的规定，但是经销商可以在一定的范围内，针对贷款申请人的条件来灵活确定这些因素。

消费者购车时，首先要找一个担保人，需要有本市户口，还要有稳定的收入，对担保人月收入也有一定的要求，根据拟购买的车辆价位不同，对担保人的月收入要求也不同。

实际购车时，消费者需出具自己和担保人的身份证、户口本复印件、收入证明（加盖公章）、居住证明（即个人住房的房本）等。消费者有了这些文本后，就到汽车经销商处挑选车辆，交纳首付款。首付款的额度视所选购车型和生产厂家的规定而确定，然后银行告诉购车人每月（年）应付的本息。交完首付款3～5个工作日以后，由汽车经销商派人带领购车者去税务部门交纳汽车的购置税（国家规定汽车销售部门不得代收汽车购置税）。所有这一切做完以后，提车、领取牌照，消费者才可以开走这辆车。以汽车经销商为主体的汽车消费信贷的业务流程如图3-2所示。

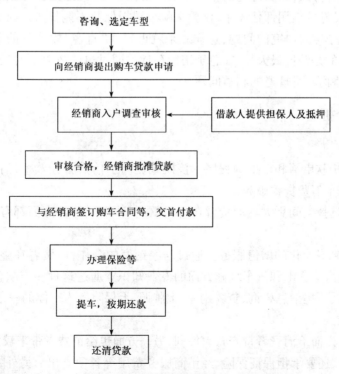

图3-2 "间客"模式汽车消费信贷业务流程

二、银行与汽车经销商的合作方式

国内各家商业银行与汽车经销商合作的主要方式有以下两种。

1. 经销商全程担保

即消费者贷款时,经销商为消费者提供担保,承担风险。为此,银行贷款需要重点审查经销商而不是个人,经销商也须向购车者收取保证保险费,要求其提供自然人或单位担保,同时将《机动车登记证》、购车发票、购置税发票、《购车合同书》、行驶证复印件等文件、票据留存。其具体操作办法是经销商在银行存入一定的保证金,取得一定的担保额度,当出现客户坏账时,银行从保证金中扣除该坏账费用,经销商再将保证金补齐。但是,这种操作模式下银行同样存在一定的风险:一是目前经销商与银行之间的担保形式一般是保证金的形式,并非实物性资产抵押。而保证金一般是几千万元,而其担保金额动辄几亿元,有的甚至十几亿元,远大于其本身的资产,一旦出现坏账,经销商没有足够的资金偿还,因此银行存在风险;二是个别经销商制造虚假购车合同在骗贷,达到一定数额后,经销商突然清盘不干,银行将会遭受非常重大的损失。因此,这种贷款模式需要经销商与银行间更充分的信任。如果将来银行改变现有做法,则经销商需要有广阔的融资渠道以支持其发展战略。

2. 保险公司提供履约保险

即购车者贷款时,向保险公司投保履约保险。一旦银行出现坏账,由保险公司负责偿付。为此,保险公司须向购车者收取保险费用,要求其将所购车辆在车管所抵押登记,禁止交易,同时要求承担连带保险责任。

但无论是哪种方式,三者之间的合作仅仅停留在业务表层上,形式上银行不承担任何风险,销售商没有良好的信用评估体系,仅凭保险公司担保并不能长久。因此,如何开展更深层次的合作是一个需要研究的问题,这样一来就重复了"直客"模式下的不足。其次,汽车经销商的最终目的是销售最大化,在急于销售存货的同时也就忽略了对贷款购车者的资信评估,这也是销售商不可规避的利益问题。

三、特点分析

1. 优势分析

(1)简化了贷款申请和审批的程序。该模式提高了信贷服务效率,消费者可以得到相对方便的个人汽车消费贷款服务;

(2)消费者选择空间更大。消费者在首付款、贷款期限等各方面都有更大的自主选择空间;

(3)可享受到专业化的增值服务。通过与经销商的合作,消费者在整个服务过程中能得到各种专业的汽车资讯和汽车维修方面的专业知识。通过这种多方联合的方式,汽车消费信贷最终形成了"集信息咨询、贷款购车、上牌照、上保险等为一体的一条龙购车服务"。

2. 劣势分析

这种模式一方面给消费者带来较大便利,另一方面也给消费者带来较大负担,消费者除承担银行利息外,还要承担保证保险、经销商服务费用等各项支出。另外,经销商存在着销售量与对贷款购车者的信用审核之间的矛盾。

第三节　以汽车金融公司为主体的汽车消费信贷操作实务

该模式是由汽车金融公司直接面对消费者,组织进行对消费者的资信调查、担保、审批工作,向消费者提供分期付款服务。在该模式下,消费者从汽车金融公司贷款买车采取抵押所购车辆的方式,对贷款消费者进行购车咨询、信用调查、提供担保、售车、贷款中期的信用追踪以及售车后的一系列服务,将汽车的生产、销售、消费和服务统为一体,真正方便于消费者。

此模式与以银行为主体的"直客"模式的运作基本一致,但放贷主体通常是汽车集团所属的汽车金融公司。一般由律师行出具资信文件,由其所属集团的汽车经销商提供车辆,客户购买保险公司的保证保险,汽车金融公司提供汽车消费信贷业务。一旦出现客户风险,由保险公司将余款补偿给经销商,经销商再将其偿还给汽车金融公司。此种模式下风险主要由汽车金融公司和保险公司共同承担。汽车金融公司除去自有资金,以及吸收的3个月以上的存款作为资金依托外,一般都是按照同业往来利率向银行或其他金融机构借款,作为支撑汽车信贷的资金来源。

汽车金融公司的优势在于其更加专业化,能够有效地连接汽车生产企业、商业企业和银行,并以金融业务为其主业,可以将银行和企业的优势较好地联系在一起,所提供的车贷更灵活、更专业、更具针对性,而且手续简便。劣势在于贷款利率较高,通常比银行现行利率高出 1%~2%。

一、业务流程

汽车金融公司具体的汽车消费信贷的业务流程如图3-3所示。

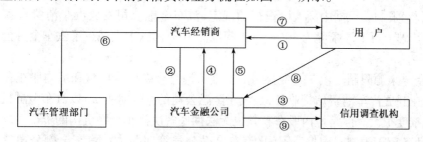

图3-3　汽车金融公司的个人汽车消费信贷业务流程

流程说明:

(1)消费者在经销商处选定车型,填写贷款申请。

(2)经销商将消费者贷款资料通过电脑传给汽车金融公司。

(3)金融公司通过电脑联网向信用调查机构调取消费者信用资料,进行信用评估。

(4)金融公司通知经销商贷款核准情况,并授权经销商同消费者签订融资合同。

(5)金融公司收到经销商的合同文件后,付款给经销商。

(6)经销商向政府汽车管理部门登记上牌。金融公司为车辆的抵押权人,并显示在汽车管理部门出具给消费者的车辆所有权证明书上。

(7)经销商交车给消费者。

(8)消费者按合同内容分期付款给金融公司。

(9)金融公司将消费者的付款状况信息提供给信用调查机构。

在实际贷款业务的操作中还会涉及更多的相关部门,诸如办理保险和担保手续、二手车的价值评估、售后服务等一系列问题,但是,这些都不需要消费者自己去办理,而是由汽车金融公司依借其在各个部门的关系来为消费者代理。

二、特点分析

1. 优势分析

(1)程序简便。汽车金融公司属于某汽车集团,可以为购车者提供更为专业便利的服务:购车者在经销商处看中一辆车后即可办理贷款、付款、信用调查、保险、公证等一条龙服务,大大简化了购车程序。同时,汽车经销商继续承担其他售后服务。

(2)提供专业化服务。汽车消费过程中除了购车外,还涉及零部件供应、维修、索赔、旧车处理等内容。专业化的汽车金融公司除了方便地为消费者提供贷款、担保、资信调查等服务外,还可以凭借其先天的汽车行业背景,更加便捷、快速地提供一系列完整的专业服务,诸如以旧换新、汽车维修、美容、旧车处理、零部件供应等。

(3)促进汽车产业自身的发展。汽车金融公司其首要市场定位是促进汽车及相关产品的销售。例如,经济不景气时,汽车销售量减少,这时商业银行为减少风险可能就要收缩贷款。但汽车金融公司相反会采取一些措施来促进汽车销售量的增长,例如,推出零利率汽车贷款等措施。

显然,在以汽车金融公司为主体的汽车消费信贷模式下,可以在一定程度上完善"直客"模式的不足。虽然我国目前在汽车金融服务上才刚刚起步,但是,由于我国目前家用轿车消费量逐年递增的大好形势,使得汽车金融公司存在更多的发展机遇。

2. 劣势分析

(1)利率限制。根据中国人民银行的规定,汽车金融公司发放汽车消费贷款的利率在法定利率基础上可上浮幅度为30%,下调幅度为10%。这大大减少了汽车金融公司的竞争优势。

(2)资金来源限制。汽车金融公司的资金来源是金融机构借款和境内股东存款。金融机构本身在开展汽车消费信贷业务,是汽车金融公司的竞争对手,所以汽车金融机构获得银行借款的难度很大。但是境内股东存款也无法彻底解决汽车金融机构的资金问题。

(3)业务范围限制。根据我国的《汽车金融公司管理办法》,汽车金融公司禁止从事汽车租赁业务,不得开设分支机构。这使得我国的汽车金融公司不能在全国范围内开展业务。

三、汽车金融公司与银行的汽车消费信贷比较

由银行提供的个人汽车消费贷款是一种传统的购车贷款模式,分为"直客"模式和"间客"模式两种,存在办理手续复杂、获贷率不高等问题。随着汽车金融公司的发展,通过汽车金融公司贷款逐渐成为消费者的另一种选择方式,并且以其手续简便等优势以较快的速度发展。消费者只要选定车型,就可到其所属汽车公司的经销商处购买,当然,必须是已开办汽车金融业务的汽车品牌及经销商。只要诚信度好,一般都能获贷。下面主要从贷款手续、利率等几个方面对两者进行比较。

1. 申请资格

汽车金融公司放贷标准较宽松,注重申请人的信用,外地户口符合条件也可申请;而银

行更看重申请人收入、户口和抵押物等,且需要本地户口或本地市民担保、房产证明等一系列繁琐的程序。

2. 手续和费用

金融公司一般3天左右完成,且不交手续费、抵押费、律师费等费用;银行则需一周多时间,要找担保公司做担保,且收取一定的杂费。

3. 首付款比例及贷款年限

金融公司的首付款一般较低,如丰田汽车金融公司对于信誉度非常好的客户可以承诺首付款为全车售价的20%,贷款年限分3年和5年两种;而目前多数银行在实际操作时规定最低首付为全车售价的40%,年限最长不超出5年。

4. 利率水平

银行按照中国人民银行规定的同期贷款利率计算,而汽车金融公司则比银行现行利率高出1%~2%。

5. 月还款额

银行提供的信贷方式一般称为标准信贷。目前,有的汽车金融公司比银行多推出了一种服务方式,即弹性信贷。所谓弹性信贷,是指为消费者提供多种选择:消费者可以将一部分贷款额(通常不超过25%)作为弹性尾款,在贷款期限的最后一个月一次性支付,而不计算到月应付金额,这样就能使购车者的月供明显低于标准信贷的月供。信贷合约到期时,消费者可以有多种选择:一次性结清弹性尾款,获得完全的汽车所有权;或对弹性尾款再申请为期12个月的二次贷款;或在汽车经销商的协助下,以二手车置换新车,将尾款从旧车折价中扣除。由于弹性尾款不计入月供总额,所以月供一般比银行要低。

综上所述,银行机构汽车消费信贷的优势在于贷款利率比较低,但存在申请手续繁杂,获贷率不高等问题,有些银行购车贷款还需支付其他多种费用,如担保费、验资费、律师费、抵押费等。汽车金融公司提供的贷款服务更加专业化和人性化,所提供的购车贷款更灵活、更专业、更具针对性,而且手续简便,在贷款条件方面比银行宽松。汽车金融公司贷款比较注重购车者的个人信用,学历、收入、工作等都是其参考标准,而不需像银行那样要质押,外地户籍也不会成为获得贷款的阻碍。

思考练习题

1. 我国商业银行关于汽车消费信贷中借款人的条件有哪些?
2. 说明我国商业银行与汽车经销商的合作方式。
3. 试分析汽车金融公司从事汽车消费信贷业务的特点。
4. 试分析汽车金融公司与银行的汽车消费信贷业务优缺点。

第四章 汽车金融公司的赢利模式与产品

第一节 汽车金融公司

如今的金融业早已脱离了商业信用时代,产生了大量不针对某个特定行业的综合性金融机构,我国也是如此。无论什么行业在国民经济中的地位多么重要,都没有必要设立与之部门相对应的金融机构。但汽车金融公司似乎是一个例外。在美国,从事汽车金融服务的机构除了商业银行、信托公司、信贷联盟等传统综合性金融机构以外,在汽车金融市场中起着主导作用的是专业性的汽车金融公司。之所以如此,是因为汽车行业是一个特殊的行业,这种特殊性使得专业性的汽车金融机构具有许多一般商业银行所不具备的优势。汽车金融公司是从事汽车消费信贷业务并提供相关汽车金融服务的专业机构。目前,汽车金融已经取代汽车制造业和汽车营销部门成为汽车产业的核心,上可为制造业提供资金支持,下可连通消费市场,为产品设计、生产流程等起到指导作用。

一、汽车金融公司的定义

由于各国金融体系的差异,业务功能的不同,加之汽车金融公司在金融资产中所占份额的有限,国际上对汽车金融公司尚没有统一的定义。下面是关于汽车金融的几种定义:

1. 美联储对汽车金融公司的间接定义

美国联邦储备委员会将汽车金融服务公司划入金融服务体系的范畴,它是从金融服务公司业务及资产组成的角度对汽车金融服务公司进行间接定义的:"任何一个公司(不包括银行、信用联合体、储蓄和贷款协会、合作银行及储蓄银行),如果其资产中所占比重的大部分由以下一种或多种类型的应收款组成,如销售服务应收款、家庭或个人的私人现金贷款、中短期商业信用(包括租赁)、房地产二次抵押贷款等,则该公司就称为金融服务(财务)公司"。

从这一定义中可以间接得出汽车金融公司的两大主要特点:汽车金融公司的服务对象主要是个人金融消费者;应收账款类的金融资产是公司的主要资产。

2. 美国消费者银行家协会对汽车金融服务公司的定义

汽车金融服务公司以个人、公司、政府和其他消费群体为对象,以其获取未来收益的能力和历史信用为依据,通过提供利率市场化的各类金融融资和金融产品,实现对交通工具的购买与使用。

该定义对汽车金融服务的对象进行了扩展,其服务对象包括个人、公司、政府和其他消费群体,强调服务对象的未来收益能力和历史信用。

3. 福特汽车信贷公司对汽车金融服务的定义

作为全球汽车融资行业领头羊的福特汽车信贷公司,其对汽车金融服务的定义是:以专业化和资源化满足客户和经销商的需要,为经销商和客户提供金融产品和服务,包括为新车、旧车和租赁车辆提供融资以及提供批发销售融资、抵押融资、营运资金融资、汽车保险、库存融资保险等金融服务,同时围绕汽车销售提供金融投资服务。

4. 中国银监会对汽车金融公司的定义

按照《汽车金融公司管理办法》的定义,是指经中国银行业监督管理委员会批准设立的,为中国境内的汽车购买者及销售者提供金融服务的非银行金融机构。

以上列举的关于汽车金融服务和汽车金融公司的定义的描述中有其共性,也有不同之处,不同之处在于汽车金融公司都是提供汽车金融服务的机构,但各个机构因为立场不同在表述上有所差异,界定的产品或者服务不尽相同。

从美联储对金融公司的定义中可以间接得出汽车金融公司的两大主要特点:汽车金融公司的服务对象主要是个人金融消费者;应收账款类的金融资产是公司的主要资产。

美国消费者银行家协会对汽车金融服务的对象进行了扩展,其服务对象包括个人、公司、政府和其他消费群体,强调服务对象的未来收益能力和历史信用,突出金融服务的信贷消费的主要特点。

作为真正提供汽车金融服务的实体机构,福特汽车信贷公司对汽车金融服务的定义强调专业化、资源化,提供实实在在的产品和服务,指出其包括融资、保险和金融投资服务等三类主要服务。

中国银监会对汽车金融公司的定义最具现阶段实际操作指导性,同时也是我国汽车金融公司必须遵循的原则。其有三层含义:首先,汽车金融公司是一类非银行金融机构,而不是一般的汽车类企业;第二,汽车金融公司专门从事汽车贷款业务,其业务不同于银行和其他类非银行金融机构;第三,其服务对象确定为中国内地境内的汽车购买者和销售者。汽车购买者包括自然人和法人及其他组织;汽车销售者是指专门从事汽车销售的经销商,不包括汽车制造商和其他形式的销售者。

综上所述,汽车金融公司是指在汽车的生产、流通、消费与维修服务等环节中,从事融通资金服务的专业机构,是为汽车生产者、销售者、维修服务提供者和购买者提供贷款的非银行企业法人。汽车金融公司提供的金融服务可以分为两个层次:第一层次是针对汽车制造商、零部件企业的传统金融业务。如各类长、短期贷款,委托贷款,银行承兑汇票融资贴现,保函,保险理赔业务等金融产品,为汽车整车及零部件生产企业进行项目融资和营运资金融通等服务。第二个层次是针对流通和消费环节提供的金融服务,主要是汽车消费信贷、融资租赁、经销商库存融资、营运设备融资等零售业务。

二、汽车金融公司的特征

通过对国内外汽车金融公司的比较分析,汽车金融公司具有如下的特征:

1. 性质的多样性

汽车金融公司多为大汽车集团的全资公司,具有三重性。

1)产业性

汽车金融公司与汽车产业的兴衰息息相关,汽车金融公司在汽车产业的调整发展中产生并繁荣发展。相应的,汽车金融的发展又极大地促进了汽车产业的发展。总之,汽车金融实现了产业资本与金融资本的完美对接。

2）金融性

汽车金融公司是经营货币资金的特殊的金融服务机构。由于它几乎提供了与汽车消费有关的所有的金融业务，涉及汽车消费与贷款的方方面面，实现了资金积累与运用的金融职能。

3）企业性

汽车金融公司的企业性主要表现在三方面。

（1）汽车金融公司对汽车集团具有很大的依赖性，由其出资设立。

（2）汽车金融公司为汽车集团服务，为汽车集团的汽车生产及销售提供支持，加强汽车集团与用户的联系。

（3）汽车金融公司虽是汽车集团的全资公司，但同时其具有独立核算的企业法人地位。

2. 业务的多元化

汽车金融公司几乎涉及汽车消费的所有业务，是一个附加值相当大的领域，是一项复杂的工程。其业务体现在对汽车生产制造企业、汽车经销商、汽车消费者和汽车金融服务市场的服务上。多元化体现在以下方面：一是融资对象多元化，即汽车金融公司不再局限于只为本企业品牌的车辆融资，而是通过代理制将融资对象扩展到多种汽车品牌；二是金融服务类型多元化，将传统的购车信贷扩大到汽车衍生消费及其他领域的个人金融服务，这些衍生业务起到了和消费信贷业务相互促进的作用，满足了汽车消费者多方面的金融需求。三是地域的多元化，即根据不同地区的客户需求提供相应的汽车金融服务产品，不同地区的客户选择任何方式消费汽车均可获得相应的金融支持。

3. 作用的全面化

国外的发展经验表明，汽车金融服务的运营集合了汽车产业及其延伸的相关产业链上各方合作者的经济利益并对其具有实质性影响，由于产业之间的联动效应，汽车金融的调整发展可以增加经济附加值。

（1）汽车金融公司与大企业互动发展。汽车金融公司的业务发展给汽车集团的发展解除了资金枷锁，提高了其竞争力，促进了汽车产业的发展。

（2）有效利用金融资源，健全金融体系。突出表现在缩短了制造—经销—购买这一循环时滞，促进了商品流通，有效配置了社会资金资源。

（3）汽车金融的发展能够完善个人金融服务体系，其采取专业化服务，分散了风险，促进了信用经济的发展。

4. 设立方式多样化

依照投资主体的不同，汽车金融公司的设立方式目前主要有三种：

（1）由主要的汽车制造企业单独发起设立的汽车金融公司。该种汽车金融公司属于"大汽车制造企业附属型"。目前世界上几家大的汽车金融公司都属于这种类型。

（2）主要由大的银行、保险公司和财团单独或者联合发起设立，这种汽车金融公司被称为"大银行财团附属型"。

以上两种"附属型"汽车金融公司根据与被附属母公司的关系紧密程度，又可以进一步划分为"内部附属"和"外部附属"两种类型。"内部附属"指汽车金融公司在所依附的母公司内部存在和运行，与母公司的关系较为紧密，或者是母公司的一个从事汽车金融服务的部门，分别对内对外以两种不同的名称和牌子出现。这种现象在国外一些大的汽车制造公司在中国所设立的即将开展汽车金融服务的公司(办事处)中比较常见。"外部附属"指与母公司有相对的独立性,不但拥有独立法人资格,而且在业务上独立运作。

(3)没有母公司,以股份制形式为主的独立型汽车金融公司。这种汽车金融公司规模一般较小,股东来源较广泛。在美国绝大部分汽车金融服务公司都是以这种方式存在的。这种公司在提供金融服务的汽车品种和品牌上没有完全固定,相对比较灵活。

应该提出的是,大型汽车制造厂商"附属"的汽车金融公司一直在汽车金融领域占据垄断地位,是汽车金融服务的最大提供商。造成这种现象的原因是其熟悉汽车产业,与母公司和消费者紧密联系,有丰裕的资金来源,健全的营销网络和高效率的服务流程,能提供与汽车消费和使用相关的全方位配套金融服务,使车辆和金融产品的定价更趋合理,大大扩展了汽车产业的价值链,促进了汽车产业与汽车金融服务业进一步融合与发展。

5. 经营专业化

在风险控制方面,专业汽车金融公司能够根据汽车消费特点,开发出专门的风险评估模型、抵押登记管理系统、催收系统、不良债权处理系统等。在业务营运方面,汽车金融公司从金融产品设计开发、销售和售后服务等,都有一套标准化的操作系统。汽车金融公司作为附属于汽车制造企业的专业化服务公司,可以通过汽车制造商和经销商的市场营销网络,与客户进行接触和沟通,提供量体裁衣式的专业化服务。汽车产品非常复杂,售前、售中、售后都需要专业的服务,如产品咨询、签订购车合同、办理登记手续、零部件供应、维护修理、保修索赔、新车抵押等,汽车金融公司可以克服银行由于不熟悉这些业务,而带来的种种缺陷。这种独立的、标准化的金融服务,不仅大大节省了交易费用,而且大大提高了交易效率,从而获得了规模经济效益,同时给消费者带来了便利。

6. 管理现代化

管理现代化指现代信息技术在汽车金融服务的业务操作和风险评估过程的广泛应用。未来趋势是充分利用国际互联网开展业务。汽车金融服务的现代化对提高效率、降低成本具有重要意义。作为一项以零售金融为主的金融服务,交易方式和手段的现代化是必由之路。例如大众金融服务公司的"直接银行(DIRECTBANK)"方式,就是有别于传统银行需要设立分支机构的一种创新,它不再通过设立分支机构招揽客户,而是充分利用信息化的便利,将汽车经销商、客户和金融机构的信息通过网络联系起来,代表了类似汽车消费信贷一类零售银行业务未来的发展趋势。

7. 竞争国际化

汽车金融服务的国际化源于经济全球化。经济全球化大大推进了汽车工业在全球范围内的重组,汽车工业跨国公司在全球范围内组织生产、销售和提供金融服务。目前通用、福特、丰田、大众已垄断了全球汽车市场的70%,相应的金融服务也在走向联合和代理。一是一些小型汽车金融服务机构由于效率和交易成本在市场竞争中处于劣势,寻求并入大的金融公司,这一趋势随着汽车工业近10年来在世界范围内的重组得到进一步增强。目前,占据世界主要汽车市场的跨国汽车集团,也同时占据了相应市场的汽车金融服务。二是经济全球化特别是金融及货币一体化的促进。比如在欧元区,大众金融公司推出的汽车贷款在业务品种、利息及费用方面均保持一致。三是随着客户规模对汽车金融服务间接费用及资产收益影响的增大,通过开展全球化的金融业务,可以提高规模效益。四是汽车金融服务全球化的形式正趋于多样,从品牌融资代理到设立分支机构的方式均不鲜见,改变了以往设立全资子公司的单一形式。跨国汽车金融服务机构通过全资、合资、合作、代理融资等方式正在全球范围内展开激烈竞争。我国作为全球范围内潜力最大的汽车消费市场,随着汽车市场的升温,在《汽车金融公司管理办法》出台后,必然也要加快融入这一竞争领域。

三、汽车金融公司与其他金融机构的比较

汽车金融服务模式及汽车金融产品层出不穷,在我国的汽车金融市场,根据服务主体的不同,可将提供汽车金融服务的机构分为三大类。第一类为综合性商业银行提供的汽车金融服务,主要以四大商业银行为代表;第二类为专业汽车金融公司,如上汽通用汽车金融公司、福特汽车金融(中国)有限公司等;第三类为国内大汽车企业集团财务公司提供的汽车金融服务,例如一汽集团财务公司,东风汽车财务公司等。

1. 三类提供汽车金融服务企业的差别

(1)企业性质(所有制)不同。第一类企业主要是国有,现在四大国有商业银行仍然是国有控股;第二类企业主要是外商独资和中外合资;第三类企业主要是由集团公司控股,其他股东构成情况则相对复杂。

(2)与汽车制造企业的关系不同。综合性商业银行与汽车制造企业无关系,对汽车产业链不熟悉,对汽车知识了解不深;而后两类企业与汽车制造企业都有着紧密的关系,且熟悉整个汽车产业链,它们设立之初其目的都是为所属的汽车制造企业服务。

(3)业务范围不同。综合性商业银行的业务范围根据《中华人民共和国商业银行法》第三条的规定主要有:吸收公众存款;发放短期、中期和长期贷款;办理国内外结算;办理票据贴现;发行金融债券(代理发行、代理兑付、承销政府债券;买卖政府债券;从事同业拆借;买卖、代理买卖外汇);提供信用证服务及担保;代理收付款项及代理保险业务;提供保管箱服务等。

根据《汽车金融公司管理办法》的规定,汽车金融公司的业务范围包括:接受境外股东及其所在集团在华全资子公司和境内股东3个月(含)以上定期存款;接受汽车经销商采购车辆贷款保证金和承租人汽车租赁保证金;经批准,发行金融债券;从事同业拆借;向金融机构借款;提供购车贷款业务;提供汽车经销商采购车辆贷款和营运设备贷款,包括展示厅建设贷款和零配件贷款以及维修设备贷款等;提供汽车融资租赁业务(售后回租业务除外);向金融机构出售或回购汽车贷款应收款和汽车融资租赁应收款业务;办理租赁汽车残值变卖及处理业务;从事与购车融资活动相关的咨询、代理业务;经批准,从事与汽车金融业务相关的金融机构股权投资业务;经中国银监会批准的其他业务。

《企业集团财务公司管理办法》第三章第二十八条规定,财务公司可以经营下列部分或者全部业务:对成员单位办理财务和融资顾问、信用鉴证及相关的咨询、代理业务;协助成员单位实现交易款项的收付;经批准的保险代理业务;对成员单位提供担保;办理成员单位之间的委托贷款及委托投资;对成员单位办理票据承兑与贴现;办理成员单位之间的内部转账结算及相应的结算、清算方案设计;吸收成员单位的存款;对成员单位办理贷款及融资租赁;从事同业拆借;中国银行业监督管理委员会批准的其他业务。另外,经银监会批准,几大汽车制造企业的财务公司(主要有一汽、东风汽车、上汽)都获得了提供汽车消费信贷业务的资格。

从上述法律和管理办法规定来看,汽车金融公司的业务范围最窄,融资渠道也较单一;另外,根据《汽车金融公司管理办法》第十二条的规定,汽车金融公司不得设立分支机

构,而根据《中华人民共和国商业银行法》第十九条规定,商业银行是可以在需要的地方经过批准设立分支机构的,而据《企业集团财务公司管理办法》第十七条和十八条的规定,财务公司根据业务需要,经中国银行业监督管理委员会审查批准,可以在成员单位集中且业务量较大的地区设立分公司,但财务公司的分公司不具有法人资格,由财务公司依照本办法的规定授权其开展业务活动,其民事责任由财务公司承担,财务公司根据业务管理需要,可以在成员单位比较集中的地区设立代表处,并报中国银行业监督管理委员会备案。

2．汽车金融公司的竞争优势

(1)技术优势。汽车金融公司熟悉汽车市场行情,拥有汽车方面的技术人员和市场销售人员,能够较准确地对贷款客体做出专业化的价值评估和风险评估,在处理抵押品和向保险公司索赔等方面具有熟练的专业技巧。而且汽车金融公司以汽车信贷为主业,能够专心致志地做好汽车信贷的贷前、贷中、贷后的管理。

(2)经营关系优势。汽车金融公司一般都隶属于某一汽车集团,其服务的对象主要是本集团所生产的各种汽车品牌,因此汽车金融公司与其服务的品牌汽车生产商同属一个集团,便于协调和配合,不存在根本的利益冲突。生产厂商和经销商经过长期的合作,已经形成比较稳定的业务关系,二者相互依存、相互制约。在我国经销商甚至还处于弱势地位,一定程度上受汽车生产厂商的控制,汽车金融公司可以利用生产厂商对经销商施加影响,取得经销商对汽车信贷业务的积极配合,便于开展业务,减少信贷风险。某一品牌的汽车一般都有专业的特约维修商,生产商、经销商和特约维修商都是利益相关者,因此汽车金融公司、生产商、经销商、特约维修商通过某种协议可以成为一个紧密的利益共同体,在业务经营中互相关照。

(3)服务优势。不同于商业银行汽车信贷业务只能赚取利息收入,汽车金融公司可以与汽车生产厂商、经销商、汽车维修商达成某种协议,为汽车生产、销售、维护修理、旧机动车回购、以旧换新等各个业务环节提供资金服务,从而拉长了产业链,便于资源整合、业务创新、灵活操作。例如,在汽车销售不畅时,汽车金融服务公司通过发放低利率贷款促进本品牌汽车的销售,不以盈利为主要目的,其利润或损失可以通过与汽车生产厂商、经销商、维修商的利润分成来获得或弥补,因此与银行相比汽车金融公司可以较低的利率提供资金服务,具有价格竞争优势。而在贷款期间,客户会经常与产业链中的某个环节发生业务联系,如果能实现信息共享,汽车金融公司就能时刻监督贷款客户的经营状况和还款能力,确保贷款安全。

(4)管理技术优势。在多年的业务开展中,几大汽车金融公司都已开发并成功应用了先进成熟的计算机业务管理系统,它们的汽车金融服务网络涵盖了汽车贷款业务的申请、受理、评审、发放、贷后管理等各个环节,具有高效科学的优势。

(5)适应客户和快速反应能力。在风险控制、产品设计开发、销售和售后服务等方面,专业汽车金融公司都有一套标准化的业务操作系统,其机构的设置和业务流程的设计都是围绕如何方便经销商和购车客户的角度考虑的,能够对客户的需求作出快速反应,赢得了规模经济优势。

(6)客户选择优势。在汽车的服务环节之中,汽车金融公司对客户有着深入的了解,同时又处于第一选择者的地位,可先选择诚信度较高的优质客户,从而降低逆向选择的风险,也将在与其他金融机构的竞争中处于有利地位。

第二节 汽车金融公司的赢利模式

赢利模式是指在主营业务中,将资金、人才、技术、品牌、外部资源等要素有机地整合在一起,通过单独和系列的战略控制手段,来形成长期稳定的利润增长点。汽车金融服务的赢利模式由两个结构组成:一是赢利模式的利润链,即赢利模式获取利润的组成因素,是用于衡量赢利模式利润来源的重要参数;二是通过利润链的贯穿与连接,将能够带来利润的企业资源组合在一起的具体方式(狭义上的赢利模式)。这两点之间的关系是,利润链通过同特定的企业资源方式相结合,并渗透到具体的业务中去,才能形成利润来源与途径。两者相互结合,相互作用,共同形成一个完整的赢利模式。

汽车金融公司的主要赢利模式分为基本赢利模式和增值赢利模式两种。基本赢利模式指传统的以汽车销售为主,兼顾维护修理、保险代理的赢利模式,这是目前国内汽车金融服务业普遍采用的赢利模式;增值赢利模式指在基本赢利模式之上附加了金融资本运作所构成的赢利模式。增值赢利模式主要包括融资汽车租赁式赢利模式、购车理财式赢利模式、汽车文化营销赢利模式、资本运作利润模式等。汽车金融服务的增值型赢利模式是从 20 世纪 50 年代以后出现的一种新的获取利润方式,在汽车金融服务的发展过程中具有重要的价值。

一、基本赢利模式

1. 信贷息差利润模式

这种模式以汽车信贷利息的借贷差作为汽车金融公司的利润。汽车金融公司除自有资本金外,还会从其他金融机构和金融市场融入大部分资金。这中间借贷利息差额就是汽车金融公司的利润来源,即汽车金融公司使用自有资本金、盈余资金从事汽车个人信贷和汽车经销商信贷获取的利息收入,还有将通过其他金融机构获得的资金用于汽车信贷取得的利息收入,上述两项收入在扣除成本费用后即为汽车金融公司的信贷息差利润。

根据《汽车金融公司管理办法》规定,我国汽车金融公司可以从事八大业务中的部分或全部人民币业务。可见,《汽车金融公司管理办法》对汽车金融公司车贷业务范围规定得相当完全。虽然目前国内汽车金融公司业务开展受限,而且在国外车贷业务也不是汽车金融公司最主要的利润来源,但是仅从"通用汽车金融服务遍及世界 41 个国家,在世界范围内为 1.5 亿辆汽车的销售提供 10 000 亿美元的贷款"这几个数据来看,购车贷款模式对汽车金融公司而言仍具有较强的吸引力。

2. 维护修理利润模式

随着汽车销售市场的发展和汽车销售商对利润的追求,特别是国际上欧美发达国家汽车销售特许专营服务模式的影响,作为汽车售后服务重要组成部分的汽车维护修理业务被纳入汽车金融服务的整个流程。汽车金融公司和大部分的汽车经销商把维护修理作为一个重要的业务流程和利润来源,维护修理利润模式也以其较高的利润回报,开始在汽车金融服务的赢利模式中出现并日渐占据重要地位。这种赢利模式的基本点是:在利润链上更好地体现了基本特点与功能,形成了一个完整的汽车服务链,在金融服务的传递、服务质量的感知、顾客忠诚度的提高上基本形成了一个完整的体系;在利润模式的控制手段上,除品牌、专营许可、维修技术外,为金融服务进入该业务的支付、现金流量管理、消费能力的启动与增级等方面提供了空间;在利润率上有大的跃升,其服务的重复性、增值性成为汽车金融服务诸种业务中利润较丰厚的一块。

3. 保险代理利润模式

在汽车金融服务业务中,通过代理保险公司的车险业务,可以赢得较大的利润。由于汽车金融公司具有为顾客提供保险融资,同顾客有售车及售后服务的频繁接触机会,容易同顾客建立起密切的联系等特点,保险公司能够与其合作,由其代理部分或者全部汽车保险产品的销售工作。保险公司对汽车金融公司的回报是允许其在所销售的保险收入中提成。

二、增值赢利模式

作为欧美发达国家的个人金融服务项目,汽车金融服务是一个规模大、发展成熟的产业,有着多样化的增值服务类型。如价格浮动式汽车金融服务、投资理财式汽车金融服务、以旧换新式汽车金融服务、公务用车汽车金融服务等。与股票、债券、银行存款等大众化的金融服务相比,汽车金融服务是一种较为复杂的金融服务,它是围绕汽车销售而展开的。随着消费者爱好的多样性和易变性的不断提高,对汽车金融服务的需求也呈多样化趋势。汽车金融公司为满足消费者的多样化需求,会不断开发新的汽车金融服务。汽车消费涉及的金融服务很多,如果消费者提前在汽车金融服务公司存入一定比例的购车储蓄,就可以更快、更优惠地获得购车贷款。除了购车贷款外,还包括汽车消费过程中的金融服务。下面重点介绍汽车融资租赁和购车理财式业务两种增值型汽车金融服务。

1. 融资汽车租赁式赢利模式

消费者可以向汽车金融机构申请汽车融资租赁,租赁到期后,可以选择继续拥有或换新车,平时的汽车维护修理也由提供租赁方负责;消费者可以获得汽车金融公司发放的专门信用卡,累计消费到一定额度后,可以优惠买车,或者获得与汽车有关的旅游小额信贷支持。此外,汽车金融公司还会提出全套的汽车维护修理方案,以帮助客户得到价格合理的及时维修服务,维修费用可以设计在分期付款中,充分体现了其人性化的关怀。例如,在美国,如果是福特信贷公司的客户,不仅能获得汽车贷款服务,而且能获得多种形式的汽车租赁服务。综合服务既增强了对客户的吸引力,也有利于防范客户风险。在德国,如果持有一张大众汽车银行发行的信用卡,在车辆保险、购买燃油、维修、驾车旅行过程中,不仅能获得消费便利,而且能获得低利率透支。

融资汽车租赁是一种买卖与租赁相结合的汽车融资方式,其实质是转移了与租赁汽车所有权有关的全部风险和报酬的租赁,所有权最终可能转移,也可能不转移。一般而言,融资汽车租赁涉及较多的金融内容。融资汽车租赁需具备一定的条件,否则不属于融资汽车租赁的范畴,而只是一般的经营性汽车租赁。这些条件包括:

(1)消费者需向销售商支付相应的租金(汽车使用补偿费);

(2)如果消费者支付的费用(包括租金及相应赋税)已经相当于或者超过汽车本身的价值,依照汽车租赁合同,消费者有权获得该汽车的所有权。

(3)如果消费者(承租人)在租期届满时所付租金总额尚未超过汽车价值,消费者(承租人)此时享有选择权,对租期届满后的汽车可以下列任何一种方式处理:

①在补足租赁合同中事先约定的相应余额后成为汽车的所有权人;

②如果汽车现值高于①项约定的余额,消费者可以出卖所租汽车,向零售商偿还该余额,保留差价从中获利;

③将该汽车返还给出租人。

（4）在租赁期间届满时，消费者欲购买所租汽车，其不必以一次性付款的方式付清尾款。

融资汽车租赁式赢利模式的主要功能：

①对于承租人而言有节省首期资金投入，提高资金利用率的作用。

②对于出租人而言保留出租车辆的所有权是投资的有效保障。融资汽车租赁是以承租人获得租赁物品的使用权，出租人拥有租赁物品的所有权而展开的，这也正是汽车出租人投资回报的物质基础；加速折旧和投资减税等优惠措施使融资汽车租赁人成为直接受益者。

③对汽车生产厂商而言，有利于促进产品销售。

2. 购车理财式赢利模式

购车理财模式是以汽车消费为目的而进行的专业性投资理财服务模式。目前各个国家在汽车金融服务机构能否吸收短期储蓄上有不同的规定，但在为顾客投资理财上一般都是可以实行的。即使在金融管制比较严格的市场环境中，通过金融工程的方式，可以设计出一些对政策和制度具有规避性的方法，或者以私募基金方式来吸收一部分资金，其主要收益部分用于支付汽车消费的相关款项，另一小部分作为汽车金融公司的投资顾问收益。该模式实行于20世纪60~70年代，当时由于通货膨胀的影响，欧美开始金融创新，金融市场和汽车金融市场发生了很大的变化，汽车金融公司开始涉及资本投资市场。欧美各国的汽车金融公司相继开发了购车理财式的汽车金融产品，并迅速传播到许多国家，成为各国汽车金融业与其他金融行业竞争的有利工具。

在国外，许多汽车金融公司以各种方式直接或者间接参与发起设立一些专业性的基金或者私募基金，如以一些品牌汽车俱乐部的名义，通过吸收本俱乐部成员参加，为他们进行委托理财，用理财的收益去偿还汽车金融公司的购车本息。这种方式在让客户直接参与汽车金融公司投资管理活动，享受专家理财带来的高收益好处的同时，也将面临一定的投资风险。购车理财模式是购车与理财相结合的方法。在购车理财模式中有两个资金单位，一个叫购车资金单位，用于支付购车的前期费用，包括首付款等费用；另一个资金单位是理财资金单位，由汽车金融公司的投资专家或委托信誉卓著的投资公司进行运用，现代化的投资组合方式使其运用更趋向于专业化和科学化。理财资金单位的收益流回汽车金融公司，用于偿还汽车消费者的融资贷款的本息，省去了客户的定期偿还行为。当然，客户在享有全部投资收益的同时承担相应投资风险。

3. 汽车文化营销赢利模式

有这样的一种说法，汽车文化是一面镜子，它可以忠实地反映一个国家的特性和整个社会的变迁。事实也的确如此，德国车的严谨、法国车的浪漫、英国车的高贵、日本车的精明，这些不同车系所具有的特殊文化气质在消费者心中早已形成了鲜明的差异化形象和产品定位。可以说，汽车文化的内涵对消费者的影响力度，在一定程度上要比厂商研发新车型的力度大得多。也就是说，汽车文化会影响人们的生活方式，从而导致很多生活形态的多元化，最终影响我们的消费行为。汽车文化营销通过文化理念的设计创造来提升产品及服务的附加值，契合了消费者消费的个体性、情感性、感觉个性等精神层面，成为汽车金融服务的一项重要内容。汽车文化营销的核心是树立品牌文化，即在品牌设计、品牌实施策略和产品服务中形成有助于品牌识别的文化个性。目前国际上的几大汽车品牌都具有丰富的文化内涵，大大提高了品牌含金量。品牌的文化内涵正逐步成为各国消费者购买汽车的决定性因素之一。

因此汽车金融服务努力为此创造出一种能令那些具有相似背景的顾客们产生一种共鸣的汽车文化氛围。因为汽车发展到今天,它已经成为了一种身份的象征,什么样定位的车就会带来什么样的身份、生活形态及精神面貌。反之,人们在购车时同样会考虑此款车符合不符合自己的个性和品味。事实上,消费者对某款汽车产品的认同总是以认同它的文化为背景的。这就是汽车文化所赋予汽车的作用力和影响力。

第三节　其他汽车金融盈利模式

一、汽车租赁

1.汽车租赁的定义

租赁是指将资产使用权从拥有权中分开,出租人拥有资产所有权,承租人拥有资产使用权,承租人与出租人双方订立租赁合同,以交换使用权利的一种交易形式。

汽车租赁是指在约定时间内租赁经营人将租赁汽车交付承租人使用,收取租赁费用,不提供驾驶劳务的经营方式。汽车租赁的实质是在将汽车的产权与使用权分开,通过出租汽车的使用权而获取收益的一种经营行为。其出租的除了实物汽车以外,还包含保证该车辆正常、合法上路行驶的所有手续与相关服务,与一般汽车出租业务不同的是,在租赁期间,承租人自行承担驾驶职责。

2.汽车租赁的分类

(1)按经营目的分类。汽车租赁可以分为融资租赁(Finance Lease)和经营性租赁(Operating Lease)。

汽车融资租赁,是承租人以取得汽车的所有权为目的的租赁行为。经营者是以租赁的形式实现标的物所有权的转移,其实质是一种具有"边租边卖"性质的销售业务,一定程度上带有融资服务的特点。

汽车的经营性租赁,是指汽车消费者通过与汽车销售者之间签订各种形式的付费合同,来取得约定时间内汽车的使用权,经营者则通过提供车辆功能、税费、保险、维修及配件等服务,来实现投资增值的一种实物租赁形式。

(2)按租赁期的长短分类。汽车的经营性租赁按租赁时间可分为长期租赁和短期租赁。

长期租赁,是指租赁企业与用户签订长期(一般以年计算)租赁合同,按长期租赁期间发生的费用(通常包括车辆价格、维修费、各种税费开支、保险费及利息等)扣除预计剩存价值后,按合同月数平均收取租赁费用,并提供汽车功能、税费、保险、维修及配件等综合服务的租赁形式。

短期租赁,是指租赁企业根据用户要求签订租赁合同,为用户提供短期内(一般以小时、日、月计算)的用车服务,收取短期租赁费,解决用户在租赁期间的各项服务要求的租赁形式。在实际经营中,一般认为15天以下为短期租赁,15~90天为中期租赁,90天以上为长期租赁。

3.汽车租赁的经营模式

1)汽车租赁企业与汽车厂密切合作模式

国际知名的汽车租赁公司无不与知名的汽车生产厂密切合作。当租赁公司的车辆使用到一定时间(一般为 8~12 个月)后,便由专门部门按标准进行检查,然后由厂家收回、翻新、检验后再投入租赁市场。这在经济上对汽车租赁公司更为有利,在汽车技术运用上也更为合理。而汽车生产厂与汽车租赁行业密切合作,可通过汽车租赁经营来提高企业的知名度,提高所产汽车的市场占有率。因此,汽车生产厂和汽车租赁公司的相互协作,可实现双方的共同发展。

2)连锁经营模式

连锁经营是汽车租赁公司授予某一候选人连锁经营权,使其加入租赁公司的服务网络,使用租赁公司的品牌和标志,按照租赁公司的统一规范进行业务运作。租赁公司对连锁经营点的经营进行监督和指导,并收取连锁经营权使用费。

(1)在连锁经营方式中,租赁公司的职责:

①选择连锁经营的候选人并签署连锁经营协议;

②与连锁经营店保持日常工作的联系和信息沟通;

③在连锁经营店建立国际统一的业务运作流程,监督连锁经营店的业务运作和形象标准是否统一规范;

④负责对连锁经营店的员工进行全方位的培训,不断改进和发展服务网点的服务质量;

⑤负责中心账目业务流程并进行监控;

⑥代表连锁经营店出席各种咨询会议。

(2)连锁经营店的职责:

①连锁经营店必须加入租赁公司的业务网络,严格按照租赁公司对网络的业务准则和规范运作;

②连锁经营店有责任将客户下一次的租赁信息通过租赁公司的全球联网的业务服务系统传递给其他服务点;

③连锁经营店要及时上报业务统计报表和财务报告,并与公司总部保持经常性沟通和联系;

④按时交纳连锁经营权使用费。

3)会员制模式

由汽车租赁公司出面组建俱乐部,广泛吸收客户加入俱乐部成为会员,会员可享受价格优惠和满意的服务,还可以享受由消费累积而给予的奖励。其目的是吸引更多的客户,稳定服务对象,扩大经营业务。

4)多元化经营模式

对于经营性汽车租赁企业,除了开展主营业务外还可同时开展融资租赁、旧机动车销售和车辆保险等与之相关的多种业务,这可起到相辅相成的链式作用。特别是旧机动车销售业务的开展,可以消化租赁业淘汰的旧车,从而有效地扩展车辆更新的空间和速度。

二、汽车置换

1.汽车置换的定义

汽车置换,从狭义上说,就是以旧换新,经销商通过旧机动车的收购与新车的对等销售获取利益。广义的汽车置换,则是指在以旧换新业务的基础上,同时还兼容旧机动车翻新、跟踪服务、旧机动车再销售乃至折抵分期付款等项目的一系列业务组合,从而使之成为一种有机而独立的汽车金融服务方式。

可以用来置换的旧车必须是证件齐全有效、非盗抢、非走私车辆,距报废年限一年以上、尾气排放符合要求、无机动车产权纠纷、允许转籍的在用汽车。通过以旧换新来开展旧机动车贸易,车辆更新程序简化,并使旧机动车市场和新车市场互相带动,共同发展。客户既可通过支付新旧车之间的差价来一次性完成车辆的更新,也可选择通过其原有旧机动车的再销售来抵扣新车车款的分期付款方式。品牌专卖店可用以旧换新的方式促进新车的销售。

汽车置换在国外很普遍,经营模式已相当成熟。以美国为例,很多汽车品牌专卖店都有经营旧机动车的业务。抽样调查,置换购车的比例已达到1/3。随着汽车普及率的提高,以及换车周期逐渐缩短,未来置换购车必将呈上升态势。

2. 汽车置换市场的形成

随着汽车生产能力的不断提高,经销商为了扩大销售,允许车主以旧车折价再购买新车,实施"卖新收旧"、"以旧换新"、"折价贴换"等销售策略。起初,销售商涉及的旧车并不着意于交易,只着意于促进新车的销售。然而随后旧机动车的处理就成为一个迫切问题。

到了20世纪30年代,经销商开始认识到旧车的再销售存在很大的潜在利润,于是一些独立的、非特许经营的旧车经销商经营起旧车交易业务。二战结束后,经济回升、发展迅速,激发出人们被压抑的购车需求,出现了排队购车的热潮,继之而来的是旧车更新浪潮。在利益的驱动下,出现了众多的特许经销商从事旧车交易,使之演变为一个新兴产业。

地域经济差异使不同地区商品消费水平不同,一辆在经济发达城市淘汰下来的旧机动车在经济欠发达地区可能成为炙手可热的抢手货。两地的消费水平不同导致同样商品在不同消费群当中具有不同的消费剩余,这种消费剩余的差异直接导致地区间供求关系的转化与价格差。大型汽车生产厂商为提高各自市场占有率,对置换业务给予政策扶持,汽车置换业务在中国市场诞生的那一刻起,就是作为整车新车市场的一个辅助市场和竞争手段。从根本上讲,当前置换的主要任务还是加快车辆更新周期,刺激新车消费。各大汽车厂商对此也比较支持,无论是车辆供应品种、资金配套、储运分流还是其他相关的广告宣传。除了后援公司的支持以外,汽车置换业务自身就有很大的盈利因素,且不论信息不均衡所产生的地区车价差,单就旧车交易与新车置换过程中收取的手续费、交易费等各种费用也会给从业者带来丰厚的利润,更何况随着业务的发展,置换业务将不再满足于旧车收购后的简单再销售,而是着眼于车辆收购、整新、办证一条龙服务。如此,随着置换规模的形成,其所产生的利润将更为可观。

汽车置换的兴起,不仅使新车的销售大大增加,同时也为汽车维修业、汽车服务业、汽车零部件销售业提供了新的机会。

3. 汽车置换的意义

汽车置换作为汽车贸易必不可少的一部分,是汽车产业链的重要一环,它的开展、发展和完善,对于我国整体汽车贸易的发展非常重要。汽车置换主要有以下重要意义:

(1)促进汽车新车贸易发展。在我国,汽车新车和旧机动车的购买者是两个有部分重叠的、购买力水平不同的群体,因而,旧机动车贸易的发展并不会取代新车市场而影响新车市场的发展。另一方面,汽车旧机动车贸易由于能加快我国汽车的更新周期,因此反而能带动我国汽车新车市场的发展。

(2)增加汽车价值链增值点。汽车置换的发展能带动汽车整修翻新、旧机动车残值鉴定、旧机动车评估、旧机动车修复等多个相关行业,增加汽车价值链的增值点,创造汽车流通领域的新价值。

(3)平衡我国各地汽车市场发展。我国汽车市场的地区发展不平衡,沿海地区与内地的发展不平衡。汽车置换的开展,可以促进我国各地区间旧机动车的流动,推进我国整体范围内的旧机动车互通贸易,从而平衡我国各地汽车市场的发展。

(4)汽车置换能推动我国汽车行业发展。汽车置换是开展全方位、全过程汽车贸易的重要内容之一,同时,汽车旧机动车贸易的发展还是形成我国汽车流通体系,形成完整汽车产业链的关键之一。因而发展汽车置换是发展我国汽车行业的必经之路,是推动我国汽车行业整体发展的重要手段。

第四节 汽车金融产品的开发与销售

一、汽车金融产品的设计与开发

1. 汽车金融产品的定义

汽车金融产品类似于金融产品,泛指以汽车交易及消费使用为目的来融通资金所进行的金融结构(数量、期限、成本等)、金融策略设计及相应的法律契约安排,是现实中汽车金融服务所面临的各种问题的解。汽车金融产品是立足市场的供需状况,以商品标的物汽车的价值为基础,以服务为手段,以金融运作为主体,以不同群体的消费需求为对象所设计、开发出的系列化的可交易金融工具、金融服务以及各种金融策略的设计方案。具体的金融产品包括以下三个方面:

第一,围绕价格最优化方面的汽车金融产品。指以减少汽车消费者购车成本,成功进行汽车销售为目的,以汽车销售价格为重点的汽车金融产品,实际上是通过适当合理的金融设计、金融策划,使汽车营销的价格在销售各方面能够承受的范围内最优化,如"价格浮动式汽车金融产品"、"规模团购式汽车金融产品"等。

第二,围绕规避销售政策、制度开发的汽车金融产品。这类汽车金融产品的目的是为了消除政策、制度等社会管理因素对消费者消费能力、消费方式的限制而设计、开发的产品,特别以释放消费者未来购买力、以培养消费者新的消费方式为重点,如"投资理财式汽车金融产品"等。

第三,围绕汽车消费过程中所必需的服务环节的便利性、经济性和保障性开发的汽车金融产品,如融资租赁、汽车保险、购车储蓄、汽车消费信用卡等。

2. 汽车金融产品的特点

汽车金融产品的特点由作为一般使用商品的汽车和作为汽车金融服务的契约关系两大因素来决定。

(1)汽车金融产品的复合性。汽车金融产品的复合性是指汽车金融产品是以作为交易标的物的汽车为存在及作价基础,结合了金融体系的资金融通、资本运作功能而形成的交易契约,兼有实物产品和虚拟产品的成分。汽车金融产品是有形产品和无形产品的复合。因此,汽车金融产品的特性和优点既有消费者可观摩的一面(汽车产品),也有无法向消费者展示的一面(金融服务),顾客的购买行为是以汽车产品的使用价值和汽车金融公司的社会信誉及金融服务的质量特点为基础来实施的。

(2)汽车金融产品的精密性。汽车金融产品要求在产品的设计,包括价格、交易结构、赢利模式、现金风险管理等方面都要考虑得很周全。要应用金融工程和数理统计有关原理进行分析与计算。与股票、债券、银行存款等大众化的金融产品相比,汽车金融产品是一种较为复杂的金融商品。对于投资者来说,他只要知道存款本金和利息率,股票的买入价和卖出价,债券的票面价格和利息率,就很容易计算出其收益率。在这里,交易的主动权是在投资者手中而不是在银行、债券公司。而汽车金融产品牵涉信贷金额的额度、缴纳方式、责任、利率等一系列复杂问题。由于涉及到未来收益向现阶段消费的转移问题,其中的不确定性使汽车金融产品的价值很难明确计算。

(3)汽车金融产品的风险性。主要指汽车金融产品的价格受到来自于汽车生产企业和金融市场的双重影响比较大,其价格的变数较多。另外,消费者的个性化要求,使汽车金融产品越来越具有可变性。汽车金融服务产品的样本差很小,购买者在大范围的统计和调查中具有很大的相似性。样本差的参数可以选择平均收入、年龄、教育层次等,在社会地位、家庭收入、消费习性、职业定位上具有同构性,这样一方面是汽车金融服务产品的开发销售指向具有同一性,节约开发销售成本;另一方面在汽车金融服务产品的风险控制上增加了难度,使其风险方差增大。

(4)服务的延续性。这是汽车金融产品所独有的特点,因为消费者在购买汽车金融产品后,随着汽车的使用,其他服务都在以后才能得以延续完成。

(5)汽车金融产品合同条款相对稳定性与复杂性。由于汽车金融产品的条款具有法律政策的背景,利率、期限和现金数量等依据一定的通用公式和平均大数原理得出,因此具有相对稳定性;其专业性特点也决定了它具有的复杂性特点。

(6)费率的固定性与微差异性。汽车金融产品一方面有一些费率相对稳定,如利息、时间、首付款额等,各公司之间变化不大,具有一定的固定性;而有一些附加费部分,如汽车金融公司由于营业开支的各种费用,受各公司规模、经营管理水平、资金运作水平等多方面的影响,存在差异性。

(7)汽车金融产品的时效性。汽车金融产品一旦成功销售,一般都有数年时间,其时效性根据国家、地区不同而不同。

(8)汽车金融产品的选择性。汽车金融公司并不是将汽车金融产品销售给任何一个愿意购买者,而是要对购买者进行风险选择,以避免风险,因此其销售具有选择性。

3.汽车金融产品设计开发的一般程序

1)开发准备工作包括汽车金融服务市场细分与目标市场的选择

汽车金融产品的市场细分。对汽车金融服务市场进行细分,是汽车金融公司开发新产品不可缺少的步骤。市场细分就是公司根据顾客需求方面明显的差异,把某一产品的市场整体划分为若干个不同的买主群的市场区分过程,即公司把某一产品的整体市场按一种或几种因素加以区分,形成不同的顾客群。

每一组顾客群就是一个细分市场,即"子市场"。每个细分市场都是由具有类似需求倾向的顾客组成,分属不同细分市场的顾客对同一产品的需求与购买行为、习惯存在着明显的差异。市场细分的目的是为了选择合适金融产品和资源条件的目标市场,因此,细分市场应遵循以下基本规则:

可衡量性原则。是指细分的市场必须是可以识别和可以衡量的,亦即细分出来的市场,不仅范围比较清晰,而且也能大致判断市场的大小。为此,据以细分市场的各种特征应是可以识别和衡量的,如高收入阶层和低收入阶层。凡是无法识别、难以测量的因素或特征,就不宜作为市场细分的依据。

可接受性原则。指经过细分的市场,可利用人力、财力、物力去占领。可接受性有两层含义:一是细分后的市场有能力去占领,如通过自身的营销努力,可达到被选定的细分市场;二是被确定的细分市场的需求者能有效地了解产品,并能够通过各种渠道购买所需产品。

效益性原则。指细分出来的市场,必须有足够的需求量,不仅能保证短期内盈利,还能保证较长时期的经济效益和发展潜力,使得在细分的市场上不断扩大规模,提高它的竞争能力。

汽车金融产品的市场具体可以细分为以下几种:

地理细分。即按汽车金融产品购买者所处地理位置、自然环境来细分市场。地理细分的理论依据是:处在不同地理位置的购买者对于同一类汽车金融产品有着不同的需求和偏好,他们对价格、销售渠道、广告宣传等市场营销措施的反应往往也有所不同。

人口细分,包括汽车金融产品购买者的年龄、职业、收入、受教育水平、家庭规模、家庭生命周期等因素。人口因素构成较为复杂,但不难衡量,而且这些因素与汽车金融产品需求存在着密切的关系。

社会阶层细分,其重点在于社会的不同富有层次的划分,受教育水平的划分和社会地位的划分。一般采取统计测定的方法确定各阶层的人数,然后研究他们使用各种汽车金融产品的频率,从而描述出不同阶层的特点和模式,研究为不同阶层提供汽车金融产品的可行方案和服务标准;针对各收入阶层不同的服务需要,开发有针对性的汽车金融产品。

产品细分,指其他汽车金融公司的汽车金融产品、业务市场细分,包括汽车金融产品的营销数量、结构和市场占有情况。通过这种细分,可以将汽车金融产品分为大量使用、中度使用、较少使用三个类别。在此基础上,计算市场占有率,以便制订出重点开发和重点巩固的产品方向。

汽车金融产品的目标市场选定。选定汽车金融产品的目标市场必须依据以下的基本原则:

(1)存在市场需求原则。公司所要提供的产品或服务具有潜在的市场需求,明确其他公司没有提供这种产品或服务,或者虽有提供但需求未得到充分满足,尚处于供不应求的状况;

(2)能够提供充分的经济回报原则。公司的性质决定了追求利润最大化是其主要目标之一;

(3)实行专业化经营原则,这种战略追求的并不是在较大市场上占较小份额,而是在较小的细分市场上或几个市场上占有较大的份额。

汽车金融产品开发的具体策略主要有五个方面:

(1)全新产品开发策略。这一策略是指汽车金融公司依靠自身的技术开发力量,依据社会经济情况及人们生活水平等因素,独立进行的开发与设计;

(2)引进开发策略。引进国内尚没有的而国外有成功经验的产品,这对于国内市场而言仍然是全新产品;

(3)流行开发策略。消费者易受流行心理影响,追求时髦行为。这时若能及时推出新产品,也是一种有效的开发策略;

(4)政策变更开发策略。我国的经济正处于转轨时期,时常会有重大的经济政策出台,审时度势,正确预测经济政策对人民生活的影响,推出适应需求的产品;

(5)旧产品改造策略。复杂多变的宏观经济环境的变化,市场竞争环境的变化,新公司、新的产品的加入,都会导致汽车金融产品在市场上的影响力逐渐降低。这时若完全放弃原有产品进行全新产品开发,一方面成本太高,操作不方便,难以达到最佳效果;另一方面,原有产品的经营连续性效果也差。因此,这时对原有产品继续能够调整和改进,推出换代型产品则是较为适宜的产品开发策略。

2)汽车金融产品设计的一般流程

(1)确定设计目标。汽车金融产品的设计者首先要明确汽车金融产品的结构特征,如需要什么样的期限结构或时间结构,何种选择权,是固定还是浮动现金流,应排除哪些因素的影响等。这些问题的回答需要对相关的金融财务状况、个人偏好等信息进行分析,确定预算约束和成本约束。将原本较模糊的需求提炼成具体的、可操作的结构设计目标,比如明确利率在什么范围内变化时有价格风险,是防范信用风险还是价格风险等。

(2)结构设计。设计目标一旦确定,就要在既定的制度约束、市场约束、技术约束下,用金融理论做指导,选择出成本最低的产品结构设计方案。这就要对既有的工具收益风险特性有全面、深入的了解,比较各种可能的组合或分解模式,看哪些能较好地满足要求,并比较相关的性能。一般而言,产品结构越简单,交易双方的信息越对称,越容易被市场接受,也就越可取。结构设计有若干方法,但在具体设计中,可变参数很多,自由度很大,还没有适应每一种具体情况的一般方法,经验、直觉往往起着不可忽视的作用。

(3)产品定价。这是最关键的设计环节,不能公平定价的产品不可能在自愿原则下交易。

(4)风险收益特性分析。明确已定价新产品的风险收益特征是这种产品的基础,可用情景分析、模拟等方法来获得这些特性。

(5)产品标准化。这是汽车金融产品市场化的基本要求。这一步骤就是对已设计的汽车金融产品进行再设计,从交易单位、计价单位、信息披露、交割方式、期限、仲裁机制等方面进行标准化,以适应大量交易的要求。诸多方面的设计应是以便利交易为导向的,另外还应考虑法律、税收方面的限制和社会习惯等因素。

二、汽车金融产品的营销与管理

1.汽车金融产品营销的定义与特点

1)汽车金融产品营销的定义

汽车金融产品营销是指汽车金融公司通过各种营销渠道和沟通手段,将汽车金融产品从公司转移给消费者的一系列商业活动,是市场营销在汽车金融服务行业的应用,其内涵有:

(1)汽车金融产品营销的出发点是汽车消费者的需求。按照马斯洛的"金字塔"理论,人一生的不同阶段会有不同的需求,从生存需要、安全需要到自我实现的需要等。汽车消费的需要是人的一种高级物质需要。汽车金融产品的营销,就是要发掘人们的这类需求,并努力提供合适的金融方式来帮助实现这种需要;

(2)汽车金融产品营销的核心是社会交换过程。这一营销能够顺利进行的关键在于将满足客户需求的汽车金融产品在公平合理的原则下进行交换与交易,并通过对顾客持久优质的服务使这种活动得以循环进行下去,最终实现汽车金融公司与需求者"双赢"的目标。

(3)汽车金融产品营销的手段是整体营销活动。该营销是一项长期的、细致的、整体的工作，其营销手段包括市场调研、市场预测、市场分析、产品设计和开发、产品定价、营销渠道的选择、促销组合的运用等；

（4）汽车金融产品的营销宗旨是顾客满意。顾客满意原则是现在企业得以生存和发展的基本原则，汽车金融产品是非渴求性商品，因此只有依靠公司售前、售中、售后的优质服务使顾客满意，才能打消客户疑虑，促使客户实施购买行为。

2）汽车金融产品营销的三要素

汽车金融公司的营销人员、汽车金融产品和营销对象构成汽车金融产品的三要素。

（1）汽车金融产品的营销主体。其主体泛指公司营销部门的所有人员，包括自身的工作人员和中介人，他们是营销工作的具体实施者。专业代理人是指专门从事汽车金融产品代理业务的公司，其组织形式为有限责任公司。代理公司根据业务的数量向汽车金融公司收取代理手续费。

（2）汽车金融产品营销的客体。营销的客体就是汽车金融产品，它是一种集实物产品和服务形态为一体的商品，汽车金融产品营销人员的服务性劳动的使用价值并不表现为某种物质形态的东西，而是用于满足人们获得汽车金融产品所提供服务的实现需求。

（3）汽车金融产品的对象。汽车金融产品营销的对象就是汽车金融产品营销主体的指向者，即汽车金融产品营销人员实施营销的具体对象。这个具体对象可以是某个人也可以是某个单位。

3）汽车金融产品营销的特点

（1）主动性营销。由于汽车金融产品具有许多不同于其他实物型商品的特点，特别是消费者不可能对所有的汽车金融产品都了解，这就要求营销者采取主动出击的方式，变潜在需求为现实需求，变对别人公司的或者其他品种的汽车金融产品的需求为自己公司的汽车金融产品的需求。

（2）以人为本的营销。汽车金融产品营销始终面对的是人，这就需要营销始终秉承"服务至上，顾客满意"的原则，以顾客需求为中心，进行人性化营销，这样才能使汽车金融产品营销具有活力和吸引力。

（3）关注关系的营销。既然汽车金融产品营销始终需要与人打交道，那么人际关系就显得尤为重要。汽车金融产品营销强调与汽车金融产品需要者建立并维持长久的、良好的关系；与竞争者建立公平竞争和相互协作关系；与各类相关的中介机构建立合作和共同发展的关系；与各级政府职能部门建立沟通、理解的关系。

2. 汽车金融产品的营销渠道

汽车金融产品的营销渠道是指汽车金融公司将汽车金融产品送达汽车金融产品需求者所采取的各种途径和方式，它是汽车金融公司与汽车金融产品需求者建立具体联系的必经之路。纵览国外汽车金融产品市场的发展，其营销渠道主要有以下几种：

（1）直接营销渠道。直接营销渠道是一种汽车金融公司利用支付薪金的专属员工向营销对象直接提供各种汽车金融产品和服务的方式，也是我国通常所说的直销制。直接营销渠道的优点在于通过汽车金融公司自身的员工直接发展业务，能够充分代表公司的信誉，增强可信度，消除营销对象的顾虑，使其尽快做出购买决定。另外，汽车金融公司的专业人员一般都具有较高的专业水平和较好的职业道德，因此，通常能为客户提供比较稳定的售前、售中和售后服务。

（2）直复式营销。汽车金融产品的直复式营销，也称为直接回应式营销，是一种无须通过销售人员而直接与潜在客户接触的营销方式,区别于传统的直销制营销。在此种营销方式中,汽车金融公司不通过销售中间人,而是直接采用信函、电话、广播媒体、报纸杂志等渠道向客户直接推销汽车金融产品,诱发客户的购买欲望,促使其使用电话预购、主动上门的方式直接向汽车金融公司购买产品。直复式营销作为一种新型的营销渠道,它的产生是与近年来汽车金融产品市场竞争的日益激烈和电信、网络技术、媒体广告业的飞速发展分不开的。以美国汽车金融服务市场为例,直复式营销正在迅速成长,其中汽车金融产品的30%来自直复式营销。

　　(3)汽车金融产品的网上营销。所谓网上营销是指汽车金融公司利用互联网和电子商务技术来为客户提供有关汽车金融产品和服务的信息,实现网上购销,并由银行将购销费用划入汽车金融公司的经营销售过程,因此也称为汽车金融电子商务。网上汽车金融产品营销归属于新型销售渠道。近年来,利用互联网提供汽车金融产品、服务及相关咨询和销售的网站在欧美和日本等国家大量涌现,网上营销迅速增加。以美国为例,作为发展网上汽车销售和汽车金融服务的先驱,早在1995年初,就已有81%的美国汽车金融公司和汽车专业性经销商建立了自己的网站,利用其向网民提供有关汽车金融市场、汽车金融产品和相关商务方面的信息,并帮助客户设计汽车金融产品方案。

思考练习题

1. 解释我国关于汽车金融公司的定义。
2. 简述汽车金融公司提供的金融服务分为几个层次。
3. 汽车金融公司有哪些主要特征?
4. 汽车金融公司主要的设立方式有哪几种?
5. 汽车金融公司的赢利模式主要有哪些?
6. 汽车租赁的经营模式有哪些?
7. 简述汽车置换的意义。
8. 简述汽车金融产品的定义及特点。
9. 汽车金融产品的营销渠道有哪些?
10. 汽车金融产品的市场具体可以细分为几种?

第五章 汽车金融公司的融资

企业融资有多种方式,不同方式的融资成本和风险不同,权衡各种融资成本和风险,建立最佳融资结构,实现企业价值最大化,是现代融资理论研究的重要内容。汽车金融公司作为企业的一种特殊形式,资金密集型和资金使用时间的长期性决定了它对融资的依赖性很强。由于汽车金融所需的资金运作量非常大,汽车金融公司的融资方式会直接影响到公司的正常运行及其市场价值。汽车金融公司究竟采取何种融资模式,取决于它所处的特定状况。

第一节 汽车金融公司的融资方式

由于汽车金融业属于资金高度密集型的行业,所以分析其融资方式对分析该行业的发展有着重要的意义。融资方式是由金融市场环境和政策环境决定的。由于中外汽车金融服务的提供机构——银行的资金来源基本相同,中国没有建立信贷联盟,信托公司也不提供汽车金融服务,因此,这里主要是对中外汽车金融公司的融资方式进行比较。

汽车金融在选择融资方式时遵循的是"优序融资理论"(The Peeking Order Theory)即筹资先依赖内部融资,再求助外部融资。外部融资时,先选择债务融资,资金不足时再发行股票筹资。

一、国际汽车金融公司融资方式

国外汽车金融公司资金来源渠道很多,包括向母公司借款、同业拆借、向银行借款、发行各种股票和债券、吸收消费者储蓄、发行商业票据融资等。其融资方式经历了一系列的演变过程。

以美国为例,在20世纪初至20世纪40年代,金融市场比较落后,金融工具单一,金融资源相对匮乏,此时汽车金融公司主要依靠内源融资,即主要依靠自身的盈利来积累资金。

20世纪50~80年代,随着经济的增长、金融制度和金融市场的发展完善,金融资本充裕,汽车金融公司开始转向外源融资方式来扩大金融服务的规模。国际上汽车金融公司的主要的外部融资方式有四种:一是普通股份融资;二是债务融资,包括直接从资本市场上发行各种债券融资和向商业银行贷款融资;三是优先股融资;四是发行可转换债券融资。

20世纪80年代后,汽车金融服务机构扩大到集团化规模经营,追求利润的动力和竞争压力驱使其不断扩大规模,而仅通过内源融资或外源融资都难以满足其资金需求,加之金融市场高度发达,金融衍生产品极大丰富,故而汽车金融服务公司走上了内源和外源融资结合,资本积聚和资本集中相结合的融资道路,最有代表性的是大规模的汽车金融服务信贷资产证券化。汽车金融服务信贷资产证券化就是将具有未来现金收入流但缺乏流动性的资产,按一定标准进行结构性重组,然后将其通过证券发行方式出售给资本市场的投资者。20世纪80年代以来,汽车消费信贷的证券化对汽车金融公司的融资起着很重要的作用。在证券化之前,美国汽车贷款的资金几乎完全由信贷机构提供,现在仅有1/4汽车贷款仍由信贷机构提供,其余3/4则靠发行债券来支持资金的提供。

二、国内汽车金融公司的融资方式

国内汽车金融公司的融资方式比较单一。根据2003年银监会发布的《汽车金融公司管理办法》有关规定,国内汽车金融公司的资金主要通过以下方式筹集:
(1)吸收境内股东单位3个月以上期限的存款;
(2)转让和出售汽车贷款业务;
(3)向银行贷款和同业拆借(不超过7天)。

在这几个渠道中向银行贷款是最主要的融资渠道。

就股东存款融资渠道而言,一是受制于股东数量。根据《公司法》,有限责任公司的股东数量一般不能超过50个。事实上,银监会对设立汽车金融公司的股东资格有要求,其主要股东就是汽车制造商或其附属的金融机构,范围很窄。二是受制于3个月以上的期限要求,其主要股东一般没有长期存款用于汽车金融公司的分期融资。就"向金融机构借款"这一渠道而言,也缺乏有针对性的操作措施。首先是利率难以确定。如果是短期借款,似可比照银行间市场的同业拆借利率,但由于汽车金融公司刚刚设立,不具备进入同业拆借市场所要求的主体资格,因此,在与银行的实际谈判中,很难以同业拆借利率拿到钱。至于其中长期贷款所需的资金来源,如果向银行借款,根据现行的利率政策,贷款利率下浮不能超过10%,则1年期贷款利率至少在5%以上。这样的利率对于汽车金融公司而言,显然是过高了,根本无法和商业银行在大体相同的融资成本上开展竞争,也就难以起到通过设立这类机构促进汽车金融服务专业化的目标。

至2008年1月30日,银监会发布新的《汽车金融公司管理办法》,对2003年10月颁布实施的原《汽车金融公司管理办法》作出重要修改,增加业务范围,拓宽融资渠道,力促汽车金融业在有效控制风险的前提下实现又好又快发展。

新《汽车金融公司管理办法》着重对准入条件、业务范围、风险管理指标等方面作出较大修改和调整,业务范围除原来的汽车零售贷款和批发贷款业务外,新增了汽车融资租赁业务。

新《汽车金融公司管理办法》还拓宽了汽车金融公司的融资渠道,允许其发行金融债券,从事同业拆借。原先只能吸收"境内股东单位三个月以上期限的存款",在此基础上增加了"境外股东及其所在集团在华全资子公司的三个月(含)以上定期存款"。

此外,汽车金融公司还被允许接受汽车经销商采购车辆贷款保证金和承租人汽车租赁保证金,办理租赁汽车残值变卖及处理业务,从事与汽车金融业务相关的金融机构股权投资业务。

新《汽车金融公司管理办法》对出资人的资质条件做出了更严格的规定。出资人若是非金融机构,资产规模要求从原来的40亿元提高至80亿元,营业收入从20亿元提高至50亿元。"最近3年连续盈利"改为"最近2年连续盈利",将"无违法违规记录"改为"近2年无重大违法违规行为"等。

三、中外汽车金融公司融资方式比较分析

国际汽车金融公司的融资方式是随着国际金融市场的完善、金融产品的不断创新、金融资源的充裕、金融政策环境宽松而丰富的,广阔的融资渠道为汽车金融公司的扩张提供了充足的资金,大大促进了汽车金融业的发展。经销商和汽车消费者获得金融公司的贷款,通过购买汽车使贷款流入汽车企业,而汽车企业再通过存款的形式将资金再度注入汽车金融公司,这样形成资金流的体内体外循环,并在提供汽车金融服务的过程中使资本得到增值。广阔的融资渠道为汽车金融服务机构和汽车集团的业务扩张、规模扩张提供了充裕的资金,从而使之获取了垄断地位,获得规模效益。

经济学上的规模经济是指随着供给规模的不断扩大,单位供给成本不断下降,实现这种规模经济对汽车金融服务尤为重要。其主要原因有以下几个方面:

第一,汽车消费的市场空间很大,而且是持续的需求。以美国为例,美国的汽车消费人群的年龄段是18~70岁,人均消费汽车4.6辆,用于汽车消费的直接支出接近总支出的5%,这给汽车金融业提供了规模经济的发展空间。

第二,汽车金融服务很大程度上属于零售金融,零售金融的特点是单笔业务的固定交易成本随客户规模的扩大显著下降。

第三,零售金融的效率依赖标准化的服务和产品,只有客户规模足够大,开发专门的信用评估和风险管理系统才是符合成本效益约束原则的,这种专门的系统能提高汽车金融公司的工作效率,又促使客户群不断增长。规模经济与汽车金融服务的专业化是一种相互促进的关系,国外专业汽车金融机构的成功运营,取得规模经济效益是一个重要因素。

我国在2003年颁布的《汽车金融公司管理办法》对汽车金融公司的融资渠道做出严格限制,有其合理的一面。这些规定符合当时国内金融市场发展和管理能力状况,合理考虑了各方利益人的要求,是一种现实选择。由于我国当时的金融市场不发达,金融制度不完善,同时金融监管水平不高,金融当局只能采取比较严格的金融管制,所以,我国的汽车金融公司向社会融资的市场化程度不可能很高;管理层不希望看到汽车金融机构之间的过度竞争,限制已经成立的外资或合资的汽车金融机构融资渠道,是其审慎发展、监管的一种策略,也有保护国内商业银行的既得利益的考虑。国内汽车金融公司必然要经历从起步、发展到成熟的阶段,不同的发展阶段对融资渠道有不同的要求。在起步阶段,汽车金融公司业务规模往往不大,依靠自有资金可以满足业务发展的需要,所以股东定期存款和向金融机构借款的资金来源渠道基本可行,目前国内的汽车金融公司正好处于这一阶段,所以管理层作出这样的规定。但从长远来看,融资渠道狭窄对汽车金融公司的长远发展不利,因此监管当局应视汽车金融产业和金融市场的发展状况逐渐扩大汽车金融公司的融资渠道。而2008年银监会发布新的《汽车金融公司管理办法》恰好起到了承前启后的作用。

第二节 汽车金融公司的资本结构

由于汽车金融公司不能吸收社会公众的存款,因此,汽车金融公司发起设立方式的不同决定了其融资模式的不同。当汽车金融公司为项目筹集资金时,通常面临多种融资方式的选择,即资本结构的选择。

一、资本结构的定义

理论界对资本结构含义的理解有很多不同的定义,在本书中,结合汽车金融公司的特点,我们倾向于以下的理解:资本结构是指汽车金融公司各种长期资金筹集来源的构成和比例关系。这里所强调的是长期资金,包括长期债务和权益资本,而把短期资金归入了现金流量管理的范围。

最优资本结构是汽车金融公司最佳的资本组合方式,它是汽车金融公司资本结构决策的中心问题。汽车金融公司在进行任何筹资决策之前,首先应该根据一定的目标确定最优资本结构,并在以后各项筹资活动中有意识地保持这种最佳的目标资本结构。如果汽车金融公司以往的资本结构不尽合理,则应通过筹资活动加以调整,尽力使汽车金融公司资本结构趋于合理。

目前,可供汽车金融公司选择的长期筹资方式很多,各种不同的筹资方式又有各自不同的特点,对汽车金融公司的影响也各不相同。在一定时期内,汽车金融公司所面临的运用何种筹资方式筹集资金,各种方式所筹的资金占汽车金融公司资金来源总额的比重是多少,各项资金来源之间的比例关系如何,各种筹资方式的资金成本和其加权平均的综合资金成本、汽车金融公司总体价值目标如何确定等一系列问题都要求汽车金融公司妥善处理和安排。

二、债务资本在资本结构中的作用

在资本结构决策中,合理地安排债务资本的比例,对汽车金融公司有重要的影响。

1. 降低综合资金成本

使用债务资本可以降低汽车金融公司的资金成本。由于债务利息率通常低于股票股息率,并且债务利息在税前支付,汽车金融公司可以减少缴纳的所得税,起到税盾效应;从另一角度讲,汽车金融公司债权人面临的风险小于公司股东承担的风险,因此其要求的投资回报也较低。这些都导致债务资本的成本低于权益资本的成本。因此,汽车金融公司在一定的限度内合理提高债务资本的比例,可以降低综合资本成本。

2. 产生财务杠杆效益

利用债务资本可以产生财务杠杆利益。由于债务利息通常是固定不变的,在不考虑利息的情况下,交所得税之前的利润即为息税前利润。当息税前利润增加时,每一元利润所负担的固定利息就会相应减少,从而使可分配给汽车金融公司所有者的利润增加。因此,利用债务资本可以发挥财务杠杆作用,给汽车金融公司所有者带来财务杠杆效益,但是同时也会给汽车金融公司带来一定的风险。

三、资本结构决策

最佳资本结构使汽车金融公司的平均资本成本最低,同时使汽车金融公司价值最大的资本结构。最佳资本结构的确定,可以使用每股净收益分析法。每股净收益分析是利用每股净收益无差别点来进行资本结构决策的方法。每股净收益无差别点是指在负债筹资和权益筹资两种形式下,普通股每股净收益(EPS)相等时的息税前利润点,也可以将它转变为相应的汽车金融公司销售收入或者销售数量点。通过每股净收益分析,可以确定在某一收益水平下不同筹资方式对每股净收益的影响程度,为选择筹资方式、优化资本结构提供决策依据。

每股净收益(EPS)计算公式为：

$$EPS = \frac{(EBIT - I)(1 - t_1) - PD}{n} \quad (5\text{-}1)$$

式中：EPS——每股净收益；

　　EBIT——息税前利润；

　　　I——利息总额；

　　　t_1——企业所得税税率；

　　PD——优先股股息；

　　　n——发行在外普通股股数。

四、影响资本结构的因素

要选择理想的汽车金融公司的资本结构，除了要考虑资本成本、财务风险和每股收益以外，还有必要考虑以下有关因素。虽然这些因素有时很难定量分析，但却对资本结构决策起着十分重要的作用。

1. 汽车金融公司的成长与销售稳定性

如果汽车金融公司发展较快，并且销售又相当稳定，那么它对外界的资金融通能力也很强，因为这种公司一般有较好的销售前景，故能承受较多负债引起的利息费用。因此，这种公司比起一般成长慢、销售不稳定的公司能使用更多的债务资本，充分利用财务杠杆的作用。需要注意的是，财务杠杆的运用必须以不危及公司长期稳定经营，足以承担还本付息的现金流出为限，否则会对公司的长远发展造成伤害，会使公司背上沉重的利息负担，甚至会导致现金短缺，到期债务无法偿还的严重后果。

2. 汽车金融公司管理人员和财务人员的态度

在采取何种资本结构或选择何种筹资方式上，公司管理人员和财务人员的态度主要取决于他们的风险意识和对业绩表现的重视程度。

对于那些风险意识较强，管理方式偏于稳健的管理人员和财务人员来说，一般不会为追求较高的财务杠杆的作用而使公司的负债比例过高，他们不会去冒很大的风险来追求理想的资本结构，但往往可能过于谨慎而不能充分利用财务杠杆的作用来为公司增加净收益。然而，那些风险承受力强，比较乐于显示其经营业绩和才能的管理人员和财务人员，则会敢于冒风险追求发挥财务杠杆的作用，从而使企业潜在的风险增加。公司管理人员和财务人员应既有稳健意识，又不能过于拘泥，更不能为了减少风险而放弃对公司最佳资本结构和最低资本成本的追求。

3. 获利能力和举债能力

在实际工作中，投资收益率高、获利能力强的汽车金融公司一般较少采用负债筹资，尤其是那些已经发展到一定规模，处于成熟期的汽车金融公司。这是因为这些公司不急需外界大量资金来供其发展之用，由于其获利能力好，公司往往可用较多的留存收益即采用内部积累的方法来解决筹资问题。另外，有时为了保持较好的举债能力，确保融资弹性，公司倾向于在正常情况下少使用负债筹资，以便随时可按较低利率发行债券或借入长期借款取得资金，这在短期内不失为一种有效的财务政策。但是，如果长期如此，汽车金融公司负债比例过低，则不能充分利用财务杠杆的作用。

4. 偿债能力和现金流量状况

财务人员往往十分关心财务杠杆运用可能引起的财务风险,所以充分注重汽车金融公司的偿债能力。"已获利息倍数",即息税前利润与利息总额的比率,是负债筹资中经常使用的一项指标。该指标越大,对汽车金融公司的偿债越有保障。但是要注意,汽车金融公司有偿债能力,并不意味着有现金支付能力,汽车金融公司必须对未来偿付债务本息的现金流量有充分的估计。负债额越大,期限越短,现金流量的测定便越重要。因此,汽车金融公司产生现金的能力对提高全部资本中债务资本的比例影响较大。

5. 资本成本的高低

一般认为汽车金融公司平均资本成本最低的资本结构是较为合理的。在正常情况下,只要汽车金融公司不以超高利率或附加其他限制条件便能进行负债筹资,能使公司平均资本成本下降的,就应充分利用财务杠杆进行负债筹资。因为负债比例的增大能使公司资本成本下降。当然,这并不意味着公司负债比例越高越好,当负债比例上升到一定程度时,公司资本成本不但不会下降,反而会逐渐上升。随着负债比例的提高,公司的财务风险会增大,债权人要求的报酬率和权益资本要求的报酬率中风险补偿部分便会相应提高,作为对投资可能发生损失的一种补偿,这样就会使公司发行股票、债券等筹资成本大大提高。所以,当公司资本成本随负债比例增大由逐步下降转为逐步上升时,表明公司的负债比例已经达到了极限。

6. 资产结构

公司具体资产结构的不同,也影响公司的筹资方式和资本结构。例如资本密集型的公司,一般拥有大批的不动产或大量的固定资产,这类公司通常可采用长期抵押借款来筹集资金,汽车金融公司即属于资本密集型的公司。

7. 贷款银行与信用评估机构的态度

不管汽车金融公司财务人员认为最适当的财务杠杆是什么,贷款银行的态度和信用评估机构的态度往往成为决定汽车金融公司财务结构的关键因素。如果公司运用过高的财务杠杆,并对前景过于乐观,而贷款银行则认为风险太大,表示不愿意贷款;或者评估机构认为公司潜在风险增大,信用等级下降,在这种情况下,社会公众对汽车金融公司风险的评价会比较倾向于贷款银行或资信评估机构的意见,这样会使更多的贷款人不愿意向汽车金融公司贷款,甚至已经贷款的债权人要求收回贷款。所以,汽车金融公司资本结构决策时必然会受到贷款银行和信用评估机构的制约。

8. 税收因素

债务的利息可以在税前列支,而股息只能在税后列支,不具有税收抵免作用。因此,汽车金融公司负担的所得税税率越高,债务筹资的好处就越大,可以抵免的税金就越多,留给股东的利润就越多。

五、汽车金融公司的资本结构

资本结构引起人们广泛关注是在莫迪格莱尼(Franco Modigliani)和米勒(Meton Miller)提出资本结构与企业的价值不相关的结论即 MM 理论之后。但是,由于这个结论的前提条件非常苛刻,常常受到现实环境的挑战。于是,经过发展提出了税负利益——破产成本的权衡理论,该理论又向现实迈进了一步。该理论认为负债可以为企业带来税负的庇护利益,而随着负债的增加破产成本也会增加,当庇护利益的边际收益等于因负债增加而产生的破产边际成本时,企业的价值将会最大。从这个意义上说,资本结构不宜过大或者过小,过大意味着债权人将会承受过大破产成本,因此债权人不会借款或者提高利率,这都会使得企业价值降低;而资本结构过小,则意味着企业还有可以利用的资源没有得到充分的利用,显然也没有使得企业的价值最大化。

对于汽车金融公司来讲,可以更倾向于使用税负利益——破产成本权衡理论来解释和控制资本结构。需要补充的是汽车金融公司作为金融机构来讲,它的风险控制相当重要,也就是它的资产投资组合状况对于汽车金融公司来讲是最重要的。风险控制的能力将会影响借贷的规模,从而影响资本结构,因此,也可以借助于资本结构来观察公司的经营状况。

在汽车金融公司的资本结构的决策中,首先要受到一些法律、法规的限制。中国银监会发布的《汽车金融公司管理办法》和《实施细则》对于汽车金融公司的资本和信贷有如下的规定:

(1)汽车金融公司对单一借款人的授信余额与注册资本的比例不得超过15%;汽车金融公司对最大10家客户的授信余额不得超过注册资本的50%;汽车金融公司对关联人不得发放信用贷款,对关联人的授信条件不得优于其他借款人同类授信的条件;汽车金融公司对单一股东及其关联人授信余额不得超过该股东在汽车金融公司出资额的100%,授信余额的计算口径为扣除借款人以现金和现金等价物作抵押后的余额。

(2)汽车金融公司的担保余额不得超过注册资本的200%。

(3)汽车金融公司自用固定资产与注册资本的比例不得超过40%。

(4)汽车金融公司流动资产与流动负债的比例不得低于100%,流动资产是指现金、一个月内到期的购车人贷款、一个月内到期的应收款和其他一个月内可变现的资产。上述各项资产中应扣除预计不可收回的部分。流动负债是指一个月内到期的购车人存款、一个月内到期的向金融机构借款和其他一个月内到期的负债。

(5)汽车金融公司应实行资本总额与风险资产比例控制管理。汽车金融公司资本充足率不得低于10%,资本充足率即资本总额与风险加权资产比。

汽车金融公司风险加权资产的计算及各类资产风险权重可以参考如下方法:

风险加权资产 = 对商业银行的债权×20% + 有商业银行提供保证的债权×20% +

其他担保形式担保的债权×50% + 其他形式资产×100% +

担保业务余额×100%

其中,其他担保形式是指商业银行提供保证以外的担保;其他形式资产不包括现金。计算各项贷款的风险资产时,应当首先从贷款账面价值中扣除专项准备,其他各类资产的减值准备,也应当从相应的资产项目账面价值中扣除。

汽车金融公司应实行资产五级分类制度评估贷款质量,采用以风险为基础的分类方法(简称贷款风险分类法),即把贷款分为正常、关注、次级、可疑和损失五类,后三类合称为不良贷款。

(1)正常。借款人能够履行合同,没有足够理由怀疑贷款本息不能按时足额偿还。

(2)关注。尽管借款人目前有能力偿还贷款本息,但存在一些可能对偿还产生不利影响的因素。

(3)次级。借款人的还款能力出现明显问题,完全依靠其正常营业收入无法足额偿还贷款本息,即使执行担保,也可能会造成一定损失。

(4)可疑。借款人无法足额偿还贷款本息,即使执行担保,也肯定要造成较大损失。

(5) 损失。在采取所有可能的措施或一切必要的法律程序之后,本息仍然无法收回,或只能收回极少部分。

对于不同类型的贷款,汽车金融公司可以参照如下的比例进行贷款损失准备计提。

关注类贷款,计提比例为2%;次级类贷款,计提比例为25%;可疑类贷款,计提比例为50%;损失类贷款,计提比例为100%。其中,次级和可疑类贷款的损失准备、计提比例可以上下浮动20%。

在具体决策时,可以使用每股收益无差别点来衡量。一般来说,在业务量高于某一点时,采用负债筹资将会有利于每股收益的扩大,在业务量低于某一点时,采用权益筹资将会有利于每股收益的扩大。这种方法存在问题是没有考虑风险,包括负债的风险以及业务量的扩大带来的风险,而且每股收益与企业的价值并不总是一致的,往往存在着一定的偏差。但是,这种方法也确实能给我们确定一个可以参考的数值。

第三节 债务筹资分析

由于债权人承担的风险小于股东,债务融资所产生的利息,按照税法规定一般可以在税前列支,因此,债务资金成本比较低。但是债务融资需要按时还本付息,这会增加汽车金融公司的财务风险。本节介绍的借款、发行债券两种汽车金融公司的债务筹资方式均是在此前提下进行的。

一、借款

借款是最常用的、最主要的融资方式,特别是在以间接融资方式为主的我国,对于未经有关监管部门批准,不符合发行债券条件的汽车金融公司来说,这是唯一可以筹集长期债务资本的融资方式。

1. 借款的分类

1)按照债权人的身份分类

按照债权人的身份,借款可以分为向银行等金融机构的借款,向公司等经济组织的借款以及向个人的借款。如果符合国家产业政策的投资,可以向政策性银行申请贴息、低息或者无息贷款;符合世界银行贷款条件的,也可以向世界银行申请贷款。汽车金融公司可以从信托投资公司取得实物或者货币形式的信托投资贷款;从财务公司取得各种中长期贷款。

2)按照有无担保分类

按照有无担保,借款可以分为信用借款和担保借款。信用借款是基于借款人的信誉而借得款项,这种借款没有担保。担保借款又分为保证借款、抵押借款和质押借款。

(1)保证借款是指按《中华人民共和国担保法》(以下简称《担保法》)规定的保证方式,以第三人承诺在借款人不能偿还借款时,按约定承担一般保证责任或者连带保证责任为前提而发生的借款。

(2)抵押借款是指按《担保法》规定的抵押方式,以借款人或者第三人的财产作为抵押物获得的借款。

(3)质押借款是指按《担保法》规定的质押方式,以借款人或者第三人的动产或权利作为质押物获得的借款。

2. 还款方式

借款的还款方式可以分为到期1次还本付息、每期付息到期还本、等额还款和等本还款（等额还本），此外还有平时逐渐偿还利息和小额本金，到期偿还大额本金的方式。

到期1次还本付息一般适用于1年及1年以下的短期借款，在中期借款中也有应用，在5年以上的长期借款中极少采用。采用这种还款方式在借款合同中应特别注意约定：是否计算复利利息以及复利的期间是1年、半年还是季度或者月，因为，采用单利或复利计算的结果会产生很大的差异，复利期间越短，利息则越高。

每期付息到期还本的方式一般适用于流动资金借款。每期支付流动资金借款在当期产生的利息，到期项目结束流动资金回收，刚好可以归还借款本金。

在等额还款方式下，每期支付当期的利息和一定的本金，各期支付的利息和本金之和是相等的。借款期结束，刚好本利还清。

在等本还款方式下，每期偿还的本金金额是相等的，另外每期还要偿还当期的利息，每期偿还的利息与本金之和是不相等的。由于前期利息多，后期利息少，所以，每期的还款总额逐年减少。借款期结束，刚好本利还清。

等额还款法和等本还款法多见于购买固定资产所需资金的借款。

3. 关于借款利息的规定

依据税法规定，向银行等金融机构借款的利息，可以在税前列支；对于向除金融机构外的其他组织或个人借款的利息，对不超过银行同期限、同类型贷款利息的部分，可以税前列支；超过部分只能在税后列支。

对于借款利率超过同期银行存款利率4倍的，构成高利贷，超过部分的利息不受法律保护。

长期借款的利率有固定利率和浮动利率两种。对于汽车金融公司而言，如果预计市场利率将要上升，则应该与对方签订固定利率的借款合同；如果预计市场利率将要下降，则应该与对方签订浮动利率的借款合同。

此外，如果有信誉良好的担保人或者流动性强的抵押物，也可以争取到较低的利率。

4. 借款的资金成本计算

（1）向银行等金融机构借款的资金成本计算。由于依据税法规定，向银行等金融机构借款的利息，可以全额在税前列支。因为企业所得税在这里起到了"税盾"效应，故支付借款的利息对公司净利润或者净现金流量的影响并不像表面上看那么严重。这类借款的资金成本可以用下列公式计算：

$$借款的资金成本 = \frac{借款金额 \times 年利率 \times (1-企业所得税税率)}{借款金额 - 手续费 - 补偿性余额} \times 100\% \quad (5\text{-}2)$$

公式分子上解出的数字是公司由于使用了这笔借款，而使净利润或者净现金流量减少的数目；分母上是公司实际获得使用权的资金的数量。这两者之比就是单位资金成本。注意，借款资金成本的计算与借款的还款付息方式无关。

（2）向非金融机构借款资金成本的计算。对于向除金融机构以外的其他组织或个人借款的利息，在不超过银行同期限、同类型贷款利息的部分，可在税前列支，因此这类借款与向金融机构的借款没有本质区别。但是，超过银行同期限、同类型贷款利息的部分只能在税后列支。

借款的资金

$$成本 = 借款金额 \times [银行年利率 \times (1 - 企业所得税税率) + (实际年利率 - 银行年利率)] \div (借款金额 - 手续费 - 补偿性余款) \times 100\% \tag{5-3}$$

5. 汽车金融公司取得贷款的条件

汽车金融公司从金融部门取得贷款,一般应符合以下条件:

(1)独立核算、自负盈亏、具有法人资格。

(2)经营方向和业务范围符合国家产业政策,借款用途属于银行贷款办法规定的范围。

(3)汽车金融公司具有一定的物资和财产保证,担保单位具有相应的经济实力。

(4)具有偿还贷款的能力。

(5)财务管理和经济核算制度健全,资金使用效益及公司经济效益良好。

(6)在银行设有账户,办理结算。

具备上述条件的汽车金融公司欲取得贷款,首先要向银行提出申请,陈述借款原因与金额,用款时间与计划、还款期限与计划。银行根据汽车金融公司的申请,针对汽车金融公司的财务状况、信用状况、盈利能力及其稳定性、发展前景、借款投资项目的可行性等进行审查。银行审查同意贷款后,再与汽车金融公司进一步协商贷款的具体条件,明确贷款的种类、用途、金额、利率、期限、还款的资金来源及方式、保护性条件、违约责任等,并以借款合同的形式将其法制化。借款合同生效后,汽车金融公司便可以取得贷款。

6. 借款筹资的特点

与其他长期筹资相比,借款筹资具有以下特点:

(1)筹资速度快。借款的手续比发行债券、股票简单得多,得到借款所花费的时间也比较短。

(2)借款弹性大。借款时汽车金融公司与银行直接接触,有关条件可以谈判确定;如用款时间发生变动,还款计划发生变动,都可以与银行协商解决。而债券是面向社会公众投资者的,很难通过协商来改善筹资条件。

(3)借款成本低。借款的筹资费用一般低于债券、股票的筹资费用。借款的利息税前列支,可以起到抵税作用,故借款的成本低于股票。

(4)长期借款的限制性条款比较多,会制约汽车金融公司的生产经营和借款的作用。

二、债券筹资

债券是经济主体为筹集资金而发行的,用以记载和反映债权和债务关系的有价证券。由公司发行的债券称为企业债券或公司债券。

1. 债券的种类

公司债券的种类,从不同角度分,可分为多种形式,主要有:

(1)按债券上是否记有持券人的姓名或名称分类。按照是否记有持券人的姓名或名称,债券可以分为记名债券和无记名债券。记名债券除债券上记载的持有人外,其他人不能行使其权利。这种债券如果要转让需办理过户手续,债券如果遗失,可以通过法律程序恢复其持有者的权利。无记名债券的持有人即是享有债券权利的人,这类债券转让比较自由、方便,无须办理过户手续,只需交付给对方,即可完成转让。但是如果债券遗失,也无法恢复持有人的权利。

(2) 按能否转换为公司股票分类。按能否转换为公司股票,债券可以分为可转换债券和不可转换债券。如果公司债券能够在一定条件下转换成公司股票,那么称其为可转换债券;如果公司债券不能够转换成公司股票,那么称其为不可转换债券。

(3) 按有无特定的财产担保分类。按有无特定的财产担保,债券可以分为抵押债券和信用债券。发行债券的公司以特定财产作为抵押品的债券为抵押债券;没有特定财产作为抵押,凭信用发行的债券为信用债券。抵押债券又可以分为一般抵押债券、不动产抵押债券、设备抵押债券和证券信托债券等种类。一般抵押债券,即以公司产业的全部作为抵押品而发行的债券;不动产抵押债券,即以公司的不动产作为抵押品而发行的债券;设备抵押债券,即以公司的机器设备作为抵押品而发行的债券;证券信托债券,即以公司持有的股票证券以及其他担保证书交付给信托公司作为抵押而发行的债券。

(4) 按利率是否浮动分类。按利率是否浮动,债券可以分为固定利率债券和浮动利率债券。将利率明确记载于债券上,按这一固定利率向债权人支付利息的债券为固定利率债券,这一利率称为票面利率。债券上明确利率按照某一参照水平,如国债的利率、银行存款的利率等来确定的债券利率为浮动利率债券。

(5) 按能否上市交易分类。按能否上市,债券可以分为上市债券和非上市债券。可以在证券交易所公开挂牌交易的债券为上市债券;不能在证券交易所公开挂牌交易,只能在场外进行交易的债券为非上市债券。上市债券信用度高,价值高,而且变现速度快,流动性强,故较受投资者青睐;但是上市条件严格,程序复杂,而且费用较高。

(6) 按偿还方式分类。按照偿还方式分类,债券可以分为到期一次偿还债券和分期偿还债券。债券在到期日一次集中偿还本金的,为到期一次偿还债券;一次发行而分期、分批偿还的债券为分期偿还债券。

2. 发行债券的资格与条件

公司发行债券,必须具备规定的发行资格与条件。

(1) 发行债券的资格。《中华人民共和国公司法》(以下简称《公司法》)规定,股份有限公司、国有独资公司和两个以上的国有企业或者其他两个以上的国有投资主体投资设立的有限责任公司,才有资格发行公司债券。其他公司现在不具有发行债券的资格。

(2) 发行债券的条件。我国《公司法》规定,有资格发行债券的公司,必须具备以下条件,才可以发行债券。

①股份有限公司的净资产额不低于人民币 3 000 万元,有限责任公司的净资产额不低于人民币 6 000 万元。

②累计债券总额不超过公司净资产额的 40%。

③最近 3 年平均可分配利润足以支付公司债券 1 年的利息。

④所筹集资金的投向符合国家产业政策。

⑤债券的利率不得超过国务院限定的水平。

⑥国务院规定的其他条件。

另外,发行公司债券所筹集的资金,必须符合审批机关审批的用途,不得用于弥补亏损和非生产性支出,否则会损害债权人的利益。

发行公司凡有下列条件之一的,不得再次发行公司债券:

①前一次发行的公司债务尚未募足的。

②对已发行的公司债券或者其他债务有违约或延迟支付本息的事实,且仍处于持续状

态的。

3. 债券的发行程序

公司发行债券的一般程序为：

(1) 公司做出决议或决定。股份有限公司和国有的有限公司发行公司债券的,应由董事会制订方案,股东(大)会做出决议;国有独资公司发行公司债券,由国家授权投资的机构或者国家授权的机构做出决定。发行公司债券的决议和决定是由公司最高机构做出的。

(2) 发行债券的申请与批准。公司向社会公众发行债券募集资金,数额大且债权人多,所牵涉的利益范围大,所以必须对公司债券的发行进行审批。

凡欲发行债券的公司,先要向国务院证券管理部门提出申请并提交公司登记证明、公司章程、公司债券募集办法、资产评估报告和验资报告等文件。国务院证券管理部门根据有关规定,对公司的申请予以核准。

(3) 制定募集办法并予以公告。发行公司债券的申请被批准后,应由发行公司制定公司债券募集办法。办法中应载明的主要事项有:公司名称、债券总额和票面金额、债券利率、还本付息的期限与方式、债券发行的起止日期、公司净资产额、已发行的尚未到期的债券总额、公司债券的承销机构。

公司制定好募集办法后,应按当时、当地通常合理的方法向社会公告。

(4) 募集借款。公司发出公司债券募集公告后,就可在公告所定的期限内募集借款。

一般的讲,公司债券的发行方式有公司直接向社会发行(私募发行)和由证券经营机构承销发行(公募发行)两种。在我国,根据有关法规,公司发行债券须与证券经营机构签订承销合同,由其承销。

由承销机构发行债券时,投资人直接向其付款购买,承销机构代理收取债款、交付债券。然后,承销机构向发行公司办理债券款的结算。

在公司发行的债券上,必须载明公司名称、债券票面金额、利率、偿还期限等事项,并由董事长签名、公司盖章。

公司对发行的债券还应置备公司债券存根簿予以登记。其意义：一方面在于起公示作用,使股东、债权人可以查阅了解,并便于有关机关监督;另一方面便于公司随时掌握债券的发行情况。公司发行记名债券的,应在公司债券存根簿上记明债券持有人的姓名或名称及住所;债券持有人取得债券的日期及债券编号;债券的总额、票面金额、利率、还本付息的期限和方式;债券的发行日期。公司发行无记名债券的,应在公司债券存根簿上记明债券的总额、利率、偿还期限和方式、发行日期及债券的编号。

4. 债券的发行价格

债券的发行价格是债券发行时使用的价格,亦即投资者购买债券时所支付的价格。公司债券的发行价格通常有3种：平价、溢价和折价。

平价指以债券的票面金额为发行价格;溢价指以高出债券票面金额的价格为发行价格;折价指以低于债券票面金额的价格为发行价格。债券发行价格的形成受诸多因素的影响,其中主要是票面利率与市场利率的一致程度。债券的票面金额、票面利率在债券发行前即已参照市场利率和发行公司的具体情况确定下来,并载明于债券之上。但在发行债券时已确定的票面利率不一定与当时的市场利率一致。为了协调债券购销双方在债券利息上的利益,就要调整发行价格,即：当票面利率高于市场利率时,以溢价发行债券;当票面利率低于市场利率时,以折价发行债券;当票面利率与市场利率一致时,则以平价发行债券。

5. 债券的资金成本计算

发行债券筹资的主要成本是债券的利息和筹资费用。债券的利息是从公司税前利润中支付的,因此具有财务学上讲的税盾效应,即还原到税后的债券的资金成本要低于名义上的债券的利息率,低于的比例由公司所得税税率的高低确定。目前世界主要国家的公司所得税税率在30%~40%,因此,债券的资金成本会明显低于名义上的债券利息率。这一点与借款相同。另一个影响债券筹资成本的因素是债券的筹资费用。债券的筹资费用较高,这主要包括公司在发行债券前一系列准备工作的费用,如信用评价评级、审计、评估、法律事务等费用和发行手续费用。

企业发行债券的利息率高低受两个因素影响:一是无风险收益率,一般采用1年期银行存款或国债投资的利率;另一个是风险收益率,它的高低主要受到各种风险因素的影响,如企业的资信等级评价和公司的资信等级评价越高,则说明投资者承担的风险越小,其风险收益率可以越低;由债券期限长短决定的到期利率风险,该风险是指债券持有者在持有该债券期间,所面临的由于市场利率上升而导致的债券价格下降所带来损失的风险,显然,债券的期限越长,则该风险越大;另外还包括行业风险、财务风险等非系统风险。公司债券的风险一般大于国家债券和金融债券的风险,因此,它们的利息率也一般高于国家债券和金融债券的利息率。

债券的资金成本用如下公式计算:

$$债券的资金成本 = \frac{债券的年利息额 \times (1 - 公司所得税税率)}{债券的筹资总额 \times (1 - 筹资费用率)} \times 100\% \qquad (5-4)$$

债券在发行时由于票面利率不等于市场利率,因此可能出现溢价发行、折价发行或者平价发行,在不同发行价格下,债券的筹资总额是不相同的,但是不论采用哪种发行价格,均不影响债券资金成本的计算。

三、可转换债券的资金成本分析

可转换债券是公司债券的特殊形式,是一种混合型的金融产品,它兼有债权性和期权性的特点。可转换债券的债权性体现在其转换成公司普通股之前,可转换债券的持有者是发行公司的债权人,享有定期获得固定利息的权利。如果可转换债券在到期后仍未被转换成普通股,投资者有权收回债券的本金。可转换债券的期权性表现在它赋予持有者一种选择的权利,即在规定的时期内,投资者具有选择是否将债券转换成发行公司的普通股的权利。这样的选择权实质上是一种买入期权,在规定的转换期内,投资者既可以行使转换权,也可以放弃转换权。

1. 可转换债券利息率特点

可转换债券的利息率一般都要比同等级、同期限的公司债券的利息率低,因为它还具有期权价值,即当发行公司的股票市场表现良好,股价持续上涨时,可转换债券的持有者可以按照低于当时市场股价的转换价格将可转换债券转换成公司的普通股,可以获得转换利得——公司股票的市场价格与转换价格之间的差额部分。

由于可转换债券的利息率比较低,因此可转换债券对于发行公司而言,带来的现金流出量显然小于发行普通公司债券的现金流出量,因此财务压力较小。这一现金流出量可以像普通公司债券一样通过贴现求出。

2. 可转换债券的期权价值

可转换债券在我国是比较新颖的筹资工具,公开发行的可转换债券还不多。可转换债券的价值由普通债券的价值和期权价值两部分组成,普通债券的价值确定比较容易,但是期权的价值确定是比较困难的,这也是可转换债券定价中最重要的部分。

影响可转换债券期权价值的因素很多,主要有股票的市场价格与转股价格、权利期间长短、股票价格波动率和无风险利率等,我们就这几个因素进行定性分析。

(1)股票的市场价格与转股价格。股票的市场价格与转股价格是影响期权价值的最重要因素。这两者之间的差额决定着可转换债券包含的期权内价值的大小,差额越大,期权内价值越大,期权的价值也随之增加。

(2)权利期间长短。权利期间是指期权的剩余有效时间。一般权利期间越长,可转换债券所包含的买入期权的价值就越高。这是因为在较长的权利期间内,期权的内在价值有更大增长可能,可转换债券投资者可通过行使转换权来获得的机会更多,因此转债的期权价值也就相应增加。

(3)股票价格波动率。股票价格波动率是股票收益率的标准差,它反映了股票价格的发散程度,是用来衡量股价波动的不确定性的重要变量。一般讲,股票价格波动率较大,会在一定程度上使可转换债券期权值上升。这是因为较大的股票价格波动率意味着未来股价超过或者低于转股价格的可能性较大,当股价超过转股价格很大时,可转换债券投资者就可以通过行使转换权获得很高的收益;而当股价下跌时,投资者也可以不行使转换权,他们所受的损失仅是其支付的那部分期权费。

所以,当期权的期限越长和股票价格的波动率越大时,期权的投机性特征也就越明显,因而,可转换债券的期权价值一般会随着股价波动率的增加而增加。

(4)无风险利率。无风险利率对买入期权价值的影响比较复杂。第一种影响是,当整个经济中的利率水平上升时,股票价格的预期增长率也倾向于增加,这将增加买入期权的价值。第二种影响是,期权投资者收到的未来现金流量的贴现值将减少,这又会降低买入期权的价值。研究证明,对于买入期权来说,利率的第一种影响起主导作用,所以在一般情况下,可转换债券的期权价值是随着无风险利率的上升而增长的。

3. BLACK-SCHOLES 模型

BLACK-SCHOLES 模型是一个确定期权价值的模型,是一种用数学模型对期权价值进行定量计算的工具。可转换债券可以借助 BLACK-SCHOLES 模型来确定其期权部分的价值;其普通债券部分的价位仍然通过贴现计算。影响普通债券部分价值高低的因素主要是贴现率的高低,贴现率通常采用无风险利率加风险调整率的方法,即便如此,不同的人采用的贴现率仍然差异很大,这主要是对风险的认识不同造成的。普通债券部分价值的计算公式为:

$$B = \sum_{i=1}^{n} \frac{R_i}{(1+r_1)^i} + \frac{P}{(1+r_1)^n} \tag{5-5}$$

式中:B——可转换债券的普通债券价值;

R_i——可转换债券的各年的利息收入;

P——可转换债券的票面价值;

r_1——贴现率;

n——贴现年限。

BLACK-SCHOLES 模型的买入期权的定价模型为：

$$P_1 = P_2 N(d_1) - Xe^{-r(T-t)} N(d_2)$$

$$d_1 = \frac{\ln(P_2/X) + (r + \sigma^2/2)(T-t)}{\sigma\sqrt{T-t}} \qquad (5\text{-}6)$$

$$d_2 = \frac{\ln(P_2/X) + (r - \sigma^2/2)(T-t)}{\sigma\sqrt{T-t}}$$

式中： P_1——买入期权的价格；

P_2——股票的现行市场价格；

r——无风险利率；

σ——股票的价格波动率；

T——期权的到期日；

t——现在的时间；

X——看涨期权的执行价；

$N(d_1), N(d_2)$——标准的正态分布变量的累积概率分布函数。

在这些数据中,股票价格波动率是未知的,这个数据需要根据股票市场上股票价格的变化观察值来计算。

第四节 股权筹资分析

股权筹资包括发行普通股、优先股和保留留存收益等方式。

一、普通股筹资

1. 普通股的概念和分类

普通股是股份有限公司发行的无特别权利的股份,也是最基本的、标准的股份。一般情况下,股份有限公司只发行普通股,很少有发行优先股的。

普通股从不同的角度,有不同的分类。

(1)按股票有无记名分类。普通股按股票有无记名,可以分为记名股票和不记名股票。记名股票是在股票上记载股东的姓名或者名称的股票。记名股票除了股票上记载的股东外,其他人不能够行使其股权,股份转让需要办理过户手续。我国《公司法》规定,向发起人、国家授权投资的机构、法人发行的股票,应为记名股票。不记名股票是票面上不记载股东姓名或名称的股票。股票持有人即是股份的所有人,具有股东资格,股票转让可以仅凭交付,不需办理过户手续。

(2)按股票是否标明金额和发行对象分类。普通股按股票是否标明金额分类,可以分为面值股票和无面值股票。我国《公司法》规定,股票应记载股票的面额,并且股票发行价格不得低于票面金额。通常我国在上海、深圳两地发行的 A 股面金额均为 1 元人民币,采用溢价发行的方式,以人民币认购和交易。B 股、H 股、N 股采用以人民币标明票面金额,但是以外币认购和交易;B 股在上海、深圳上市;H 股在香港上市;N 股在纽约上市。

在我国,按照投资主体的不同,普通股又分为国家股、法人股和个人股等。国家股是有权代表国家投资的部门或机构以国有资产向公司投资而形成的股份;法人股是企业法人以其可支配的财产向公司投资而形成的股份,或具有法人资格的事业单位和社会团体以国家允许用于经营的资产向公司投资而形成的股份;个人股是社会个人或公司内部职工以个人合法财产投入公司而形成的股份。

2. 普通股筹资的优缺点

相对其他筹资方式,发行普通股筹措资本具有以下优点:

(1)永久性,无到期日,不需归还。这是保证公司对资本的最低需要,对维持公司长期稳定发展极为有利。

(2)没有固定的股利负担,股利的支付与否和支付多少,视公司有无盈利和经营情况而定。由于普通股筹资没有固定的到期还本的压力,所以筹资风险较小。

(3)普通股筹集的资本是公司最基本的资金来源,它反映了公司的实力,可以作为其他方式筹资的基础,尤其可以为债权人提供保障,增强公司的举债能力。

(4)由于普通股的预期收益较高,并可在一定程度抵消通货膨胀的影响,因此,普通股筹资容易吸收资金。

相对其他筹资方式,发行普通股筹措资本具有以下缺点:

(1)以普通股筹资会增加新股东,这可能会分散公司的控制权。

(2)发行普通股会增加股本,这将降低普通股的每股净收益,从而可能引发股价下跌。

(3)普通股的资本成本较高,原因是普通股投资风险较大、股利为税后支付及发行成本较高等。

3. 普通股发行的条件

股份有限公司在设立时需要发行股份。此外,公司设立之后为了扩大经营、改善资本结构,也可以增资发行新股。股票的发行,实行公开、公平、公正的"三公"原则,必须同股同权,同股同利。同一次发行的股票,每股的发行条件和价格应当相同。股票的发行还应接受国务院证券监督管理机构的管理和监督。

按照我国《公司法》的有关规定,股份有限公司发行股票,应符合以下规定与条件:

(1)每股金额相等。同次发行的股票,每股的发行条件和价格应当相同。

(2)股票发行价格可以按票面金额,也可以超过票面金额,但不得低于票面金额。

(3)股票应当载明公司名称、公司登记日期、股票种类、票面金额及代表的股份数、股票编号等主要事项。

(4)向发起人、国家授权投资的机构、法人发行的股票,应当为记名股票;向社会公众发行的股票,可以为记名股票,也可以为无记名股票。

(5)公司发行记名股票的,应当置备股东名册,记载股东的姓名或者名称、住所、各股东所持股份、各股东所持股票编号、各股东取得其股份的日期;发行无记名股票的,公司应当记载其股票数量、编号及发行日期。

(6)公司发行新股,必须具备下列条件:前一次发行的股份已募足,并间隔1年以上;公司在最近3年内连续盈利,并可向股东支付股利;公司在3年内财务会计文件无虚假记载;公司预期利润率可达同期银行存款利率。

(7)公司发行新股,应由股东大会作出有关下列事项的决议:新股种类及数额;新股发行价格;新股发行的起止日期;向原有股东发行新股的种类及数额。

4. 股票发行的程序

股份有限公司在设立时发行股票与增资发行新股的程序不同。

1) 设立时发行股票的程序

(1) 提出募集股份的申请。

(2) 公告招股说明书,制作认股证,签订承销协议和代收股款协议。

(3) 招认股份,缴纳股款。

(4) 召开创立大会,选举董事会、监事会。

(5) 办理设立登记,交割股票。

2) 增资发行新股的程序

(1) 股东大会作出发行新股的决议。

(2) 由董事会向国务院授权的部门或省级人民政府申请并经批准。

(3) 公告新股招股说明书和财务会计报表及附属明细表,与证券经营机构签订承销合同,定向募集时向新股认购人发出认购公告或通知。

(4) 招认股份,缴纳股款。

(5) 改组董事会、监事会,办理变更登记并向社会公告。

5. 普通股资本成本分析

1) 股利增长模型

资金成本的本质是投资者要求的投资收益率。因此计算普通股的资金成本的方法相当于计算普通股要求的收益率的方法。股利增长模型是计算普通股的资金成本的最主要方法之一。

股利增长模型的基本模型为:

$$K_S = \frac{D_1}{P_0(1-F_P)} + G \tag{5-7}$$

式中:K_S——普通股资金成本;

D_1——下一年每股股利;

P_0——每股股票的发行价格;

F_P——股票的筹资费用率;

G——股利增长率。

即:

$$普通股资金成本 = \frac{预计下年每股股利}{每股发行价格 \times (1-筹资费用率)} + 预计股利增长率 \tag{5-8}$$

2) 预计股利增长率(G)

计算预计股利增长率(G)常用的是公司财务可持续增长模型(SGR & ASGR 模型)。

企业财务可持续增长模型是由美国财务学家罗伯特·希金斯提出并被波士顿咨询集团公司普及使用。该模型基于以下假设:

公司以市场允许的速度来发展,即以市场允许的增长率增长的;公司不增发新股,也不回购股票,即发行在外的普通股股数保持不变;公司持续维持一个固定的目标资本结构和执行固定股利分配率政策;公司的资产收益水平保持不变,资产周转速度保持不变。

(1) 可持续增长率 SGR 模型(Sustainable Growth Rate)。

$$可持续增长率 = 本期每股股利的增加值 \div 上期每股股利$$
$$= 本期每股股利的增加值 \div 上期股东股利$$
$$= 公司收益留存率 \times 本期盈利 \div 上期股东股利 \quad (5\text{-}9)$$
$$= 公司收益留存率 \times 股东权益收益率$$

(2) 适度可持续增长率 ASRG 模型（Appropriate Sustainable Growth Rate）。公司的适度可持续增长率是指公司在不增加外部资金时,销售所能够增长的最大比率,也即资产利润率、资产周转率和资产负债率不变时的每股股利的增长率。公司的适度可持续增长率的财务表达式为：

$$\Delta S \frac{A}{S} = RR_1(S_0 + \Delta S) + [RR_1(S_0 + \Delta S)]R_2 \quad (5\text{-}10)$$

式中：A——资产总额；

S——销售额；

S_0——基期销售额；

ΔS——销售额的增加量；

R——留存收益比例；

R_1——销售净利润率；

R_2——负债或股东权益。

该财务表达式的思路为：资产的增加恒等于负债和所有者权益的增加。等号左边为资产的增加，等号右边第一项为股东权益的增加，第二项为负债的增加。

二、优先股筹资

优先股的优先在于优先股所具有的分红权和请求权位于普通股之前，但是在所有的债权之后。在公司盈利的情况下，优先股对盈利的分配享有优先权；在公司清算的情况下，优先股对剩余财产的分配享有优先权。优先股股东一般不享有股东的表决权，但是在一定时期内没有分配到约定股利的情况下，则可以享有股东的表决权。

1. 优先股的分类

对优先股的分类主要是从优先股的主要条款角度进行分类的，优先股的主要条款包括以下三类：

(1) 对资产和收益的优先权。优先股的许多条款用于减少购买人的风险，这些风险是由普通股股东承担的。优先股通常对收益和资产有优先权，关于这一点，一般有两个约定：一是没有优先股股东的同意，就不能再次销售对收益有优先或同等权利的证券；二是要求在所有的普通股分红前，优先股有一个最低水平的保留收益。

(2) 累积股利。累积股利要求在所有过去的优先股股息被完全支付前不得支付普通股股息。这一条款一般在优先股占公司资本结构中的比例比较大的时候出现。这是一种防御性条款，以防止出现普通股和优先股在一些年限都不分配红利后，普通股分配大量红利，而优先股只分配约定红利的情况出现。有这种约定的称累积型优先股，没有这种约定的称为非累积型优先股。

(3) 参与条款。参与条款是指在优先股享有约定红利后，如果公司盈利相当好，即在普通股也享有了与优先股相当的红利后还有盈余，优先股对这些盈余是否还和普通股一样享有分配权的条款。如果享有该分配权，则称为参与型优先股；如果不享有该分配权，则称为非参与型优先股。

2. 优先股的优缺点

1) 优先股的优点

(1) 发行优先股可以避免产生固定的利息支付,这一点与债券不同。

(2) 发行优先股可以使公司避免增加新的投票权而使公司的控制权被分享。

(3) 优先股筹资在不增加企业负债的情况下,能增加资产,降低资产负债率,增加公司的筹资能力。

(4) 优先股不需要到期偿还,比债权更灵活。

2) 优先股的缺点

(1) 优先股必须具有比债券更高的收益才能售出;

(2) 优先股股息在税后支付,没有财务上的税盾效应,因此优先股的筹资成本比债券更高。

3. 优先股筹资的成本分析

优先股筹资成本为(以累积、非参与型为例):

$$\text{优先股筹资成本} = \frac{\text{股息率}}{\text{发行价} \times (1-\text{筹资费用率})} \times 100\% \qquad (5-11)$$

由于优先股的风险大于公司发行债券风险,流动性小于债券,所以优先股的收益高于债券的收益,但是债券利息是税前支付,而优先股股息是税后支付的。可以看出,优先股筹资的资金成本仍然是比较高的。

三、保留留存收益筹资

留存收益也称保留盈余,是公司的内部融资方式,是指与股利政策相结合,将本应该分配给股东的盈余,保留在公司里,用于投资项目的筹资方式。公司支付给股东的盈余与留存在公司的盈余存在此消彼长的关系。当公司面临良好的投资机会时,可以减少支付给股东的股利,增加保留盈余。

当公司增加保留盈余时,股东就会希望以后的股利获得更高的增长率,因此,保留盈余的资金成本也可以用股利增长模型来计算,只是保留盈余不需要筹资费用。其计算公式为:

$$\text{保留盈余资金成本} = \frac{\text{预计为此支付的股利}}{\text{保留盈余}} + \text{预计股利增长率} \qquad (5-12)$$

从另外一个角度出发,保留盈余资金成本可以用以下公式计算:

$$\text{保留盈余资金成本} = \text{普通股资金成本} \times (1-\text{个人所得税税率}) \times \\ (1-\text{股票筹资费用率}) \times 100\% \qquad (5-13)$$

该公式说明,把留存收益与发行新股相比,股东节约了个人所得税,公司节约了股票发行费用,这些费用都留存在公司了,因此其资金成本可以低一些。

利用资本资产定价模型,留存收益的成本计算公式为:

$$K_S = R_F + (R_M - R_F)\beta \qquad (5-14)$$

式中:K_S——留存收益的成本;

R_F——无风险报酬率;

R_M——平均风险必要报酬率;

β——该公司的风险系数。

 思考练习题

1. 本书中关于资本结构的定义是什么?
2. 什么是汽车金融公司的资本结构?主要影响因素有哪些?
3. 借款筹资的还款方式有哪些?
4. 试分析汽车金融公司借款筹资的特点。
5. 除需要有关监管部门批准外,汽车金融公司发行债券的资格与条件有哪些?债券的发行程序是什么?
6. 简述税负利益——成本权衡理论。
7. 可转换债券与普通债券相比有哪些特殊性?
8. 影响可转换债券期权价值的因素有哪些?
9. 试分析普通股筹资的优缺点。

第六章 汽车消费信贷法律实务

第一节 汽车消费信贷的法律规制

一、汽车消费信贷法律性质的认定

汽车消费信贷是由"汽车"和"消费信贷"两词结合而成,不难看出汽车消费信贷实质上也是让与担保的一种表现形式,但汽车消费信贷又有其自身的特性,从而区别于其他让与担保。第一,汽车消费信贷合同的设立需要登记。汽车作为一种特殊的动产用于担保标的物时,一般都需要经过特殊程序。我国《担保法》第四十一条规定:"当事人以本法第四十二条规定的财产抵押的,应当办理抵押物登记,抵押合同自登记之日起生效",第四十二条第四款规定:"以航空器、船舶、车辆抵押的,办理抵押物登记的部门为运输工具的登记部门";《物权法》第一百八十八条规定:"以本法第一百八十条第一款第四项、第六项规定的财产或者第五项规定的正在建造的船舶、航空器抵押的,抵押权自抵押合同生效时设立;未经登记,不得对抗善意第三人。"可见,当汽车作为抵押标的物时须经登记方产生效力。汽车消费信贷合同作为一种让与担保合同在当前也应履行该程序,才能最终有效。第二,汽车消费信贷人所承担义务较其他让与担保人更重。汽车作为一种消费品,已从一种耐用消费品演进成为一种快速消费品,即消费周期较短,价值下降很快,与其他财产,如房屋相比,汽车的价值流变性更大。在消费信贷人履行合同过程中,标的物担保能力的下降值比债务的减少值要大。例如,一份10万元的汽车消费信贷合同,消费信贷期为5年,在经过一年后,消费信贷人尚有8万元债务,但该汽车因降价及其本身损耗,其市值仅剩6万元,汽车的担保能力下降了4万元,而债务仅减少了2万元,显然不利于保护消费信贷权人的利益。这样,汽车消费信贷人就应承担更重的义务,如更多的限制消费信贷人的使用方式,应当尽善良管理人的义务等。因此,汽车消费信贷虽属于让与担保,但其特殊性决定了在具体消费信贷合同中应作出特殊的规定。

二、我国汽车消费信贷的法律依据

关于汽车消费贷款的法律规定,各国情况是不同的。在国外,分期付款销售都有一些相关法律来调控。日本有专门的《分期付款销售法》。新西兰1971年颁布的《分期付款销售法》以及1981年颁布的《信用合同法》都对分期付款销售有专门的规定。美国虽然没有专门的分期付款销售法,但是关于分期付款销售的规定可以从《统一消费信贷法典》、《消费信贷保护法》等相关法律中找到。英国1974年颁布了《消费信贷法》。法国1978年颁布了

《消费信贷法案》。

我国目前虽然没有明确的法律来规定汽车分期付款销售问题，但是，从几部基本法律和一些政策法规中，仍然可以找到相关的法律依据。根据《民法通则》规定，民事行为只要符合法定条件的，均属于民事法律行为。也就是说，一个分期付款购车行为只要符合下列条件，就是合法有效的：①双方当事人有相应的行为能力。②双方的意思表示必须真实。③不得违背社会公共利益。

如此可见，尽管《民法通则》对分期付款购车这一交易行为未作明确的规定，但根据该法对民事法律行为的一般规定，分期付款购车只要符合民事法律行为条件的，仍是合法有效的。对因分期付款购车引起的纠纷，亦可按《民法通则》的有关规定处理。

在《合同法》中规定："分期付款的买受人未支付到期价款的金额达到全部价款的五分之一的，出卖人可以要求买受人支付全部价款或者解除合同。"由此可见《合同法》是肯定分期付款销售这种形式的。

我国颁布的《汽车产业发展政策》第六十五条规定："积极发展汽车服务贸易，推动汽车消费。国家支持发展汽车信用消费。从事汽车消费信贷业务的金融机构要改进服务，完善汽车信贷抵押办法。在确保信贷安全的前提下，允许消费者以所购汽车作为抵押获取汽车消费贷款。经核准，符合条件的企业可设立专门服务于汽车销售的非银行金融机构，外资可开展汽车消费信贷、租赁等业务。"

我国2008年1月30日起施行的新的《汽车贷款管理办法》对汽车信贷的有关操作原则、方法进行了详细的规定，是汽车消费信贷操作层面的规范性文件。

三、我国汽车消费信贷的其他法律规制

在我国，汽车金融公司除了受到《汽车金融公司管理办法》这部特殊的法规规制外，还受到整个消费信贷的法律法规规制。近年来，我国也出台了许多相关的法律法规，这些法律法规涉及物权、债权、保险合同、行政许可等方面，种类繁多，这些民商事法律为汽车金融公司开展汽车消费信贷业务提供了基本的法律框架。根据我国目前的法律，保证汽车消费信贷和规范买卖双方交易行为的法律法规具体如下：

1. 法律层面的规则

汽车金融公司作为我国民商事法律关系中一种民事主体，既有其一般性，也有其特殊性。作为一个从事汽车消费信贷业务的非金融机构独立法人，汽车金融公司在我国民商事法律活动中，受到我国《民法通则》、《物权法》、《合同法》、《担保法》和《公司法》等民商事基本法律的规制。在民商事活动中，汽车金融公司作为平等主体与客户进行协商，与消费者就汽车消费贷款等服务事项签订相应合同，汽车所有权的转移，汽车贷款保证保险等方面，都受上述法律法规规制。其中，《民法通则》主要论述了消费信贷购车的合法性，是保证汽车消费信贷的基本大法；《物权法》解决了消费信贷购车中汽车所有权转移问题；《担保法》提供了以汽车进行抵押的基本法律依据，是汽车消费信贷债权人顺利实现债权的重要保障等。

2. 部门规章层面的规制

在汽车消费信贷中，中国人民银行在1996年颁布的《贷款通则》以及中国人民银行与中国银监会在2004年8月联合颁布的《汽车贷款管理办法》是汽车消费信贷法律法规的主干。同时，针对汽车消费信贷中存在的具体问题，中国人民银行、中国银监会以及商务部等部门颁布了一些具体的部门规章，包括有《关于汽车消费贷款计结息问题的批复》(中国人

民银行 1999 年 5 月 21 日颁布),《关于保证保险合同纠纷案的复函》(中国保监会 1999 年 8 月 30 日),《关于规范汽车消费信贷保证保险有关问题的通知》(中国保监会 2004 年 1 月 15 日),《关于汽车贷款风险提示的通知》(中国银监会 2008 年 1 月 3 日)等。

3. 地方政府及其所属部门规章层面的规制

全国各省市地方人民政府根据各地汽车金融公司、汽车消费信贷发展情况的不同,也颁发了相应的规章。这些地方政府及其部门所属规章,主要是针对汽车消费信贷中的突出问题而做出的一些加强管理的规制。

从上述各种规范性文件可知,我国目前形成的汽车消费信贷法律法规体系以《民法通则》、《合同法》、《担保法》、《物权法》等高层次法律为基础,以《贷款通则》和《汽车贷款管理办法》等为主干。在此基础之上,中国人民银行、银监会、保监会、商务部和最高人民法院等机关通过制定一系列的部门规章、内部规范性文件和司法解释,对汽车消费信贷下各个具体问题做出了规定。各地政府及有关部门也基于地方的实际情况,发布了一些规章和规范性文件。汽车金融公司在以上法律法规的范围内,开展汽车金融服务。

第二节 汽车所有权的转移

依照我国《民法通则》和《合同法》的规定:标的物的所有权自交付登记时转移,法律另有规定或当事人另有约定的除外。汽车分期付款销售中标的物的所有权转移应该符合《民法通则》和《合同法》的规定。但是,由于汽车是一种特殊的动产,在汽车分期付款销售中的所有权转移还存在很多《民法通则》和《合同法》的规定不能解决的问题。

汽车分期付款销售中汽车所有权的转移由汽车分期付款销售的类型决定。总的来说,汽车分期付款销售有两种方式:一是汽车抵押式分期付款销售。这种方式的特点是:在分期付款购车行为生效后,汽车的所有权即归买受人(即买车人)所有,但该汽车必须作为出卖人(即卖车人)残余债权的抵押,出卖人享有第一顺序的抵押权。二是所有权保留式分期付款销售。这种方式的特点是:在买受人未交清全部价款之前,汽车所有权由出卖人享有。在买受人支付最后一期价款时,汽车所有权即归买受人所有。它又被称为附条件的买卖,这种方式在英美及德国十分盛行。

在汽车抵押式分期付款购车中,汽车所有权自汽车交付时转移于买受人所有。这与一般商品交易惯例及法律规定一致。

在所有权保留式分期付款购车中,依双方当事人的特约,所有权自买受人支付全部价金后开始发生转移。对于这种所有权保留的担保方式,我国法律没有明确规定。理论上认为,这符合法律对所有权移转时间可以特约的规定。

一、汽车抵押式分期付款销售的所有权问题

在汽车抵押式分期付款销售中,分期付款销售行为成立后,汽车的所有权转移于买受方,但是该汽车作为出卖人剩余债权的抵押。有一般抵押和特殊抵押之分。一般抵押与其他买卖中的抵押并无区别。特殊抵押是以分期付款买卖的汽车作为抵押物所设定的抵押,买车人不能按期还款时,卖车人将汽车收回,然后拍卖、变卖或者直接折价,抵押所欠车款,最后多退少补。买卖双方首先订立书面合同,约定以分期付款的汽车作为抵押物,然后去汽车管理部门办理汽车抵押登记,抵押合同登记后生效。登记是必要程序,这采取的是登记生

效主义,这一点对卖车人来说尤其重要。

抵押合同登记生效后,卖车人据此将汽车交给买车人,买车人对汽车拥有了法律上的所有权,可以驾驶、出租、转让。依据《担保法》,转让时应当通知卖车人,没有通知的,转让无效。通知仅是告诉,至于卖车人是否同意,对转让不产生影响。但买车人转让价款过低,则须向卖车人提供相应的其他担保,否则不得转让。而目前买车人卖得的车款必须先用来偿还剩余贷款和利息等,否则卖车人有权以诉讼方式请求法院强制执行。另外,如汽车受到了损害,买车人因此所得到的保险或其他赔偿金,也应首先偿还欠款。抵押汽车担保的欠款款项,以抵押合同为准;合同没有订明的,依据担保法,款项包括本金、利息、违约金、损害赔偿金和卖车人实现抵押权的费用。在汽车抵押式分期付款中,无论是一般抵押还是特殊抵押,汽车的所有权在汽车交付时转移,这是毫无疑问的。

但是,在现实生活中,经常存在这样的问题,即在汽车抵押式分期付款销售中,出卖人在与买受人签订了买卖合同后,又将该车卖于第三人,这时汽车的所有权需区分两种情况:第一种,若出卖人与买受人尚未到车管部门办理所有权转移登记,而且与第三人亦未办理登记的,一般认为,这时就同一汽车上存在着两个债权,实现买受人与第三人的债权由出卖人自己决定。即汽车所有权属于先实际占有汽车的人。对未能取得汽车所有权的一方,出卖人应承担违约责任。第二种,若出卖人与买受人未办理汽车所有权移转登记,而与第三人办理了所有权移转登记的。在先买受人不能取得汽车所有权,他可基于合同追究出卖人的违约责任。

于是,这里就存在一个问题,如果抵押人在处分汽车时,第三人在善意的情况下取得该车,那么该第三人对汽车是否享有所有权,抵押权人能否取回该车? 实际上,根据《担保法》的规定:"以航空器、船舶、车辆抵押的,需在运输工具的登记部门进行抵押登记。"在善意取得制度中,善意取得的成立要件之一是转让的财产依法律规定应当登记的已经登记,不需登记的已经交付。这样,基本上就不可能存在上面的善意第三人问题。

二、所有权保留的汽车分期付款销售

在分期付款销售中,销售商为了保证其债权的实现,往往订立对于销售标的物的所有权保留的特别约定。对于所有权保留的担保方式,我国法律没有规定。通常认为,只要不违反法律和社会公共利益,不违反公平、合理、诚实、信用的原则,法律就确认其效力。

一般的分期付款销售合同,是出卖人先将标的物交付与买受人,然后买受人以分期给付的方法支付销售价金,出卖人为确保所享有的价金债权,目前大多采取所有权保留的方法。消费信用交易中的所有权保留的性质,一种观点是为了担保分期付款债权,但这一观点并未得到广泛认可。因为所有权保留在出卖人处,所以买受人在未付清全部价金前不得将标的物处分给第三人,如有违反,买受人或丧失期限利益,或被解除合同,出卖人可以收回标的物。而买受人在未付清全部价金前,具有所有权的期待人地位。出卖人的再处分行为不得影响买受人的期待权,买受人可给付残余价金而取得标的物的完全所有权,而成为实质上的所有权人。

所有权保留销售,从另一角度观察,虽具有租赁的形式,但实质上与租赁不同,因其各期给付的价金乃是销售总价金的分期付款,而不是使用他人物品的租金,出卖人不负积极的使买受人对标的物使用、收益的义务,也没有在使用一定期间后由使用者(买受人)返还标的物的预定。出卖人虽然保留标的物的所有权,但此不过为确保价金债权而已,实际上买受人已占有、使用、收益标的物,所以标的物的风险在标的物交付的同时应由买受人负担。总之,所有权保留的分期付款销售,纯属销售范畴,并非在销售之外并存着租赁关系,价金完全清偿前,买受人对标的物的使用收益,不得类推适用租赁或使用借贷的规定。

在所有权保留的汽车分期付款销售中,形式上,买车人获得了汽车的使用权,但卖车人还是法律上的所有人;实质上,买车人收到汽车后,完全控制了买来的汽车,是实际上的所有人。因此,可以认为买车人是准所有人,他拥有的是动态所有权。对于交付的汽车,卖车人承担瑕疵担保的责任,一是对汽车本身品质的担保,二是对汽车法律权利的担保。按照我国《民法》和《产品质量法》规定,卖车人必须保证:汽车在正常使用的情况下,不会出现意外的损坏;汽车的性能不会异常地降低;汽车是以合法方式取得的。否则他人向买车人追要、影响使用和登记时,卖车人应当及时排除和赔偿。只有付清最后车款,买车人才享有这种被保证的权利。

三、破产与汽车强制执行

分期付款购车合同非即时履行合同,而是连续履行合同。在履行合同的过程中,可能出现买受人或出卖人破产或其财产被强制执行的情况。此时,涉及汽车是否作为破产人或被强制执行人的责任财产问题,也关系到双方及第三人的利益,应注意区别抵押式及所有权保留式两种情况:

1. 汽车抵押式分期付款购车情形

以汽车抵押式分期付款购车的,汽车所有权属买受人。故在买受人破产或财产被强制执行时,汽车应属于买受人的责任财产,列入破产财产或被强制执行财产。出卖人不得行使汽车取回权或提起执行异议之诉。在出卖人破产或被强制执行时,因出卖人对汽车无所有权,故汽车不应列入其责任财产。但对买受人尚未给付的残余债权,可除去利息,将剩余部分列入破产财产。

2. 汽车所有权保留情形

以汽车所有权保留方式分期付款购车的,买受人对汽车无所有权。在买受人破产或财产被强制执行时,汽车不属于买受人的责任财产,出卖人可以行使汽车取回权。在被强制执行时,有权提起异议之诉。在出卖人破产或财产被强制执行时,汽车应列入出卖人的责任财产,列入破产财产或依法被强制执行。买受人不得行使汽车取回权或提起执行异议之诉。在出卖人破产或财产依法被强制执行时,买受人已交付的价金只能列为一般债权清偿。在这种情况下,出卖人因不能转移汽车所有权而构成违约。买受人得追究其违约责任。违约金及赔偿金亦只能列入一般债权请求清偿,这对买受人非常不利。

四、汽车所有权转移和汽车产权登记制度

目前,我国并没有明确的法律规定"汽车的所有权要发生转移,必须到车辆管理所办理变更登记手续,即将汽车原所有权人变更登记为买受人,汽车的所有权发生转移"。在公安部颁布的《中华人民共和国机动车登记办法》中规定:"已注册登记机动车的所有权发生转移,且原机动车所有人和现机动车所有人的住所在同一车辆管理所管辖区的,现机动车所有人应当于机动车所有权转移之日起三十日内,填写《机动车登记申请表》,向机动车管辖地车辆管理所申请过户登记,并交验车辆"。《机动车登记办法》还规定:"未领取机动车号牌和《机动车行驶证》的,不准上道路行驶。"可见,机动车登记部门颁发的是"机动车行驶证",

而不是"所有权证",其目的是为了规范机动车的行驶秩序而不是所有权的变动秩序。所以,汽车登记的法律性质不是所有权登记,而是一种交通管理登记。

最高人民法院(2001)民答字第32号《关于连环购车未办理过户手续原车主是否对机动车发生交通事故致人损害承担责任的请示》的批复和最高人民法院(2000)执答字第25号《关于执行案件车辆登记单位与实际出资购买人不一致应如何处理》的答复,都明确了应当以交付(除合同另有约定)和实际出资人,而不是以登记车主确定机动车所有人的法律意见。

车辆买卖中过户登记的性质。涉及车辆变动登记的规定是在《机动车登记规定》中规定的,该规定属于行政规章的性质。过户登记行为属于行政法规定的范畴,而车辆买卖属于民事法律行为。但是,车辆买卖是当事人之间的民事法律行为,未经过户登记而买卖是一种违反行政法规的行为,这与民事赔偿责任性质不同,不能因违反行政法律而要求当事人承担民事责任。按照我国《担保法》和《海商法》的规定,除不动产外,登记也是民用航空器、船舶、机动车辆为客体的动产物权公示方法。但对于这些动产物权登记的效力,立法上一般采用"登记对抗主义"。即登记并非这些动产物权变动的生效要件,其意义在于"对抗要件",即在多重买卖的情况下,未经过登记的买卖行为,不能对抗因登记而取得车辆所有权的第三人。在新颁布的《物权法》第二十四条规定,"船舶、航空器和机动车等物权的设立、变更、转让和消灭,未经登记不得对抗善意第三人"。这一规定更加明确了上述动产物权登记的效力为"登记对抗"。

第三节 汽车消费信贷的其他法律问题

一、汽车抵押登记制度

所谓汽车抵押担保是指抵押人(即买受人)以所购汽车为出卖人设定第一顺序的抵押权,在抵押人没按期履行合同义务时,出卖人可将汽车拍卖、折价或变卖,从中获得价款优先受偿。

抵押担保合同是登记性合同。按照《担保法》规定,抵押物应办理抵押登记的,抵押担保合同自登记之日起生效。

依《担保法》规定,以汽车为抵押物的,买受人与出卖人必须订立书面抵押合同。双方订立书面抵押合同时,抵押合同即成立。但是,汽车抵押合同的生效则涉及一系列的问题,最主要的是登记问题。依《担保法》规定,以汽车作抵押的,抵押合同必经车管部门登记才生效(注意,这里有别于一些抵押的登记对抗要件,汽车抵押登记是生效要件)。汽车抵押合同如不登记,则无法律效力,抵押合同即相当于一张废纸。2001年10月,公安部下发文件要求各地区车辆管理所开设有偿"车辆抵押登记"服务,使消费者以贷款所购车辆本身作为信用担保在大部分地区成为可能。

二、汽车后续抵押问题

抵押人对汽车的处分有两种情况:一是抵押人将汽车让与第三人。二是抵押人将汽车再作抵押。此外,抵押人还可能将汽车租赁或借与第三人使用。对抵押人处分汽车的,依《担保法》的规定,抵押人在转让汽车时,应通知抵押权人并告知受让人汽车已经抵押的情况;抵押人未通知抵押权人或者未告知受让人的,该转让行为无效。若转让汽车的价款明显低于汽车价值的,抵押权人可以要求抵押人提供相应的担保。抵押人如不提供的,不得转让抵押物。抵押人转让汽车所得的价款,应当向抵押权人提前清偿或向与抵押权人约定的第三人提存。超过债权数额的部分,归抵押人所有。不足部分由抵押人清偿。

抵押人在汽车另设定抵押的,依《担保法》规定,后设抵押与前设抵押所担保的债权如大于汽车价值的,后设抵押担保的债权超出汽车价值的部分不具有优先受偿的效力。这一规定不利于债务人融资,已受到法学界的广泛批评,在分期付款购车中尤其如此。因为汽车价金会随买受人的支付越来越少,而抵押人仍得就整个残余价金担保。另一方面,抵押人的其他债权人的抵押权不得优于第一顺序的抵押权,第一顺序的抵押权人(出卖人)完全可实现其债权,且其他债权人在明知汽车已有第一顺序抵押权时,仍愿意向债务人提供资金的,表明他愿意承担一定的风险。依民法意思自治基本原则,后续抵押应该有效。

三、消费者的抗辩权

在双方合同中,各合同当事者负担着相等的权力,具有对等的相互依存关系。具体来讲,呈现出以下三种债务的牵连关系:一是成立上的牵连关系;二是履行上的牵连关系;三是存续上的牵连关系。由于存在着债务的对等的牵连、依存的关系,所以要坚持合同的相对性原则。根据这个原则,消费者以对于一方当事者行使的请求权,可以向另一方当事者拥有给付拒绝权,这个权利称为抗辩权。这一抗辩权分为:①权利不发生的抗辩;②权利消失的抗辩;③拒绝履行抗辩权。

在汽车融资分期付款销售中,当买受人发现汽车有瑕疵对出卖方提出异议时,买受人是否可以对银行拒绝支付价金?即消费者是否有抗辩权,也就是说对标的物瑕疵的损害赔偿权是否与贷款债权可以相抵。还有在标的物交付前,除卖方由于破产或其他原因,造成不能向买受人交付标的物的情况下,买受人是否可以拒绝返还银行的借款问题。银行与消费者订立的合同中,往往有这样的条款:"关于商品的瑕疵故障,由购入者与特约店之间来处理,购入者不能以此理由拒绝向该银行支付价金。"也就是说,消费者对于自己购买的商品或服务不满意,对特约商存在异议的情况下,不能以此为由拒绝支付给银行款项。这种条款无疑使消费者利益受到侵害。所以,在汽车融资分期付款销售中,消费者是否可以对特约商提出异议,而拒绝向银行付款,也就是消费者是否享有抗辩权,是消费信用法中引人注目的问题。

对于在汽车融资分期付款销售中消费者的抗辩权问题,应从融资分期付款销售中三者间合同的特质来进行研究。融资分期付款销售,是一种特殊的交易形态,信用供给形式逐渐由出卖方(当事者)进行信用供给移向由第三者(银行)进行信用供给,因此,现代的消费信用,逐渐发展为以消费财产价金的分期支付为目的,以第三者进行的信用供给为中心的交易形态。换言之,在交易中,除了传统的二方当事者间的信用销售合同,又形成了新的三方当事者间的融资分期销售合同(三方合同)关系。在这三方合同关系中,有三个单独的合同缔结,各自是独立的,但三个合同又存在着内在联系。第一个特约(分期付款销售特约)合同与第一个授信合同在相互内容中存在着依存的关系,即在合同的目的、成立、履行及消灭的各过程中密切地联系着,存在着有机的结合关系。三方当事者在合同中,基于合同的对等性原则,要维持法律主体的独立性,但应看到实质上,出卖方与授信者存在着一体关系。

在融资分期付款销售交易中,销售商与银行间的保证合同或特约合同,以消费者与银行间的付款合同的成立为条件,在付款合同不成立时,特约合同也不成立。同时,两合同不仅在成立、不成立中有着密切的联系，而且在授信目的上也存在着依存关系。理由如下：

第一，在融资分期付款销售中，银行与特约商有着连带责任，因为两者有着共同的利益，在二者间存在着担保关系。银行对于因特约商进行了虚伪不实的广告宣传，使消费者购买商品后退货或发现商品有瑕疵后，经与特约商交涉而未得到处理而拒绝向银行付款时，银行应对特约商造成的问题负有连带责任，这是因为，在信用交易中，两者是为了共同的经济目的结合在一起的。

第二，在履行的牵连关系上，在汽车的融资销售贷款中，所谓的商品保证，一般是根据特约销售商对该商品的质量保证来决定。因此，如存在商品瑕疵的话，必须在特约销售商保证的范围内进行解决。如此理由消费者似乎只能与特约销售商进行交涉解决，而不能拒绝向银行付款。确实，在这些行业中，品质保证的制度一般是完备的，所以，对于这种冲突，在消费者与制造商间处理也是合理的。也就是说，出卖方（特约销售商）在出售的商品有瑕疵或有故障，消费者与出卖方两者之间发生冲突时，出卖方应负起全部责任来解决。一些特约销售商以此来表示完全不会给银行带来麻烦以取得银行的信任，而成为银行的特约销售商，获得银行的融资。而对于银行来说，一方面不允许消费者出于对特约销售商的异议，而不向银行交纳价金的行为；另一方面，在问题发生后，也向特约销售商施加压力，如以"商品的重大瑕疵"为由而免除向特约销售商付款。当然，根据银行与特约销售商所签订的合同，银行是不能简单地不履行向特约销售商支付价金的义务的，也就是说，作为原则，不能以客户延迟或不能偿还为由而拒绝向特约销售商支付价金。

消费信用交易中抗辩权的法律性制裁建立在特约合同与授信合同的成立、履行、存续的密切相关的关系上，很清楚，要解决的主要问题是出卖方与授信者是否存在连带责任。消费者基于与银行的授信而向银行偿还借款，即支付价金，在表面上看，银行是对消费者进行信用供给（消费信用），而在实质上，却是授信者向出卖方提供的信用而已。因此，授信者与出卖方有着密切的关系，可以说，两者在经济意义上是不可分的一体关系。授信者与出卖方之间缔结的基本合同，授信者与买受人订立的信贷合同，出卖方与买受人订立的买卖合同，以授信者为中心形成了相互紧密的一体关系，存在着相互有机的联系，所以，消费者对出卖方存有异议时，对银行也可以提出抗辩，即可拒绝对银行支付价金。

四、抵押权、留置权和质权

由于《担保法》本身并未规定抵押权、质权、留置权的优先问题，尤其是留置权与抵押权、所有权发生冲突时，何者优先的问题。如以汽车抵押方式分期付款购车的买受人，将汽车交由第三人修缮而债务人不给付维修费时，第三人对汽车享有留置权。以所有权保留分期付款购车的也有这种情形。此时便发生了留置权与抵押权、所有权冲突问题，依民法原理，留置权是基于法律规定产生的，是一种法定的担保物权，法律更倾向于保障留置权。但《担保法》对这一问题尚无明确规定。

最高人民法院于2000年12月8日公布了关于适用《中华人民共和国担保法》（以下简称《担保法》）为若干问题的解释。解释对《担保法》在实施过程中的许多有争议的问题做出了相应的解释。

1. 动产质权与动产抵押权共存的情况

该解释第一百七十九条第一款规定"同一财产法定登记的抵押权与质权并存时，抵押权人优于质权人受偿。"该规定中没有区分法定登记的抵押权与质权设定的时间顺序对各权利的影响。

2. 动产抵押权与留置权共存的情况

该解释第七十九条第一款规定:"同一财产抵押权与留置权并存时,留置权人优先于抵押权人受偿。"在动产抵押中,由于抵押物实际上仍被抵押人占有,该抵押物的状况容易随抵押人的意志改变而改变,该规定也未区分各权利形成的时间将其一概而论似有不妥。当然这样规定有可操作性强的有利一面。

根据该解释可以认为,在同一财产上同时存在抵押权和质权或者抵押权和留置权时,法定登记的抵押权优于质权,留置权优于抵押权。

如在一起汽车拍卖案例中:2001年5月,黄某因购车需要,向A银行申请汽车消费按揭贷款,并以所购汽车作为抵押物办理了有关抵押登记手续。事后,黄某将车借与王某使用。2001年10月,王某在使用过程中,因不慎发生损坏,将该车交某汽车修理公司进行修理。由于修理费用较高,王某一时无力支付,于是汽车修理公司留置该汽车,并告知王某在合理的期间内履行债务(支付修理费),王逾期仍不履行,于是汽车修理公司行使留置权,通过法律程序将该汽车拍卖。在此过程中,A银行以该汽车已设定抵押为由,要求优先受偿汽车的拍卖价款。

法院审理认为,根据《担保法》规定:债务人或第三人可以将财产作为债务的抵押担保,在债务人不履行债务时,债权人有权以该财产折价或者以拍卖、变卖该财产的价款优先受偿。该抵押权利作为担保物权的一种形式,优先于一般债务。《担保法》还规定:留置债权是债权人因合同关系占有债务人的动产,债务人不按照合同约定的期限履行债务的,债权人有依法留置该财产,以该财产的折价、拍卖、变卖款项优先受偿的权利。本案中,汽车抵押作为一种担保物权,它的成立基于当事人的约定,也就是当事人双方之间必须要有有效的抵押合同关系,债权人才能行使该权利。根据《担保法》规定,只要有因保管合同关系、运输合同关系、加工承揽合同关系以及法律允许的其他合同关系产生的债权,而债务人不履行债务,债权人就有留置权(排除特殊约定除外),该权利不需当事人约定就能享有。根据物权法的原则,法定担保物权应优先于约定担保物权,即汽车的留置权优先于抵押权。最高人民法院《关于适用〈中华人民共和国担保法〉若干问题的解释》第79条第2款规定:同一财产抵押权与留置权并存时,留置权人优先于抵押权人受偿。由此,本案中汽车修理公司应优先于A银行受偿该汽车拍卖款。

五、所有权保留下的汽车取回

在汽车抵押式分期付款购车中,汽车所有权自交付登记之日起转移,但是,在实际操作中,一旦出现买受人拖欠还款的现象,由于汽车是易耗品,如何对该辆汽车执行,仍然是个问题。如果交由法院执行,势必在时间上对贷款方非常不利。在美国,一般在贷款买车时汽车财务公司有所有汽车的复制钥匙,一旦出现拖欠情况,财务公司可以自己将车开回。但是,在中国这样的做法是否行之有据,还值得探讨。

在一起分期付款购车的纠纷中,A公司,某汽车运输有限公司(买方);B公司,某汽车服务有限公司(卖方);1999年3月上述两方正式订立了以分期方式付款的汽车购销合同。A公司为买受人,B公司为出卖人。双方约定:

(1)本合同为分期付款合同,且做了公证。

(2)A公司采用首付30%,余额在20个月内逐月付清。

(3) B 公司在 A 公司不能按时付款的情况下对车辆拥有所有权。

(4) 违约责任承担是当 A 公司逾期付款或付款不足时,应每日按逾期付款向 B 公司支付违约金。

(5) 合同生效后,未经过甲、乙、丙三方及保险公司书面同意,任何一方必须按本合同各项条款之规定认真执行,否则按违约处理。

纠纷起因是 1999 年 4~5 月,北京发生不法分子闹事,有关部门对进京车辆做了限制,A 公司的运营线路也在禁运之列,A 公司的经营因此而彻底受阻。

A 公司在运营停止后,造成巨大经济损失导致实际上 7 个月无力偿还车款,据此 A 公司及时与 B 公司协商挽救对策,但双方未能达成一致意见,合同变更未果,A 公司违约已成事实。

在 A 公司无力按月交付车款的情况下,B 公司单方强行扣回了其中 4 辆汽车的占有权。A 公司为了保全另一辆汽车,只得向法院提起了诉讼,并作了诉前保全。A 公司由此全面陷入了停运,合同纠纷正式形成。

一审法院受理此案后,做出了如下判决:

(1) 双方签订分期付款购销合同有效。但因买受人 A 公司所欠 B 公司的分期付款额达到总额的 1/5,所以判令解除合同。

(2) 5 辆车的所有权归 B 公司所有。

(3) A 公司支付 B 公司车辆使用费以每日每辆车 800 元的租赁(台班)费。运营了 7 个月共付包车费(台班费)114 万元。

(4) B 公司返还 A 公司投入的购车款等 128 万元,外加利息 17 万元。

(5) A 公司付给 B 公司违约金(按日计 5‰)52.5 万元。

法院关于所有权的归属之程序是如此解释的:在买受方违反约定未能按月付清车款的条件下,卖方是对车辆保留了所有权,但保留不等于占有。因为买受方在合同未解除之前对标的物的占有是天经地义的,是合法的。卖方强行把车扣走,这种作法是典型的违法行为,理应承担违约责任,向买受方赔偿经济损失。

由此可见,目前,在中国,即使保有车辆的所有权,一旦分期付款买卖出现问题,卖方也无权自己将车收回。而只能通过诉讼程序由法院来执行。这样,对于汽车这种易耗品来说,时间的拖延势必造成其价值的下降,卖方的权益很难及时实现。

六、汽车抵押担保物权的实现

在汽车抵押担保分期付款买卖中,一旦买受人拖欠车款,债权人即出卖方能否不经诉讼程序而直接申请法院强制执行这一问题,尚存在争论。2000 年 12 月,最高人民法院《关于适用中华人民共和国担保法若干问题的解释》第一百三十条规定,在主合同纠纷案件中,对担保合同未经审判,人民法院不应依据对主合同当事人所作出的判决或裁定,直接执行担保人的财产。依该条的精神,主合同与担保合同系两个不同的合同纠纷,是具有不同诉讼标的的两个诉讼,两者泾渭分明,不能相互替代。按此,债权人要申请执行担保人的财产,必须先就担保合同提起诉讼,并取得对担保人的胜诉判决,以此为根据申请强制执行。

汽车是一种易耗品,当出现买受人拖欠还款的情况下,出卖方如果要通过诉讼程序来实现其担保物权,则出卖方的权益很难得到保护。抵押权、质押权、留置权等担保物权的实现,债权人原则上可以直接申请法院强制执行所担保之物。理由如下:

(1)从担保物权的性质看,担保物权是一种物权,权利人可直接对物的价值加以支配并排除其他一切人的干涉,而不需借助义务人的给付行为,即使不占有担保标的物的抵押权,抵押权人也是以控制抵押物的价值并得以从中受偿为目的的。债权人请求法院以拍卖担保物实现权利,正是将物权转化为法院对标的物实施的强制执行行为,仍然属于债权人对担保物价值直接取偿的一种表现,而无须依靠义务人来实施某种行为。事实上我国担保法承认担保物权的物权性。以抵押权为例,担保法规定:"债务履行期间届满抵押权人未受清偿的,可以与抵押人协议,以抵押物折价或者以拍卖、变卖该抵押物所得的价款;受偿协议不成的,抵押权人可以向人民法院提起诉讼。"

依此规定,债权人实现抵押权有三种途径:一是协商以抵押物折价,二是提起诉讼,三是拍卖、变卖该抵押物。在抵押权人与抵押人协商以抵押物折价不成时,抵押权人可以行使抵押权单方决定,将抵押物拍卖或变卖(当然拍卖或变卖须依法定程序进行)。当抵押物不在抵押权人控制之中时,抵押权人可以申请法院强制执行。只有在抵押合同本身成为双方争执的对象时,才能向人民法院起诉自己的观点主张。担保法只规定了实现抵押权的两种方式,即协商和诉讼。无论以抵押物折价,还是以拍卖、变卖该抵押物,所得的价款受偿,当事人都必须先进行协商,协议不成的,抵押权人可以向人民法院提起诉讼。这种解释,把协商视为实现抵押权的必经程序,应当说与抵押权的本质特性背道而驰。抵押权人有权直接处分抵押物,此乃担保效力的表现,亦系抵押权的应有之义。只要不属于以抵押物折价的情形,抵押权人完全没有必要与抵押人进行协商;只要不对抵押合同本身发生争执,也无必要启动民事诉讼程序。通过协商或诉讼程序始得处分抵押物,不仅增加了不必要的环节,延迟抵押物补偿其所担保的债权的过程和时间,而且在很大程度上剥夺了抵押权人直接处分抵押物的合法权益。抵押权作为一种担保物权,权利人有权以其乐意的任何合法方式进行支配,如自行处分、双方协商或申请执行等。司法者应当为抵押权人行使权利提供充分的可选择的机会,而不是限制权利人必须采用某种方式实现抵押权。

(2)《企业破产法(试行)》第三十二条规定,在破产宣告前,对破产企业成立的有财产担保的债权,债权人享有别除权。别除权的行使不依破产程序,可以单独随时进行,不受破产宣告的限制,债权人就担保物可在破产程序外优先受偿。破产属于一般执行破产法上的别除权,在很大程度上可以还原为民法上的担保物权。既然别除权可以于破产程序外实现,那么担保物权当然也可以在诉讼程序外自力实现或请求法院强制执行。

建议通过法律明确规定,在抵押担保中,债权人有直接向法院请求执行的权利。这样才更有利于保护汽车出卖人的权益,使得一旦出险,出卖方即可以进入执行程序,尽快实现其担保物权。

七、个人征信制度

分期付款购车中存在着买方不支付汽车价金导致卖方债权落空的危险,因此对买方的信用进行调查是非常必要的(尤其是买方是自然人时)。

从国外情况看,个人信用管理最关键的问题是需要法律支持,在这方面,发达国家都建立了完备的法律支持体系。英国订立了个人信用业务的法律准则,《1974年个人信用法》规定了英国个人信用业务在牌照、广告和推销、订立合法协议方面的法律准则。所有从事个人信用业务的机构需获得"公平交易办公室"总裁颁发的从业执照,约束了提供信用贷款、商品、出租信贷及其辅助业务等极其广泛的贷款业务。美国相继公布了《公平信用报告法》、

《隐私法》、《信息自由法》、《信用修复机构法》等十多部相关法律来规范信用的收集和披露。

现代市场经济是建立在法制基础上的信用经济，高度发达的信用体系在防范金融风险、提高市场资源配置效率等方面发挥着积极作用。从一些发达市场经济国家的经验看，一般都建立起比较完善的社会信用制度，而发展中国家也开始着手建立本国的社会信用体系。

发达国家在社会信用体系建设的基本内涵方面没有根本的区别，但各国国情和立法传统等方面的差异决定了主要有两种模式：一种是以美国为代表的模式，另一种是以欧洲大陆国家为代表的模式。

在信用调查和使用中，很可能涉及消费者的个人隐私问题，隐私权是一项重要的人格权，各国法律均予以承认。依照我国《民法通则》，它不可被非法侵犯，但是在买方表示购车意愿时，即显示他承认出让自己的一部分隐私权——信用权。但这种出让是特定的、有限度的：其特定性表现在他只在具体的交易中出让；其限度应界定为只能为特定交易而使用，超过这个限度而随意公布，即属侵害隐私权。

应该指出的是，公民享有隐私权并不等于在任何场合、任何情况下都不得公开其姓名、使用其肖像和与他的个人有关的信息，一些有关不法行为和不当行为的信息，特别是有关失信行为的信息，在一定条件下是可以向社会披露的。随着现代社会经济和法律的发展，为了更好地实现公民的各种权利，又出现了知情权、选择权、公开化等新的要求。个人隐私权受到法律保护，但如果涉及社会政治及公共利益，则要分别情况区别对待。一个人的信息，特别是涉及个人隐私的信息，如果出于社会政治和公共利益的需要而被获取和传播，就不存在侵犯公民隐私权问题，从而不应视为侵犯隐私权。

在经济发达国家中，一张现代社会的"第二身份证"，即个人信用记录，在经济生活中扮演着重要的角色。为此，我国如何尽快建立个人信用管理制度已经成为社会各界关注的热点。

思考练习题

1. 简述我国目前形成的汽车消费信贷法律法规体系。
2. 汽车分期付款销售的方式和各自特点。
3. 什么是汽车抵押登记制度？
4. 举例说明汽车销售信贷中消费者的抗辩权是如何实现的。

第七章 汽车保险与保险程序

第一节 概 述

一、汽车保险及其特点

1. 汽车保险的含义

汽车保险是一种财产保险，它是以汽车本身及汽车的第三者责任为保险标的的一种运输工具保险。汽车保险能够切实保障汽车保险的被保险人和交通事故受害者在汽车发生保险责任事故，造成车辆本身损失及第三者人身伤亡和财产损坏时，及时得到经济补偿，最大限度地减少事故所造成的损失，并能够促使交通事故损害赔偿纠纷得到及时解决，促进社会的稳定与和谐。另外，汽车保险还包括汽车消费贷款保证保险和汽车售车信用保险。这些是我国近几年新开设的险种，属于信用、保证保险。

汽车保险是以汽车本身及其相关利益为保险标的的一种不定值财产保险。这里的汽车是指汽车、电车、电瓶车、摩托车、拖拉机、各种专用机械车、特种车。其中，双燃料汽车（又称清洁燃料车辆）归属汽车范畴，如清洁燃料公共汽车属于汽车行列；大型联合收割机属专用机械车；摩托车包括两轮或三轮摩托车、轻便摩托车、残疾人三轮/四轮摩托车；只有企业自行编号、仅在特定区域内使用的其他车辆，视其使用性质和车辆用途确定其是属于汽车还是专用机械车、特种车范畴。

2. 汽车保险的基本特点

（1）广泛性。汽车保险的广泛性具有两层含义，一是指被保险人具有广泛性。具体表现为：汽车逐渐成为人们普遍选择的交通工具，企业和个人的机动车保有量不断增加，尤其是私人拥有汽车的数量更是逐步攀升，这使汽车转变为人们生活的必需品，因此，汽车所有者具有广泛性。另一含义是指汽车保险业务量大，投保率高。由于机动车出险率高，交通事故损害较大，因此，汽车所有者以保险方式转嫁风险的需要越来越迫切。

（2）差异性。首先，汽车本身存在着较大差异。其具体表现为：第一，汽车市场已逐渐发展到以家庭用车为主，且同类车辆的车型品种繁多，性能迥异。第二，生产厂家众多，生产形式多样，从整车进口到进口零部件组装，从合资建厂生产到自主生产。第三，机动车的价格也根据不同的车型、用途、功能差异较大，从几万元到几十万元，甚至几百万元不等。其次，差异性来源于机动车的普遍应用。不同类型的企业，不同情况的家庭，不同的个人，不同的风险倾向使得汽车保险具有很大的差异性。这就要求保险行业不断寻求创新之路，推出个性化产品，以满足用户需要。

(3)保险标的具有流动性。一是由于汽车是流动运作的,因此,其风险概率和经营的不确定性较大;二是由于汽车具有流动性,核保时加大了"验标承保"的难度;三是由于汽车的可流动性、风险的不确定性,在发生保险责任事故时给检验和理赔工作也增加了难度。

(4)出险频率高。由于汽车经常处于运动状态,总是载着人或货物不断地从一个地方到另一个地方,实现其运输的功能。因此,汽车保险与其他财产保险相比较,具有出险率高的特点,其很容易发生碰撞及其他意外事故,并造成财产损失和人身伤亡。目前,汽车数量的迅速增加,而一些国家的交通设施及管理水平与汽车的发展速度很难相适应,再加上驾驶员的疏忽、过失等人为原因,使交通事故频繁发生,汽车出险概率逐步增大。

(5)条款和费率的管理具有刚性特点。为了确保汽车保险行业的健康发展,就必须特别强调加强对汽车保险的管理。其原因有两点:

①汽车保险业务涉及一个庞大而广泛的社会消费群体,其中大部分是单一弱小的消费者,国家从社会整体角度出发,必须加强对汽车保险业的监督和管理,使消费者的需求得到满足,利益得到保障。

②由于汽车在财产保险领域中占有较大的比例,所以汽车保险业务发展和管理的程度将对财产保险,甚至整个保险业带来较大的影响。作为财产保险市场竞争中的焦点,其在管理的模式上,围绕着管理的刚性问题始终存在着争议。一方面加大管理的刚性固然会起到稳定市场的作用,对维护被保险人的利益具有积极的意义。但另一方面,刚性管理势必会对保险价格的市场调节以及保险人通过加强经营管理,提高产品和服务质量产生一定的消极和抑制作用。

二、汽车保险的种类

在许多教材上,汽车保险因保险标的及内容不同而赋予不同的名称。汽车保险的设计也随各国国情与社会需要的不同而不同。随着汽车保险业的发展,其保险标的范围已经扩大到所有机动车。

2006年7月1日,机动车交通事故责任强制保险(以下简称交强险)实施后,商业保险内容随之发生变化。目前,汽车保险可分为强制保险和商业保险两大类,其中机动车交通事故责任强制保险是强制保险,其他险种是商业保险。而商业保险又可分为基本险和附加险两大类,由投保人根据情况自由选择投保。基本险包括车辆损失险、第三者责任险;附加险有全车盗抢险、玻璃单独破碎险、自燃损失险、不计免赔特约条款等。

1. 交强险

2006年7月1日,我国开始实行《机动车交通事故责任强制保险条例》,交强险是我国首个由国家法律规定实施的强制保险制度。《机动车交通事故责任强制保险条例》中规定:交强险是由保险公司对被保险机动车发生道路交通事故造成受害人(不包括本车人员和被保险人)的人身伤亡、财产损失,在责任限额内予以赔偿的强制性责任保险。

在我国市场经济的条件下,通常倡导经济活动中的契约自由,但是,在某些特殊领域必须要实行国家干预和强制,这样才能保护公众利益。交强险最大的特点在于:它是基于社会公共利益的需要而对契约自由进行合理限制,原本是由缔约双方依照自愿原则签订合同,现在强制双方必须签订保护第三者的保险合同。

交强险中第二条规定:在中华人民共和国境内道路上行驶的汽车的所有人或者管理人应当投保交强险。交强险的强制性不仅体现在投保上,也体现在承保上。违反强制性规定的机动车所有者、管理人员或保险公司都将受到处罚。

2. 汽车保险的基本险

（1）汽车损失险。汽车损失险又称为车辆损失险,简称车损险,是保险人对于被保险人承保的汽车,因保险责任范围内的事故所致的毁损灭失予以赔偿的保险。汽车损失险是我国汽车保险的基本险别之一。

（2）汽车第三者责任险。第三者责任险是指保险车辆因保险人责任事故,致使他人遭受人身伤亡或财产的直接损失,保险人依照保险合同的规定给予赔偿的保险。我国城乡每年发生交通事故约20万起,直接经济损失高达近百亿元。可见,汽车的第三者责任风险是非常巨大的,对公众的人身和财产安全构成了严重的威胁。汽车第三者责任险是为了维护公众和社会的利益,在许多国家接受法定保险业务,它承保汽车所有者或被保险人允许的合格驾驶员在使用车辆过程中发生意外事故造成第三者人身伤害或财产直接损失,且依法应由被保险人承担的损害赔偿责任,由保险人根据《道路交通事故处理办法》和保险合同的有关规定进行赔偿。汽车第三者责任保险属于责任保险,但一般都与车辆损失险一同构成汽车保险。

3. 汽车保险的附加险

汽车保险的附加险是指不能独立投保,须在投保基本险之后方能投保的险种。汽车保险的附加险主要有：全车盗抢险、玻璃单独破碎险、自燃损失险、车身划痕损失险、新增加设备损失险、车上人员责任险、车上货物责任险、无过失责任险、车载货物掉落责任险以及不计免赔特约险。

（1）全车盗抢险。承保保险车辆全车被盗窃、抢劫或抢夺,经县级以上公安刑侦部门立案证实后,满60天未查明下落的,由保险人按照保险金额与车辆出险时的实际价值的低者并扣除一定的绝对免赔率予以赔付；保险车辆在被盗窃、抢劫或抢夺期间受到损坏或车上零部件设备丢失需要修复的合理费用,由保险人按实际修复费用计算赔偿,最高不超过全车盗抢险保险金额。

（2）玻璃单独破碎险。承保保险车辆风窗玻璃或车窗玻璃的单独破碎,但对于安装、维修车辆过程中造成的玻璃单独破碎不予负责。投保人与保险人可以通过协商选择按进口或国产玻璃投保。保险人根据协商选择的投保方式承担相应的赔偿责任。

（3）自燃损失险。承保保险车辆在使用的过程中,因本车电器、线路、供油系统发生故障及运载货物自身原因起火燃烧,造成保险车辆的损失,以及被保险人在发生保险事故时,为减少保险车辆损失所支出的必要的合理的施救费用,保险人在保险单该项目所载明的保险金额内,按保险车辆的实际损失计算赔偿；发生全部损失时,按出险时保险车辆实际价值在保险单该项目所载明的保险金额内计算赔偿。

（4）车身划痕损失险。此险种适用于已投保车辆损失保险的家庭自用或非营业用车,使用年限仅限3年以内,9座以下的客车,对于车辆无明显碰撞痕迹的车身划痕损失,保险人负责赔偿。但该损失若是由被保险人及其家庭成员、驾驶员及其家庭成员的故意行为所造成的,保险人不予赔偿。

（5）新增加设备损失险。承保车辆在行驶过程中,发生碰撞等意外事故,造成车上新增加设备的直接损失,保险人在保单该项目所载明的保险金额内,按实际损失计算赔偿。

（6）车上人员责任险。承保车辆发生意外事故,造成车上人员的人身伤亡,依法应由被保险人承担的经济赔偿责任,由保险人负责赔偿。但对于违章搭乘人员的人身伤亡,以及车上人员因疾病、分娩、自残、殴斗、自杀、犯罪行为所造成的自身伤亡或在下车时遭受的人身伤亡,保险人可以免除责任。

(7)车上货物责任险。当发生意外事故,致使保险车辆所载货物遭受直接损毁,依法应由被保险人承担的经济赔偿责任,保险人负责赔偿。但对于货物因哄抢、自然损耗、本身缺陷、短少、死亡、腐烂、变质造成的损失;违法、违章载运或因包装不善造成的损失及车上人员携带的私人物品损失,保险人不承担赔偿责任。

(8)无过失责任险。被保险人或其允许的合格驾驶员在使用保险车辆过程中,因与非汽车、行人发生交通事故,造成对方人员伤亡,保险车辆一方无过失时,除根据《中华人民共和国道路交通事故处理办法》的规定,应由被保险人承担的10%的经济赔偿外,对于10%以上的经济赔偿部分,在事故责任认定前已由被保险人垫付的医疗费用、抢救费用及丧葬费用,经公安交通管理部门或人民法院裁定由被保险人承担时,保险人在合同规定的赔偿限额内负责赔偿。

(9)车载货物掉落责任险。承保此险车辆在使用的过程中,所载货物从车上掉下(车上所载气体或液体泄漏造成的损失除外)致使第三者遭受人身伤亡或财产的直接损失,依法应由被保险人承担的经济赔偿责任,保险人在保单载明的保险赔偿限额内赔偿。

(10)不计免赔特约险。办理了本项特约险的汽车,发生所投保基本险或附加险的保险事故所造成的损失,对其在符合规定的金额内按基本险或附加险条款规定计算的免赔金额,保险人负责赔偿。

第二节 机动车交通事故责任强制保险

一、交强险的定义

交强险是国家法律规定的强制实行的保险制度。《机动车交通事故责任强制保险条例》(以下简称《交强险条例》)中规定:交强险是由保险公司对被保险机动车发生道路交通事故造成受害人(不包括本车人员和被保险人)的人身伤亡、财产损失,在责任限额内予以赔偿的强制性责任保险。

二、交强险的保险条款

1. 总则

(1)根据《中华人民共和国道路交通安全法》、《中华人民共和国保险法》、《交强险条例》等法律、行政法规,制定本条款。

(2)机动车交强险合同由本条款、投保单、保险单、批单和特别约定共同组成。凡与交强险合同有关的约定,均应采用书面形式。

(3)交强险费率实行了与被保险机动车道路交通安全违法行为、交通事故记录相联系的浮动机制。

签订合同时,投保人应当一次性交纳全部保险费,保险费应按照保监会批准的费率计算。

2. 定义

交强险合同中涉及被保险人、投保人、受害人、责任限额以及抢救费用等术语,以下作出相应解释。

（1）被保险人是指投保人及其允许的合法驾驶人。

（2）投保人是指与保险人订立保险合同，并按合同负有支付保险费义务的机动车所有人、管理人。

（3）受害人是指因被保险汽车发生交通事故造成人身伤亡或者财产损失的人，但不包括被保险机动车上的人员和被保险人。

（4）责任限额是指被保险汽车发生约定的交通事故后，保险人对保险事故所有受害人的人身伤亡和财产损失所承担的最高赔偿金额。责任限额可分为死亡伤残赔偿限额、医疗费用赔偿限额、财产损失赔偿限额以及被保险人在道路交通事故中无责任的赔偿限额。其中无责任的赔偿限额可分为无责任死亡伤残赔偿限额、无责任医疗费用赔偿限额以及无责任财产损失赔偿限额。

（5）抢救费用是指被保险汽车发生交通事故导致受害人受伤时，医疗机构对生命体征不平稳和虽然生命体征平稳但如果不采取处理措施会产生生命危险或者导致残疾、器官功能障碍，或者导致病程明显延长的受害人，参照国务院卫生主管部门组织制定的交通事故人员创伤临床诊疗指南和国家基本医疗保险标准，采取必要的处理措施所发生的医疗费用。

3. 保险责任

交强险条款规定了交强险保险责任的具体内容和责任限额的具体数额。

保险责任是被保险汽车在中华人民共和国境内使用发生交通事故时，造成受害人的人身伤亡或者财产损失，依法应当由被保险人承担的损害赔偿责任，保险人按照合同的约定对每次事故在各责任限额内负责赔偿。

2006年7月1日版交强险规定：总的限额为60 000元。其中，死亡赔偿限额为50 000元；医疗费用赔偿限额为8 000元；财产损失赔偿限额为2 000元。被保险人无责任时，无责任死亡伤残赔偿限额为10 000元；无责任医疗费用赔偿限额为1 600元；无责任财产损失赔偿限额为400元。

2007年12月，针对交强险责任限额的调整召开了听证会，2008年1月保监会公布了新的交强险责任限额，规定总的责任限额为122 000元，其中，死亡伤残赔偿限额为110 000元；医疗费用赔偿限额为10 000元；财产损失赔偿限额为2 000元。被保险人无责任时，无责任死亡伤残赔偿限额为11 000元；无责任医疗费用赔偿限额为1 000元；无责任财产损失赔偿限额为100元。

新的交强险责任限额自2008年2月1日起施行。规定：截至2008年2月1日零时保险期间尚未结束的交强险保单，在2008年2月1日零时后发生道路交通事故的，按照新的责任限额执行；对在2008年2月1日零时前发生道路交通事故的，仍按原规定责任限额执行。

责任限额中死亡伤残赔偿限额和医疗费用赔偿限额项目中负责赔偿的具体项目如下：

死亡伤残赔偿限额和无责任死亡伤残赔偿限额项目中负责赔偿的项目有：丧葬费、死亡补偿费、受害人亲属办理丧葬事宜支出的交通费用、残疾赔偿金、残疾辅助器具费、护理费、康复费、交通费、被扶养人生活费、住宿费、误工费以及被保险人依照法院判决或者调解承担的精神损害抚慰金。

医疗费用赔偿限额和无责任医疗费用赔偿限额负责赔偿的项目包括：医药费、诊疗费、住院费、住院伙食补助费,必要的、合理的后续治疗费、整容费、营养费。

4. 垫付与追偿

保险人负责垫付抢救费用的情形共有四种,分别为:

(1)驾驶人未取得驾驶资格的;

(2)驾驶人醉酒的;

(3)被保险机动车被盗抢期间肇事的;

(4)被保险人故意制造交通事故的。

被保险汽车在上述四种情形的任一情形下发生交通事故,造成受害人受伤需要抢救的,对符合国务院卫生主管部门组织制定的交通事故人员创伤临床诊疗指南的,并经国家基本医疗保险标准核实通过的合理诊疗费用,由保险人在医疗费用赔偿限额内垫付;被保险人在交通事故中无责任的,保险人在无责任医疗费用赔偿限额内垫付。对于其他损失和费用,保险人不负责赔偿和垫付。

垫付的抢救费用,保险人有权向致害人追偿。

保险人须在接到公安机关交通管理部门的书面通知和医疗机构出具的抢救费用清单后,按照国务院卫生主管部门组织制定的交通事故人员创伤临床诊疗指南和国家基本医疗保险标准进行核对,无误后针对符合规定的抢救费用进行垫付。

5. 责任免除

责任免除条款主要列明保险公司不负责赔偿和垫付的损失和费用,具体包括:

(1)因受害人故意造成的交通事故的损失;

(2)被保险人所有的财产及被保险机动车上的财产遭受的损失;

(3)被保险机动车发生交通事故,致使受害人停业、停驶、停电、停水、停气、停产、通信或者网络中断、数据丢失、电压变化等造成的损失以及受害人财产因市场价格变动造成的贬值、修理后因价值降低造成的损失等其他各种间接损失;

(4)因交通事故产生的仲裁或者诉讼费用以及其他相关费用。

6. 保险期间

交强险以保险单载明的具体起止时间为准,其保险期限为1年。但在下列情况下,投保人可以投保短期保险:临时入境的境外汽车;距报废期限不足1年的机动车;临时上路行驶的机动车(例如:领取临时牌照的机动车,临时提车到异地办理注册登记的新购机动车等);以及保监会规定的其他情形。

投保短期保险的,按照短期月费率计算保费,不足1个月按1个月计算。

短期基础保险费 = 年基础保险费 × 短期月费率系数。

短期月费率系数如表7-1所示。

交强险短期月费率系数表　　　　　　　　　　　　　　　　表7-1

保险期限(月)	1	2	3	4	5	6	7	8	9	10	11	12
短期月费率系数(%)	10	20	30	40	50	60	70	80	85	90	95	100

7. 投保人与被保险人的义务

投保人和被保险人只有在履行了相应义务后,才能获得保险的保障。投保人与被保险人应履行的义务包括以下6点:

(1)投保人应履行如实告知义务。投保人投保时,应如实填写投保单,向保险人如实告知重要事项,并提供被保险汽车的行驶证复印件。若投保人未如实告知相关重要事项,而对保险费计算造成影响的,保险人应重新核定保险费。

其中,重要事项包括汽车的种类、识别代码、厂牌型号、发动机号、牌照号码(临时移动证编码或临时号牌)、使用性质和机动车所有人或管理人的姓名(名称)、年龄、性别、住所、身份证或者驾驶证号码(组织机构代码)、续保前该汽车发生事故的情况(仅无车险信息平台地区的转保业务须提供)以及保监会规定的其他告知事项。

(2)签订交通事故责任强制保险合同时,投保人需一次性支付全部保险费。不得在保险条款和保险费率之外,向保险公司提出其他附加条件。

(3)投保人续保时,应提供保险汽车上一年度交强险的保险单。

(4)在保险合同有效期内,被保险机动车因改装、加装、使用性质改变等导致危险程度增加的,被保险人应及时告知保险人,并办理相应批改手续。否则,保险人将按照保单年度重新核定保险费计收。

(5)被保险汽车发生约定交通事故时,被保险人应及时采取合理、必要的施救和保护措施,并在事故发生后及时通知保险人。

(6)汽车发生保险事故后,被保险人应积极配合保险人现场查勘和事故调查。同时发生与保险理赔有关的仲裁或诉讼时,被保险人应及时书面通知保险人。

8. 赔偿处理

被保险机动车发生交通事故后,由被保险人申请赔偿保险金。被保险人索赔时,应向保险人提供如下材料:

(1)被保险人出具的索赔申请书;

(2)交强险保险单;

(3)被保险人和受害人的有效身份证明、被保险汽车行驶证和驾驶人的驾驶证;

(4)公安机关交通管理部门出具的事故证明,或者人民法院等机构出具的法律文书及其他证明;

(5)若被保险人根据有关法律法规的规定选择自行协商方式处理交通事故的,应当提供依照《交通事故处理程序规定》中规定的记录交通事故情况的协议书;

(6)受害人财产损失程度证明、人身伤残程度证明、相关医疗证明及有关损失清单和费用单据;

(7)其他与确认保险事故的性质、原因、损失程度等有关的证明材料。

在人身伤亡和财产损失赔偿方面应注意的事项:

(1)保险事故发生后,保险人按照国家有关法律法规规定的赔偿范围、项目和标准以及交强险合同的约定,并依据国务院卫生主管部门组织制定的交通事故人员创伤临床诊疗指南和国家基本医疗保险标准进行审核,最终在交强险的责任限额内负责赔偿。总之,核定人身伤亡赔偿金额的标准包括:相关法律法规,主要是《最高人民法院关于审理人身损害赔偿案件适用法律若干问题的解释》,卫生主管部门组织制定的交通事故人员创伤临床诊疗指南,国家基本医疗保险标准。

(2)因保险事故造成受害人人身伤亡,但未经保险人书面同意,被保险人自行承诺或支付赔偿金额的,保险人在交强险责任限额内有权重新核定。

(3)因保险事故损坏的受害人财产需要修理的,被保险人应当在修理前与保险人共同检验,并通过协商确定修理或者更换项目、方式以及费用。否则,保险人在交强险责任限额内有权重新核定。

(4)被保险机动车发生涉及受害人受伤的交通事故,因抢救受害人需要保险人支付抢救费用的,保险人在接到公安机关交通管理部门的书面通知和医疗机构出具的抢救费用清单后,依照国务院卫生主管部门组织制定的交通事故人员创伤临床诊疗指南和国家基本医疗保险标准进行核实。对于符合规定的抢救费用,保险人需在医疗费用赔偿限额内支付。若被保险人在交通事故中无责任的,保险人只需在无责任医疗费用赔偿限额内支付。

9. 交强险合同的变更与终止

在合同有效期内,被保险汽车所有权发生转移的,投保人应及时通知保险人并办理合同变更手续。交强险是法定险种,一般情况下投保人是不能解除的,保险人也不接受投保人解除合同的申请,但以下特殊情况可以接受交强险的解除:

(1)被保险机动车被依法注销登记的;
(2)被保险机动车办理停驶的;
(3)被保险机动车经公安机关证实丢失的;
(4)投保人重复投保交强险的。投保人因重复投保而解除交强险合同的,只能解除保险起止期在后面的保险合同,且保险人需全额退还起止期在后面的保险合同的保险费。出险时由起止期在前的合同负责赔偿。
(5)被保险汽车被转卖、转让、赠送至车籍所在地以外的地方(车籍所在地按地市级行政区划分),投保人须持车辆新入户地区的交强险保单、汽车所有权转移证明来办理原保单的退保手续,且退保时间须在新交强险保单生效后。除被保险汽车被转卖、转让、赠送至车籍所在地以外的地方的情况外,被保险汽车所有权发生转移的,保险人不得接受投保人解除保险合同的申请,投保人须按照有关规定办理交强险合同变更手续。
(6)新车因质量问题被销售商召回或因相关技术参数不符合国家规定,交管部门不予上户的。新车因质量问题或相关技术参数不符合国家规定导致投保人放弃购买车辆,或交管部门不予上户的,且投保人能提供产品质量缺陷证明、销售商退车证明或交管部门的不予上户证明的,保险人可以在收回交强险保单和保险标志情况下接受投保人解除保险合同的要求。

办理合同解除手续时,投保人应提供相应的证明材料。交强险合同解除后,保险人按照日费率收取自保险责任开始之日起至合同解除之日止期间的保险费,并退还剩余保险费。而投保人应及时将保险单、保险标志交还保险人。无法交回保险标志的,应当向保险人说明情况,取得保险人同意。

10. 附则

附则条款主要规定了合同争议的处理方式、适用法律及条款未尽事宜的处理等。
交强险合同争议的解决方式有三种:
(1)由合同当事人协商解决;
(2)协商解决不成的,提交保险单载明的仲裁机构仲裁;
(3)保险单未载明仲裁机构或者争议发生后未达成仲裁协议的,可向人民法院申请起诉。交强险合同争议处理适用中华人民共和国法律。条款未尽事宜,按照《机动车交通事故责任强制保险条例》执行。

三、交强险赔款计算

1. 基本计算公式

总赔款 = ∑各分项损失赔款 = 死亡伤残费用赔款 + 医疗费用赔款 + 财产损失赔款

各分项损失赔款 = 各分项核定损失承担金额

即： 死亡伤残费用赔款 = 死亡伤残费用核定承担金额

医疗费用赔款 = 医疗费用核定承担金额

财产损失赔款 = 财产损失核定承担金额

各分项核定损失承担金额超过交强险各分项赔偿限额的,各分项损失赔款等于交强险各分项赔偿限额。

2. 当保险事故涉及多个受害人时,基本计算公式中的各项计算

各分项损失赔款 = ∑各受害人各分项核定损失承担金额

即： 死亡伤残费用赔款 = ∑各受害人死亡伤残费用核定承担金额

医疗费用赔款 = ∑各受害人医疗费用核定承担金额

财产损失赔款 = ∑各受害人财产损失核定承担金额

各受害人各分项核定损失承担金额之和超过被保险机动车交强险相应分项赔偿限额的,各分项损失赔款等于交强险各分项赔偿限额。各受害人在被保险机动车交强险分项赔偿限额内应得到的赔偿为：

被保险机动车交强险对某一受害人分项损失的赔偿金额 = 交强险分项赔偿限额×[事故中某一受害人的分项核定损失承担金额/∑各受害人分项核定损失承担金额]

3. 多辆机动车肇事后的交强险理赔

当保险事故涉及多辆肇事机动车时,各被保险机动车保险人分别在各自的交强险各分项赔偿限额内,对受害人的分项损失计算赔偿。

各方机动车按其适用的交强险分项赔偿限额占总分项赔款限额的比例,对受害人的各分项进行分摊。

某分项核定损失承担金额 = 该分项损失金额×[适用的交强险该分项赔偿限额/∑各致害方交强险该分项赔偿限额]

当然,肇事机动车中的无责任车辆,不参与对其他无责任车辆及车外财产损失的赔偿计算,仅参与对有责任方车辆损失或车外人员伤亡损失的赔偿计算。无责任车辆对有责任车辆损失应承担的赔偿金额,由有责任方在本方交强险无责任财产损失赔偿限额内代赔。

初次计算后,若某致害方交强险限额未赔足,同时有某受害方损失没有得到充分补偿,则对受害方的损失在交强险剩余限额内再次进行分配,在交强险限额内补足。对于待分配的各项损失合计没有超过剩余赔偿限额的,按分配结果赔付各方；超过剩余赔偿限额的,则按每项分配金额占各项分配金额总和的比例乘以剩余赔偿限额分摊,直到各受损方均得到足额赔偿或应赔付方交强险无剩余限额为止。

4. 财产损失及施救费

受害人财产损失需施救的,财产损失赔款与施救费累计不超过财产损失赔偿限额。

5. 主车和挂车交强险的理赔

主车和挂车在连接使用过程中发生交通事故的,主车与挂车的交强险保险人分别在各

自的责任限额内承担赔偿责任。若交通管理部门未确定主车、挂车应承担的赔偿责任,主车、挂车的保险人对各受害人的各分项损失平均分摊,并在对应的分项赔款限额内计算赔偿金额。主车和挂车由不同被保险人投保的,在连接使用过程中发生交通事故,按互为三者的原则处理。

6. 法院判决的精神损害抚恤金

对被保险人依照法院判决处理或者调解承担的精神损害抚恤金,原则上在其他赔偿项目均赔偿后,在死亡伤残赔偿限额内赔偿。

例1 甲、乙两辆机动车发生交通事故,两车均有责任。两车车辆损失分别为3 000元和6 000元,乙车车上人员医疗费用8 000元,死亡伤残费用70 000元,另造成路产损失2 000元。若两车适用的交强险财产损失赔偿限额为2 000元,医疗费用赔偿限额为10 000元,死亡伤残赔偿限额为110 000元,求甲、乙两车可获得的交强险赔款为多少?

解:①甲车交强险赔款计算

甲车交强险赔偿金额 = 受害人死亡伤残费用赔款 + 受害人医疗费用赔款 + 受害人财产损失赔款 = 乙车车上人员死亡伤残费用核定承担金额 + 乙车车上人员医疗费用核定承担金额 + 财产损失核定承担金额,其中:

乙车车上人员死亡伤残费用核定承担金额 = 70 000元 < 死亡赔偿限额110 000元

乙车车上人员医疗费用核定承担金额 = 8 000元 < 医疗费用赔偿限额10 000元

财产损失核定承担金额 = 路产损失核定承担金额(2 000÷2)元 + 乙车车损核定承担金额6 000元 = 7 000元 > 2 000元。因财产损失超出限额,所以按财产损失限额2 000元计算。其中,甲车交强险对乙车损失的赔款 = 财产损失赔偿限额×[乙车损失核定承担金额÷(路产损失核定承担金额 + 乙车损失核定承担金额)] = 2 000×[6 000÷(2 000÷2 + 6 000)] = 1 714.29(元);甲车交强险对路产损失的赔款 = 财产损失赔偿限额×[路产损失核定承担金额÷(路产损失核定承担金额 + 乙车损失核定承担金额)] = 2 000×[(2 000÷2)÷(2 000÷2 + 6 000)] = 285.71(元)。

因此,甲车交强险赔偿金额 = 70 000 + 8 000 + 2 000 = 80 000(元)

②乙车交强险赔款计算

乙车交强险赔款金额 = 财产损失核定承担金额 = 路产损失核定承担金额 + 甲车损失核定承担金额 = 2 000÷2 + 3 000 = 4 000(元) > 财产损失赔偿限额2 000元

故,乙车交强险赔偿金额为2 000元。

例2 甲、乙两机动车发生交通事故,甲车全责,乙车无责。甲乙两车车损分别为4 000元和10 000元,另造成路产损失2 000元。若甲车适用的交强险财产损失赔偿限额为2 000元,乙车适用的交强险无责任财产损失限额为100元,求甲、乙两车可获得的交强险赔款为多少?

解:①甲车交强险赔款计算

甲车交强险赔偿金额 = 乙车损失核定承担金额 + 路产损失核定承担金额 = 10 000 + 2 000 = 12 000(元) > 财产损失赔偿限额2 000元

所以甲车交强险赔偿金额 = 2 000元。

②乙车交强险赔款计算

乙车交强险赔款金额 = 甲车损失核定承担金额 = 4 000元 > 无责任财产损失赔偿限额100元

因此乙车交强险赔偿金额＝100元。但此100元赔款应由甲车保险人在交强险无责任财产损失赔偿限额内代赔。

第三节 基 本 险

汽车保险基本险分为车辆损失险和第三者责任险。

车辆损失险（车身险）指保险车辆遭受保险责任范围内的自然灾害或意外事故，造成保险车辆本身损失，保险人依照保险合同的规定承担赔偿责任。

第三者责任险是指保险车辆因意外事故致使第三者遭受人身伤亡或财产的直接损失，保险人依照保险合同的规定给予赔偿。第三者责任保险实施的是强制保险。

以中国人民保险公司和太平洋保险公司的《汽车损失保险条款》和《汽车第三者责任保险条款》为例，其总则部分规定：

(1)汽车保险合同由保险条款、投保单、保险单、批单和特别约定组成，凡涉及本保险合同的约定，均应采用书面形式。

汽车保险合同是投保人与保险人之间订立的，以汽车（包括汽车、摩托车、拖拉机和工程车等特种汽车）作为保险标的的保险协议。保险人对于保险事故造成的保险车辆损失以及第三者的人身伤亡或财产损失，承担保险赔偿责任。

(2)汽车保险合同中的汽车是指在中华人民共和国境内（不含港、澳特区和台湾地区）行驶的汽车、电车、电瓶车、摩托车、拖拉机、各种专用机械车和特种车，另有约定的除外。

这里规定的汽车包括汽车、电车、电瓶车、摩托车、拖拉机、各种专用机械车和特种车（如起重车、油罐车、消防车、救护车等）。其中，双燃料汽车（又称清洁燃料车辆）也归属汽车范畴；清洁燃料公共汽车，大型联合收割机属专用机械车；摩托车包括两轮或三轮摩托车，轻便摩托车，残疾人三轮、四轮摩托车；还有一些企业自行编号、仅在特定区域内使用的其他车辆，应视其使用性质和车辆用途确定其是属于汽车还是专用机械车或特种车范畴。

(3)汽车保险合同为不定值保险合同。保险人按照承保险别承担保险责任，附加险不能单独承保。不定值保险合同是指双方当事人在订立保险合同时不预先确定保险标的的保险价值，而是按照保险事故发生时保险标的的实际价值确定保险价值的保险合同。

这里规定了附加险不能单独办理，应在办理同一合同下与其相对应的基本险后才能投保。保险人承担保险责任的原则是按照其承保的保险险别及该险别所约定的保险责任范围承担相应的保险赔偿责任。

(4)汽车保险合同中的第三者是指除投保人、被保险人、保险人以外的，因保险车辆发生意外事故遭受人身伤亡或财产损失的受害者。

总则部分既适用于基本险，同时也适用于附加险。

一、基本险的保险责任

基本险的保险责任包括车辆损失险的保险责任及第三者责任险的保险责任两部分。

1. 车辆损失险的保险责任

(1)被保险人或其允许的驾驶人员在使用保险车辆过程中，是在下列情况下造成了保险车辆的损失的，保险人负责赔偿。包括：碰撞、倾覆、坠落；火灾、爆炸；外界物体平行坠落、倒塌；暴风、龙卷风；雷击、雹灾、暴雨、洪水、海啸；地陷、冰陷、崖崩、雪崩、泥石流、滑坡。

其中,被保险人或其允许的驾驶人员,应同时具备以下两个条件:一,被保险人或其允许的驾驶人员是指被保险人本人以及经被保险人委派、雇佣或认可的驾驶保险车辆的人员。二,驾驶人员必须持有效驾驶证,并且所驾车辆与驾驶证规定的准驾车型相符;驾驶出租汽车或营业性客车的驾驶员还必须具备交通运输管理部门核发的许可证书或其他必备证书,否则仍认定为不合格。

使用保险车辆的过程是指保险车辆作为一种工具被运用的整个过程,包括行驶和停放两部分。如被保险的吊车固定车轮后进行吊卸工作,也属于使用保险车辆的范畴。

汽车保险条款的保险责任采用列明式,未列明的不属于保险责任。条款中列明的意外事故或自然灾害造成保险车辆直接损失的,由保险人负责赔偿。汽车损失保险条款中约定的灾害事故包括以下几类。

①碰撞、倾覆、坠落:

a.碰撞是指保险车辆与外界静止的或运动中的物体发生意外撞击。这里的碰撞包括两种情况:一是保险车辆与外界物体的意外碰撞造成了本车损失;二是保险车辆按《中华人民共和国道路交通管理条例》关于车辆装载的规定载运货物(当车辆装载货物不符合装载规定时,须报请公安交通部门批准,并按时间、路线、时速行驶),车与货物视为一体,所装货物与外界物体的意外撞击造成的本车损失。此外,碰撞应是保险车辆与外界物体直接接触,保险车辆的人为划痕不属本保险责任范围内。

b.倾覆是指保险车辆由于自然灾害或意外事故,造成整车翻倒,车体触地,使其失去正常行驶状态和能力,不经施救不能恢复行驶的情形。

c.坠落是指保险车辆在行驶过程中发生意外事故,整车腾空(包括翻转360°以上)后,仍四轮着地所产生的损失。

②火灾、爆炸:

a.火灾是指在时间或空间上失去控制的燃烧所造成的灾害。这里指车辆本身以外的火源及基本险中车辆损失险所列的灾害事故造成的燃烧,导致保险车辆的损失。

b.爆炸仅是指化学性爆炸,即物体在瞬间分解或燃烧时放出大量的热和气体,并以很大的压力向四周扩散,形成破坏力的现象。发动机因其内部原因发生爆炸或爆裂、轮胎爆炸等,不属于本保险责任。

③外界物体平行坠落、倒塌:

a.外界物体平行坠落。陨石或飞行器等空中掉落物体所致的保险车辆损失,属本保险责任;吊车的吊起物脱落以及吊钩或吊臂的断落等,造成的保险车辆损失,也属本保险责任。但吊车本身在操作时由于吊钩、吊臂上下起落砸坏保险车辆引起的损失,不属本保险责任范畴。

b.外界物体倒塌。指除保险车辆自身以外,由物质构成并占有一定空间的个体倒下或陷下,造成保险车辆损失的情形。例如:地上或地下建筑物坍塌,树木倾倒致使保险车辆受损,属本保险责任。

④暴风、龙卷风:

a.暴风。风力速度在28.5m/s(相当于11级大风)以上的称为暴风。一般说来,只要风力速度达17.2m/s(相当于8级风),导致保险车辆受损,即构成本保险责任。

b.龙卷风。是一种范围小、时间短的猛烈旋风,平均最大风速一般在79~103 m/s,极端最大风速一般在100m/s以上。

⑤雷击、雹灾、暴雨、洪水、海啸：

a. 雷击。由雷电造成的灾害。由于雷电直接击中保险车辆或通过其他物体引起保险车辆的损失，均属于本保险责任。

b. 雹灾。由于冰雹降落造成的灾害。

c. 暴雨。每小时降雨量达16mm以上，或连续12h降雨量达30mm以上，或连续24h降雨量达50mm以上。

d. 洪水。凡江河泛滥，山洪暴发，潮水上岸及倒灌，导致保险车辆遭受泡损，淹没的损失，均属于保险责任。

e. 海啸。是指由于地震或风暴而造成的海面巨大涨落现象，按成因分为地震海啸和风暴海啸。由于海啸以致海水上岸泡损、淹没、冲失保险车辆都属于本保险责任。

⑥地陷、冰陷、崖崩、雪崩、泥石流、滑坡：

a. 地陷。地表突然下陷造成保险车辆的损失属于本保险责任。

b. 冰陷。在公安交通管理部门允许车辆行驶的冰面上，保险车辆在通过时，由于冰面突然下陷造成了保险车辆的损失，属于保险责任。

c. 崖崩。石崖、土崖因自然风化、雨蚀而崩裂塌落，或山上岩石滚落，或雨水使山上沙土透湿而崩塌，致使保险车辆遭受的损失均属于保险责任。

d. 雪崩。大量积雪突然崩落的现象。

e. 泥石流。山地突然爆发饱含大量泥沙、石块的洪流。

f. 滑坡。斜坡上不稳定的岩石或土在重力的作用下突然整体向下滑动。

g. 载运保险车辆的渡船遭受自然灾害（只限于有驾驶员随车照料者）。保险车辆在行驶途中，因需跨过江河湖泊海峡才能恢复到道路行驶而过渡，驾驶员把车辆开上渡船，并随车照料到对岸，这期间因遭受自然灾害致使保险车辆本身发生损失，保险人可以予以赔偿。由货船、客船、客货船或滚装船等运输工具承载保险车辆的过渡，不属于保险责任。

（2）发生保险事故时，被保险人为防止或者减少保险车辆的损失所支付的必要的、合理的施救费用，由保险人承担，但最高不超过保险金额的数额。

保险车辆在遭受保险责任范围内的自然灾害或意外事故时，为了减少车辆损失，采取施救保护措施所支出的合理费用，由保险人负责赔偿。但此项费用不包括车辆的修复费用，最高赔偿金额不超过保险金额。

施救措施是指发生保险责任范围内的灾害或意外事故时，为减少和避免保险车辆的损失所实施的抢救行为。

保护措施是指保险责任范围内的自然灾害或意外事故发生以后，为防止保险车辆损失扩大和加重的行为。如保险车辆受损后不能行驶，雇人在事故现场看守的合理费用（不得超过3天，每天3人，参照劳动力平均收入计算），并由当地有关部门出具证明的可以赔偿。合理费用是指保护、施救行为支出的费用是直接的、必要的，并符合国家有关的政策规定的。

对于保险人来说，处理以上费用时应注意以下9条原则：

①保险车辆发生火灾时，被保险人或其允许的驾驶人员使用他人非专业消防单位的消防设备，施救保险车辆所消耗的合理费用及设备损失应赔偿。

②保险车辆出险后，失去正常的行驶能力，被保险人雇用吊车或其他车辆进行抢救的费用，以及将出险车辆拖运到最近修理厂的运输费用，按有关行政管理部门核准的收费标准或该车修理费用的20%（以低者为准），保险人应予负责。

③在抢救过程中,因抢救而损坏他人的财产,如果应由被保险人承担赔偿,保险人可酌情予以赔偿。但若在抢救时,抢救人员个人物品发生损坏或丢失,保险人不予赔偿。

④抢救车辆在托运受损保险车辆途中发生意外事故,造成保险车辆损失扩大部分和费用支出增加部分,如果该抢救车辆是被保险人自己或他人义务派来抢救的,予以赔偿;如果该抢救车辆是受雇的,则不予赔偿。

⑤保险车辆出险后被保险人或其代表奔赴肇事现场处理所支出的费用,不予负责。

⑥保险人只对保险车辆的施救和保护费用负责。例如,保险车辆发生保险事故后,受损保险车辆与其所装载的货物(或其拖带的未保险挂车)同时被施救,其救货(或救护未保险挂车)的费用应予以剔除。如果它们之间的施救费分不清,则应按保险车辆与货物(或未保险挂车)的实际价值进行比例分摊赔偿。

⑦保险车辆为进口车或特种车,发生保险责任范围内事故后,经确认出险地最近修理厂或当地修理厂无能力修复时,在取得保险人同意后,该肇事车被移送到其他修理厂或去外地修理的移送费,由保险人予以承担。但护送保险车辆人员的工资和差旅费,保险人不予负责。

⑧施救保护费用(含吊车和拖运车费用)与修理费用应分别计算。当车辆全损无施救价值时,一般不给付施救费。残余部分如果有一定价值,可适当给予一定的施救费但不能超过残值的10%。在施救前,如果施救保护费用与修理费用相加,估计已达到或超过保险金额时,则可推定全损予以赔偿,但保险人不接受权益转让。

⑨保险车辆发生责任范围内事故后,对其停车费、保管费、扣车费以及各种罚款,保险人不予承担。

2. 第三者责任险的保险责任

被保险人或其允许的驾驶人员在使用保险车辆过程中发生意外事故,致使第三者遭受人身伤亡或财产直接损毁,依法应当由被保险人承担的经济赔偿责任,保险人依照《道路交通事故处理办法》和保险合同的规定负责赔偿。但因事故发生而产生的善后工作,保险人不负责任处理。

(1)对于被保险人允许的驾驶人员,共有两点要求:一是,必须是被保险人允许的驾驶员。指持有驾驶证的被保险人本人、配偶及他们的直系亲属或被保险人的雇员,或驾驶员使用保险车辆在执行被保险人委派的工作期间,或被保险人与使用保险车辆的驾驶员具有营业性的租赁关系。二是,驾驶员必须是法定合格的。指上述驾驶员必须持有有效驾驶证,并且所驾车辆与驾驶证规定的准驾车型相符。驾驶员只有在同时具备以上两个条件的情况下,使用保险车辆发生保险事故造成损失时,保险人才会予以赔偿。若保险车辆被人私自开走,或未经车主、保险车辆所属单位主管负责人同意,驾驶员私自许诺的人开车,均不能视为"被保险人允许的驾驶员"开车,此类情况一旦发生保险事故,保险人将不负责赔偿。

(2)意外事故指不是行为人出于故意,而是行为人不可预见的以及不可抗拒的并造成人员伤亡或财产损失的突发事件。车辆使用过程中发生的意外事故分为:

①道路交通事故。凡在道路上发生的交通事故属于道路交通事故,即保险车辆在公路、城市街道、胡同(里巷)、公共广场、公共停车场发生的意外事故。道路即《中华人民共和国道路交通管理条例》中所规定的:"公路、城市街道和胡同(里巷),以及公共广场、公共停车场等供车辆、行人通行的地方"。

②非道路事故。是指保险车辆在铁路道口、渡口、机关大院、农村场院、乡间小道等处发

生的意外事故。

在我国,道路交通事故一般由公安交通管理部门处理。但对保险车辆在非道路地点发生的非道路事故,公安交通管理部门一般不予受理。这时可请出险当地政府有关部门根据道路交通事故处理规定研究处理,但应参照《道路交通事故处理办法》规定的赔偿范围、项目和标准以及保险合同的规定计算保险赔款金额。事故双方或保险双方当事人对公安交通管理部门或出险当地政府有关部门的处理意见有严重分歧的案件,可提交法院处理解决。

(3)第三者的含义。在汽车保险合同中,第一方是保险人,也叫第一者;第二方是被保险人或使用保险车辆的致害人,也叫第二者;而除保险人与被保险人以外,因保险车辆的意外事故致使保险车辆下的人员遭受人身伤亡或财产损失,在车下的受害人就是第三方,也叫第三者。其中,同一被保险人的车辆之间发生意外事故,相互之间对方均不构成第三者。

(4)人身伤亡指人的身体受伤害或人的生命终止。

(5)财产的直接损毁指的是保险车辆发生意外事故,直接造成事故现场他人现有财产的实际损毁。

(6)依法应当由被保险人承担的经济赔偿责任是指按道路交通事故处理办法和有关法律、法规,被保险人(或驾驶员)承担的事故责任所应当支付的赔偿金额。

(7)保险人负责赔偿是指保险人按照《道路交通事故处理办法》及保险合同的规定给予补偿。保险合同的规定是指合同中的基本条款、附加险、特别约定、保险单、保险批单等所载的有关规定,第三者责任险按规定的范围、项目、标准进行赔偿。此外,第三者责任险的赔偿均应依照《道路交通事故处理办法》规定的赔偿范围、项目、标准,并根据保险合同所载的有关规定计算保险赔款金额,在理赔时还应剔除合同中规定的免赔部分。

(8)善后工作是指民事赔偿责任以外对事故进行妥善料理的有关事项。如保险车辆对他人造成的伤害所涉及的抢救、医疗、调解、诉讼等具体事宜。

二、基本险的责任免除

基本险责任免除包括三部分,即:车辆损失险和第三者责任险的共同责任免除;车辆损失险的责任免除以及第三者责任险的责任免除。

1. 车辆损失险和第三者责任险的共同责任免除

(1)保险人在遇到下列情况时,无论保险事故是造成了保险车辆损失还是对第三者造成的伤害,均不负责赔偿:

①地震、战争、军事冲突、恐怖活动、暴乱、扣押、罚没、政府征用。

a. 地震。因地壳发生急剧的自然变异,影响地面而发生震动的现象。无论地震使保险车辆直接受损,还是地震造成外界物体倒塌所致保险车辆的损失,保险人都不予以赔偿。

b. 战争。国家与国家、民族与民族、政治集团与政治集团之间为了一定的政治经济目的而进行的武装斗争。

c. 军事冲突。国家或民族之间在一定范围内的武装对抗。

d. 暴乱。破坏社会秩序的武装骚动。

以上所指战争、军事冲突和暴乱均以政府宣布为准。

e. 扣押。指采用强制手段扣留保险车辆。

f. 罚没。指司法或行政机关没收违法者的保险车辆,作为处罚。

g. 政府征用。特指政府利用行政手段有偿或无偿占用保险车辆。

②竞赛、测试，在营业性维修场所修理、维护期间。

a.竞赛。指保险车辆作为赛车直接参加车辆比赛活动。

b.测试。指对保险车辆的性能和技术参数进行测量或试验。

c.在营业性修理场所修理、维护期间：指保险车辆进入维修厂（站、店）维护期间，由于自然灾害或意外事故所造成的保险车辆或他人的损失。

其中营业性修理场所是指保险车辆进入的以盈利为目的的修理厂（站、店）；修理期间是指保险车辆从进入维修厂（站、店）开始到维护、修理结束并验收合格提车时止，包括维护修理过程中的测试。

③利用保险车辆从事违法活动。被保险人及其允许的驾驶人员不能利用保险车辆从事法律、法规和有关规定不允许的活动和经营。

④驾驶员饮酒、吸食或注射毒品、被药物麻醉后使用保险车辆。

a.驾驶员饮酒。指驾驶员饮酒后开车，可根据以下条件之一来判定：

ⓐ公安交通管理部门处理交通事故时做出了酒后驾车结论；

ⓑ有饮酒后驾车的证据。

b.吸毒。指驾驶员吸食或注射鸦片、海洛因、大麻、可卡因以及国家规定管制的其他能够使人形成瘾癖的麻醉药品和精神药品。

c.被药物麻醉。指驾驶员吸食或注射麻醉成分的药品，在整个身体或身体的某一部分暂时失去控制的情况下驾驶车辆。

⑤保险车辆肇事逃逸是保险车辆肇事后，为了逃避法律法规制裁，逃离肇事现场的行为。

⑥驾驶人员有下列情形之一者，保险人在事故赔偿中不负责任。

a.无驾驶证或驾驶车辆与驾驶证准驾车型不相符。

b.公安交通管理部门规定的其他属于无有效驾驶证的情况下驾车，具体有以下几种情况：

ⓐ持军队或武警部队驾驶证驾驶地方车辆；持地方驾驶证驾驶军队或武警部队车辆；

ⓑ持学习驾驶证学习驾车时，无教练员随车指导或不按指定时间路线学习驾车；

ⓒ实习期驾驶大型客车、电车、起重车和带挂车的汽车时，无正式驾驶员随车监督指导；

ⓓ实习期驾驶执行任务的警车、消防车、工程救护车、救护车和载运危险品的车辆；

ⓔ持学习驾驶证及实习期在高速公路上驾车；

ⓕ驾驶员持审验不合格的驾驶证或未经公安交通管理部门同意，持未审验的驾驶证驾车；

ⓖ公安交通管理部门规定的其他属于无效驾驶证的情况。

c.使用各种专用机械车、特种车的人员无国家有关部门核发的有效操作证；驾驶营业性客车的驾驶人员无国家有关部门核发的有效资格证书。

⑦非被保险人允许的驾驶人员使用保险车辆：指被保险人或其允许的驾驶员以外的其他人员使用保险车辆。

⑧保险车辆不具备有效行驶证件。

⑨因污染（含放射性污染）造成的损失。

因污染引起的任何补偿和赔偿：指不论是否发生保险事故，保险车辆本身及保险车辆所载货物泄漏造成的对外界任何污染而引起的补偿和赔偿，保险人均不负责赔偿。

其中,污染包括保险车辆在正常使用过程中,由于车辆油料或所载货物的泄漏造成的污染,以及保险车辆发生事故导致本车或第三者车辆的油料或所载货物的泄漏造成的污染。

车辆所载货物泄漏:指保险车辆装载液体、气体因流泻、渗漏而对外界一切物体造成腐蚀、污染、人畜中毒、植物枯萎以及其他财物的损失。如保险车辆漏油造成对路面的损害。

⑩保险车辆或第三者财产因市场价格变动造成的贬值、修理后因价值降低引起的损失。

⑪保险车辆被盗窃、抢劫、抢夺造成第三者人身伤亡或财产损失,以及因被盗窃、抢劫、抢夺受到损坏或车上零部件、附属设备丢失。

保险车辆全车被盗窃、抢劫、抢夺期间,指的是保险车辆被盗窃、抢劫、抢夺行为发生之时起至公安部门将该车收缴之日止。

附属设备是指购买新车时,随车装备的基本设备。随车工具和新增设备等,均不属于附属设备。保险车辆全车被盗窃、抢劫、抢夺期间发生交通事故,造成第三者的人身伤亡或财产损失,保险人不负赔偿责任。

⑫被保险人或驾驶人员的故意行为造成的损失。

被保险人或其允许的驾驶人员故意行为是指明知自己可能造成损害的结果,但仍放任或希望这种结果发生。

(2)其他不属于保险责任范围内的损失和费用:

①不属于基本险条款规定的车辆损失险责任范围内的损失和费用。

②不属于基本险条款规定的第三者责任险范围的损失和费用。

③投保人应按时交纳保险费,若在保险事故发生前未按书面约定履行交纳保险费义务的,保险人将不负责赔偿。

④除了保险合同另有书面约定外,发生保险事故时保险车辆没有公安交通管理部门核发的行驶证和车牌号,或未按规定检验或检验不合格,保险人也不负责赔偿。

发生保险事故时,保险车辆必须具备以下两个条件:

a. 保险车辆须有公安交通管理部门核发的行驶证或号牌。

b. 保险车辆达到《机动车运行安全技术条件》(GB 7258—2004)的要求,并在规定期间内经公安交通管理部门的检验合格。

但保险合同另有书面约定的情况下,保险人应承担保险责任。其中,"另有书面约定"是指保险合同中所做出明示的,与该条文内容相反的约定。例如:保险合同中特别约定承保的、在特定区域内行驶的、没有公安交通管理部门核发的正式号牌的特种车(矿山机械车、机场内专用车等);或政府部门规定需先保险后检验核发号牌的新入户车辆等。

2. 车辆损失险的责任免除

(1)保险车辆的下列损失和费用保险人不负责赔偿。

①自然磨损、锈蚀、故障、轮胎单独损坏。

②自然磨损。指车辆由于使用造成的机件损耗。

③锈蚀。指机件与有害气体、液体相接触,被腐蚀损坏。

④故障。指由于车辆某个部件或系统性能发生问题,影响车辆的正常工作。

⑤自然磨损、锈蚀、故障、轮胎损坏而引起的保险事故(如碰撞、倾覆等),造成保险车辆其他部位损失,保险人应予以赔偿。

（2）玻璃单独破碎、无明显碰撞痕迹的车身划痕。玻璃单独破碎：指不论任何原因引起的玻璃单独破碎。玻璃包括风窗玻璃、车窗玻璃。

（3）人工直接供油、高温烘烤造成的损失。人工直接供油：不经过车辆正常供油系统的供油。高温烘烤：无论是否使用明火，凡违反车辆安全操作规则的加热、烘烤升温的行为。

（4）自燃以及不明原因引起火灾造成的损失。自燃是指因本车电器、线路、供油系统发生故障或所载货物因自身原因起火燃烧。也就是说，在没有外界火源，保险车辆也未发生碰撞、倾覆的情况下，由于保险车辆本车漏油或电器、线路、供油系统、载运的货物等自身发生问题引起的火灾。不明原因的火灾：公安消防部门的《火灾原因认定书》中认定的起火原因不明的火灾。

（5）遭受保险责任范围内的损失后，未经必要修理继续使用，致使损失扩大的部分。指保险车辆因发生保险事故遭受损失后，没有及时进行必要的修理，或修理后车辆未达到正常使用标准而继续使用，造成保险车辆损失扩大的部分。

（6）车辆标准配置以外，未投保的新增设备的损失。

（7）在淹及排气筒或进气管的水中起动发动机，或被水淹后未经必要处理而起动车辆，致使发动机损坏。

（8）保险车辆所载货物坠落、倒塌、撞击、泄漏造成的损失。

受本车所载货物撞击的损失是指保险车辆行驶时，车上货物与本车相互撞击造成的车辆损失。

（9）摩托车停放期间因翻倒造成的损失是指两轮摩托车或轻便摩托车停放期间由于翻倒造成的车辆损失。

3. 第三者责任险的责任免除

（1）保险车辆造成下列人身伤亡或财产损失，不论在法律上是否应当由被保险人承担赔偿责任，保险人均不负责赔偿。

①被保险人及其家庭成员的人身伤亡、所有或代管的财产的损失。被保险人或其允许的驾驶人员所有或代管的财产指的是包括被保险人或其允许的驾驶人员自有的财产，或与他人共有财产的自有部分，或代替他人保管的财产。

②本车驾驶人员及其家庭成员的人身伤亡、所有或代管的财产的损失。私有车辆、个人承包车辆的被保险人或其允许的驾驶员及其家庭成员，以及他们所有或代管的财产。具体有下列4种情况：

a. 私有、个人承包车辆的被保险人家庭成员，可根据独立经济的户口划分区别。

例如父母、兄弟多人，各自成家分居，家庭成员指每户中的成员，而不能单纯按是否是直系亲属来判定。再如夫妻分居两地，虽有两个户口，因两者经济上并不独立，所以只能视为一个户口。

本条应遵循一个原则，即肇事者本身不能获得赔偿。也就是说，保险人付给受害方的赔款，最终不能落到被保险人手中。

b. 私有、个人承包车辆的被保险人及其家庭成员所有或代管的财产。指被保险人或其允许的驾驶员及其家庭成员自有的财产，或与他人共有财产的自有部分，或他们代替他人保管的财产。

c. 私有车辆：车辆所有权属于私人的车辆。例如：个人和私营企业等的车辆。

d. 个人承包车辆：以个人名义承包单位、他人的车辆。

③本车上其他人员的人身伤亡或财产损失。

本车上的一切人员和财产是指意外事故发生的瞬间,在本保险车辆上的一切人员和财产,包括此时在车上的驾驶员。这里包括车辆行驶中或车辆未停稳时非正常下车的人员,以及吊车正在吊装的财产。

(2)保险车拖带未投保第三者责任保险的车辆(含挂车)或被未投保第三者责任保险的其他车辆拖带。

保险车辆拖带车辆(含挂车)或其他拖带物,二者当中只要有一个未投保第三者责任险。无论是保险车辆拖带未保险车辆,还是未保险车辆拖带保险车辆,都超出了保险责任正常所承担的范围,故因此产生的任何损失,保险人不予赔偿(公安交通管理部门的清障车拖带障碍车不在此列)。但若拖带车辆和被拖带车辆均投保了车辆损失险,发生车辆损失险责任范围内的损失时,保险人应对车辆损失部分负赔偿责任。

(3)下列损失和费用保险人不负责赔偿:

①保险车辆发生意外事故,致使被保险人或第三者停业、停驶、停电、停水、停气、停产、通信中断的损失以及其他各种间接损失。

保险车辆发生保险事故受损后,丧失行驶能力,从受损到修复这一期间,被保险人停止营业或不能继续运输等造成的损失,保险人均不负责赔偿。

保险车辆发生意外事故致使第三者营业停止、车辆停驶、生产或通信中断和不能正常供电、供水、供气的损失以及由此而引起的其他人员财产或利益的损失,不论在法律上是否应当由被保险人负责,保险人都不负责赔偿。

②精神损害赔偿是指因保险事故引起的无论是否依法应由被保险人承担的任何有关精神损害的赔偿。

三、基本险保险金额与责任限额的确定

1. 汽车保险的保险费率及保险费

1)费率划分的标准

(1)按车辆使用性质划分。按车辆使用性质分为营业车辆和非营业车辆。营业车辆是指从事社会运输活动并收取运费的车辆。

非营业车辆是指各级党政机关、社会团体、企事业单位自用的车辆或仅用于个人及家庭生活的车辆。对于兼有两类使用性质的车辆,按高档费率计算保险费。

(2)按车辆种类划分。基本险费率表包括若干个车种档次和A(进口)、B(国产)两个类别,如客车按座位分档,货车按吨位分档等。A类车辆是指以下车辆:

①整车进口的一切汽车;

②主要零配件由国外进口,国内组装的车辆;

③合资企业生产的16座以上(含16座)的客车;

④外资、合资企业生产的摩托车;

⑤下列车辆品牌和车型:北京切诺基V6、广州本田、上海别克、上海帕萨特、湖北雷诺、长春奥迪系列、天津丰田。其他合资企业生产的国产化率低于70%的汽车。

B类车辆是指除A类以外的汽车。

2)保险费的计算方式

基本险费率包括车辆损失险费率和第三者责任险费率,车辆按投保险别分别计算保险费。非营业车辆费率为1.01%~1.4%,营业车辆费率为1.6%~2.0%。

(1)车辆损失险保险费的计算公式:

车辆损失险保险费 = 基本保险费 + 保险金额 × 费率(%)

(2)第三者责任险按车辆种类及使用性质,选择不同的赔偿限额档次,收取固定保险费。

3)短期保险费的计算

汽车保险的费率表是年费率表。投保时,保险期限不足一年的,按短期月费率表收取保险费(不足一个月的按一个月计算)。短期月费率表见表7-2。

短期月费率系数表 表7-2

保险期限(月)	1	2	3	4	5	6	7	8	9	10	11	12
短期月费率系数(%)	10	20	30	40	50	60	70	80	85	90	95	100

短期保险费的计算公式为:

短期保险费 = 年保险费 × 短期月费率

2. 车辆损失险保险金额的确定

1)车辆损失险保险金额的确定方式

车辆损失险的保险金额由投保人和保险人协商,从下列三种方式中选择一种确定方式,保险人根据确定的保险金额的方式承担相应的赔偿责任。

(1)按投保时保险车辆的新车购置价确定。保险合同中的新车购置价指保险合同签订时,在保险合同签订地购置与保险车辆同类型新车(含车辆购置税、附加费)的价格。

(2)按投保时保险车辆的实际价值确定。保险合同中的实际价值是指同类型车辆市场新车购置价减去该车已使用年限折旧金额后的价格。车辆折旧率见表7-3。

折旧按每满一年扣除一年计算,不足一年的部分,不计折旧。折旧表按国家有关规定执行,但最高折旧金额不超过投保时保险车辆新车购置价的80%。

(3)在投保时保险车辆的新车购置价内,由投保人与保险人协商确定。这种方式的保险金额不得超过同类型新车购置价,超过部分无效。

车辆折旧率表 表7-3

车辆种类	年折旧率			
	个人	非营业	营业	
			出租	其他
9座以下载客汽车	6.00%	6.00%	12.50%	10%
10座以上载客汽车		10%	12.50%	10%
微型载货汽车		10%	12.50%	12.50%
带拖挂的载货汽车		10%	12.50%	12.50%
矿山作业专用车		12.50%	12.50%	12.50%
农用运输车		12.50%	16.00%	16.00%
摩托车	10%	10%	10%	10%
拖拉机	10%	10%	10%	10%
其他车辆	10%	10%	10%	10%

投保人和保险人可以根据实际情况,选择新车购置价、实际价值、协商价值三种方式之一确定保险金额。一般来说,新车按新车购置价承保,旧车可以在三种方式中由投保人和保险人双方自愿协商选择。

2）新增设备保险金额的确定方式

投保车辆标准配置以外的新增设备,应在保险合同中列明设备名称与价格清单,并按设备的实际价值相应增加保险金额。新增设备随保险车辆一并折旧。

3. 第三者责任险责任限额的确定

第三者责任险每次事故的最高赔偿限额是保险人计算保险费的依据,同时也是保险人承担第三者责任险每次事故赔偿金额的最高限额。

（1）每次事故的责任限额,由投保人和保险人在签订保险合同时按5万元、10万元、20万元、50万元、100万元和100万元以上不超过1 000万元的档次协商确定。第三者责任险每次事故的最高赔偿限额应根据不同车辆种类进行选择,确定方式如下:

①在不同区域内,摩托车、拖拉机的最高赔偿限额分四个档次:2万元、5万元、10万元和20万元;摩托车、拖拉机的每次事故最高赔偿限额因不同区域其选择原则是不同的,与《汽车保险费率规章》中的有关摩托车、拖拉机定额保单销售区域的划分相一致。即广东、福建、浙江、江苏四省,直辖市（北京、上海、天津、重庆）,计划单列市（深圳、厦门、宁波、青岛、大连）,各省省会城市,各自治区首府城市属于A类,最低选择5万元,其他区域属于B类,最低选择2万元。

②除摩托车、拖拉机外的其他汽车第三者责任险的最高赔偿限额分为六个档次,即5万元、10万元、20万元、50万元、100万元和100万元以上,且最高不超过1 000万元。例如,六座以下客车分为5万元、10万元、20万元、50万元、100万元及100万元以上不超过1 000万元等档次,供投保人和保险人在投保时自行协商确定。

（2）主车与挂车连接时发生保险事故,保险人在主车的责任限额内承担赔偿责任。发生保险事故时,挂车引起的赔偿责任视同主车引起的赔偿责任。保险人对挂车赔偿责任与主车赔偿责任所负赔偿金额之和,以主车赔偿限额为限。

值得注意的是,挂车投保后与主车视为一体,是指主车和挂车都必须投保了第三者责任险,而且是主车拖带挂车。无论赔偿责任是否由挂车引起的,均视同是由主车引起的,保险人第三者责任险的总赔偿责任以主车赔偿限额为限。若主车和挂车在不同保险公司投保,发生保险事故后,被保险人向承保主车的保险公司索赔,还应提供主车、挂车各自的保险单。两家保险公司按各自收取的保险单上载明的第三者责任险保险费的比例分摊赔偿。

4. 基本险的保险期限

除另有约定外,汽车保险合同基本险的保险期限为一年,以保险单载明的起讫时间为准。

除法律另有规定外,投保时保险期限不足一年的按短期月费率计收保险费。保险期限不足一个月的按一个月计算。以上规定了汽车保险合同期限与保险费率的关系。

至于保险合同期限和短期月费率的对应关系,应以各险别的保险期限来确定。

四、基本险的赔偿处理

1. 基本险赔偿处理的概述

（1）被保险人索赔时,应当向保险人提供与确认保险事故的性质、原因、损失程度等有关的证据和证明材料。即提供保险单、损失清单、有关费用单据、保险车辆行驶证和发生事故时驾驶人员的驾驶证。

属于道路交通事故的,被保险人应当提供公安交通管理部门或法院等机构出具的事故证明、相关法律文书(裁定书、裁决书、调解书、判决书等)及其他证明。

保险人依据保险合同的规定对相关证明和资料进行审核,发现有不完整的,应当及时通知被保险人补充。

(2)因保险事故损坏的保险车辆和第三者财产,应当尽量修复。修理前被保险人应当会同保险人检验,协商确定修理项目、方式和费用。否则,保险人有权重新核定或拒绝赔偿。

保险车辆和第三者财产损坏的检验修复原则:保险车辆因发生保险事故遭受损失或致使第三者的财产损坏,若估计修复费用不会达到或接近保险车辆或第三者财产的实际价值,应根据"交通事故财产损失以修为主"的原则尽量修复。修理前,被保险人要会同保险人检验受损车辆或第三者财产,明确修理项目、修理方式和修理费用。对不经过保险人定损而自行修理的,保险人有权重新核定修理费用或拒绝赔偿。在保险人重新核定修理费用时,被保险人应当如实向保险人提供受损情况、修理情况及相关证明材料,一经发现其存在隐瞒事实,不如实申报,或影响保险人正常取证和确定事故原因、损失程度等行为,保险人可部分或全部拒绝赔偿。

(3)保险人依据保险车辆驾驶人员在事故中所负的责任比例,承担相应的赔偿责任。

(4)保险车辆重复保险的,本保险人按照本保险合同的保险金额(车辆损失险)或责任限额(第三者责任险)与各保险合同保险金额(车辆损失险)或责任限额(第三者责任险)的总和的比例承担赔偿责任。其他保险人应承担的赔偿金额,本保险人不负责垫付。

(5)保险人受理报案、现场查勘、参与诉讼、进行抗辩、向被保险人提供专业建议等行为,均不构成保险人对赔偿责任的承诺。

2. 车辆损失险的赔偿处理

(1)保险人的赔偿方式:

①按投保时保险车辆的新车购置价确定保险金额:

a. 发生全部损失时,在保险金额内计算赔偿,保险金额高于保险事故发生时保险车辆实际价值的,按保险事故发生时保险车辆的实际价值计算赔偿。

b. 发生部分损失时,按实际修理费用计算赔偿,但不得超过保险事故发生时保险车辆的实际价值。

②按投保时保险车辆的实际价值确定保险金额或协商确定保险金额:

a. 发生全部损失时,保险金额高于保险事故发生时保险车辆实际价值的,以保险事故发生时保险车辆的实际价值计算赔偿;保险金额等于或低于保险事故发生时保险车辆实际价值的,按保险金额计算赔偿。

b. 发生部分损失时,按保险金额与投保时保险车辆的新车购置价的比例计算赔偿,但不得超过保险事故发生时保险车辆的实际价值。

(2)车辆损失险赔偿的计算方法。在汽车保险合同的有效期内,保险车辆发生事故而遭受的损失或费用支出,保险人按以下规定负责赔偿:

①全部损失。全部损失包括实际全损和推定全损。实际全损指保险车辆整体损毁或保险车辆受损严重,失去修复价值。推定全损是指保险车辆的修复费用达到或超过出险当时的实际价值,保险人推定全损。保险车辆发生全部损失后,如果保险金额高于出险当时的实际价值,按出险当时的实际价值计算赔偿。即

赔款 =(出险时保险车辆的实际价值 − 交强险赔偿金额 − 残值)× 事故责任比例 ×

(1 − 免赔率)

出险当时的实际价值按以下方式确定：按出险时的同类型车辆市场新车购置价减去该车已使用年限折旧金额后的价值；或按照出险当时同类车型、相似使用时间、相似使用状况的车辆在市场上的交易价格确定。折旧按每满一年扣除一年计算，不足一年的部分，不计折旧。折旧率按国家有关规定执行，但最高折旧金额不超过新车购置价的80%。

保险车辆发生全部损失后，如果保险金额等于或低于出险当时的实际价值，按保险金额计算赔偿。即

赔款 =（保险金额 - 交强险赔偿金额 - 残值）× 事故责任比例 ×（1 - 免赔率）

②部分损失。指保险车辆受损后，未达到"整体损毁"或"推定全损"程度的局部损失。若保险车辆的保险金额是按投保时新车购置价确定的，则无论保险金额是否低于出险当时的新车购置价，发生部分损失均按照实际修复费用赔偿。即

赔款 =（实际修复费用 - 交强险赔偿金额 - 残值）× 事故责任比例 ×（1 - 免赔率）

保险车辆的保险金额低于投保时的新车购置价，发生部分损失按照保险金额与投保时的新车购置价比例计算赔偿。即

赔款 =（实际修复费用 - 交强险赔偿金额 - 残值）×（保险金额/新车购置价）× 事故责任比例 ×（1 - 免赔率）

保险车辆最高赔款金额及施救费分别以保险金额为限。保险车辆在保险期限内，不论发生一次或多次保险责任范围内的部分损失或费用支出，只要每次赔款加免赔金额之和未达到保险金额，其保险责任仍然有效。

例3 甲车辆投保了营业用汽车损失险，在其保险期限内与另一机动车乙车发生碰撞事故。甲车新车购置价（含车辆购置税）110 000元，保额80 000元，出险时实际价值60 000元，驾驶人承担主要责任，责任比例70%，依据条款规定承担15%的免赔率，同时由于第三次出险，增加10%的免赔率。甲车修理费用40 000元，残值100元，乙车交强险应对甲车损失赔偿2 000元，计算甲车的车辆损失险的赔款额。

解：赔款 =（实际修复费用40 000元 - 交强险赔偿金额2 000元 - 残值100元）×（保险金额80 000元/新车购置价110 000元）× 事故责任比例70% ×[1 - 免赔率(15% + 10%)] = 14 471元

(3) 施救费用的赔偿方式。施救费用在保险车辆损失赔偿金额以外另行计算，最高不超过保险金额的数额。

施救费仅限于对保险车辆的必要、合理的施救支出。被施救的财产中，含有保险合同未承保财产的，按保险车辆与被施救财产价值的比例分摊施救费用。即按保险车辆的实际价值占施救总财产的实际价值的比例分摊施救费用。具体计算公式为：

①保险金额等于投保时新车购置价，即

施救费 =（实际施救费用 - 交强险赔偿金额）× 事故责任比例 ×（保险车辆实际价值/实际施救财产价值）×（1 - 免赔率）

②保险金额低于投保时新车购置价，即

施救费 =（实际施救费用 - 交强险赔偿金额）× 事故责任比例 ×（保险金额/新车购置价）×（保险车辆实际价值/实际施救财产价值）×（1 - 免赔率）

(4) 车辆残值的处理。保险车辆受损后的残余部分归被保险人，由双方协商确定其价值，并在赔偿中扣除。保险车辆遭受损失后剩余的价值，应由保险人同被保险人协商作价折归被保险人，并在计算赔偿时直接扣除。第三者财产遭受损失后的残值也按此处理。

(5)免赔率的规定。依据保险车辆驾驶人员在事故中所负责任,保险人在依据条款约定计算赔款的基础上,按下列免赔率免赔:

①负全部责任的免赔率为20%,负主要责任的免赔率为15%,负同等责任的免赔率为10%,负次要责任的免赔率为5%。

②单方肇事事故免赔率为20%。单方肇事事故是指不涉及与第三方有关的损害赔偿的事故,但不包括因自然灾害引起的事故。若保险车辆发生基本险条款中所列的自然灾害引起的保险事故,保险人不扣除免赔。

③保险车辆发生保险责任范围内的损失应当由第三方负责赔偿的,确实无法找到第三方时,免赔率为20%。

④违反安全装载规定的,增加免赔率5%;因违反安全装载规定导致保险事故发生的,保险人不承担赔偿责任。

(6)事故车辆的修理。保险事故发生后,被保险人经与保险人协商确定保险车辆的修理项目、方式和费用,可以自行选择修理厂修理,也可以选择保险人推荐的修理厂修理。保险人所推荐的修理厂的资质应不低于二级。保险车辆修复后,保险人可根据被保险人的委托直接与修理厂结算修理费用,但应当由被保险人自己负担的部分除外。

(7)代位追偿权利。因第三方对保险车辆的损害而造成保险事故的,保险人自向被保险人赔偿保险金之日起,在赔偿金额范围内代位行使被保险人对第三方请求赔偿的权利。

(8)保险合同的终止。保险人支付赔款后,在下列情况下保险合同终止,且保险人不退还汽车损失保险及其附加险的保险费:

①保险车辆发生全部损失。

②按投保时保险车辆的实际价值确定保险金额的,一次赔款金额与免赔金额之和(不含施救费)达到保险事故发生时保险车辆的实际价值。

③保险金额低于投保时保险车辆的实际价值的,一次赔款金额与免赔金额之和(不含施救费)达到保险金额。

3.第三者责任险的赔偿处理

(1)免赔率规定。根据保险车辆驾驶人在事故中所负责任,保险人在保险单载明的责任限额内,按下列免赔率免赔:

①负全部责任的免赔率为20%,负主要责任的免赔率为15%,负同等责任的免赔率为10%,负次要责任的免赔率为5%。

②违反安全装载规定的,增加免赔率10%。

(2)第三者责任险赔偿的计算方法:

①保险车辆发生第三者责任事故时,应当依据我国现行《道路交通事故处理办法》规定的赔偿范围、项目和标准以及保险合同的规定处理。

②根据保险单载明的责任限额核定赔偿金额。

a. 基本计算公式

第三者责任险中被保险人按事故责任比例应承担的赔偿金额 = (第三者人员伤亡总损失 + 第三者财产损失 + 第三者车总损失 − 本车交强险赔偿金额 − 其他交强险赔偿金额 − 残值) × 事故责任比例

b. 当被保险人按事故责任比例应负的赔偿金额超过责任限额,则

$$赔款 = 责任限额 \times (1 - 免赔率)$$

当被保险人按事故责任比例应负的赔偿金额低于责任限额,则
$$赔款 = 应负赔偿金额 \times (1 - 免赔率)$$

例4 车辆甲在投保交强险和商业第三者责任险的保险期限内发生交通事故,其在事故中负主要责任,承担70%的损失,依据条款规定承担15%的免赔率。第三者责任险责任限额为10万元,交强险赔款10 000元。此次事故中造成了第三方财产损失80 000元,医疗费用30 000元,死亡伤残费用150 000元,共计26万元的损失。计算该车商业第三者责任险的赔款。

解:第三者责任险中被保险人按事故责任比例应承担的赔偿金额=(事故第三方损失260 000元-交强险赔偿金额10 000元)×事故责任比例70%=175 000元>责任限额100 000元

因此,第三者责任赔款=100 000元×(1-15%)=75 000元

③未经保险人书面同意,被保险人自行承诺或支付的赔偿金额,保险人有权重新核定。不属于保险人赔偿范围或超出保险人应赔偿金额的,保险人不承担赔偿责任。

(3)一次性赔偿原则。赔款金额经保险人与被保险人协商确定后,对被保险人追加的索赔请求,保险人不承担赔偿责任。

(4)保险的连续责任。被保险人获得赔偿后,保险合同继续有效,直至保险期限届满,即第三者责任险的保险责任为连续责任。保险车辆发生第三者责任保险事故,保险人赔偿后,无论每次发生事故赔偿金额是否达到保险责任限额,在保险期限内,第三者责任险的保险责任仍然有效,直至保险期满。

五、基本险保险费的调整

上一保险年度未发生本保险及其附加险赔款的保险车辆续保,且保险期限均为一年时,按下列条件和方式可享受保险费优待:

(1)上一保险年未享受无赔款保险费优待的,续保时优待比例为10%;上一保险年度已享受保险费优待的,续保时优待比例在上一保险年优待比例外增加10%,保险费优待比例最高不超过30%。

优待条件:
①保险期限必须满一年;
②保险期限内无赔偿;
③保险期满前办理续保。

(2)上一保险年度享受保险费优待的车辆发生本保险及其附加险赔款,续保时保险费优待比例按以下公式计算,直至保险费优待比例为零时止。

$$续保时保险费优待比例 = 上一保险年度保险费优待比例 - N \times 10\%$$

式中:N——续保时上一保险年度发生赔款次数。

在具体确定无赔款优待应注意以下4点:

①保险车辆发生危险事故,续保时案件未决,被保险人不能享受无赔款优待。但事故处理后,保险人应退还无赔款优待应减收的保险费。

②在一年保险期限内,发生所有权转移的保险车辆,续保时不享受无赔款优待。

③无赔款优待仅限于续保险种,即上年度投保而本年度未续保的险种和本年度新投保的险种,均不享受无赔款优待。

(3)同一投保人投保车辆不止一辆的,保险费调整按辆分别计算。
(4)保险费调整以续保年度应交保险费为计算基础。

第四节 附 加 险

一、全车盗抢险

1. 保险责任

(1)保险车辆被盗窃、抢劫、抢夺,经出险当地县级以上公安刑侦部门立案证明,满60天未查明下落的全车损失。

(2)保险车辆全车被盗窃、抢劫、抢夺后,受到损坏或车上零部件、附属设备丢失需要修复的合理费用。

(3)保险车辆在被抢劫、抢夺过程中,受到损坏需要修复的合理费用。

2. 责任免除

(1)非全车遭盗窃,仅车上零部件或附属设备被盗窃或损坏。
(2)保险车辆被诈骗、罚没、扣押造成的损失。
(3)被保险人因民事、经济纠纷而导致保险车辆被抢劫、抢夺。
(4)租赁车辆与承租人同时失踪。
(5)全车被盗窃、抢劫、抢夺期间,保险车辆造成第三者人身伤亡或财产损失。
(6)被保险人及其家庭成员、被保险人允许的驾驶人员的故意行为或违法行为造成的损失。

被保险人因与他人的民事、经济纠纷而致车辆被抢劫、被抢夺;无论公安部门是否出具保险车辆被抢劫、被抢夺的书面证明,只要是被保险人与他人因民事或经济纠纷而导致保险车辆被抢劫、被抢夺,保险人均不负赔偿责任。

3. 保险金额

保险金额由投保人和保险人在投保时保险车辆的实际价值内协商确定。

4. 赔偿处理

(1)被保险人知道保险车辆被盗窃、抢劫、抢夺后,应在24h内向出险当地公安刑侦部门报案,并通知保险人。

(2)被保险人索赔时,须提供保险单、机动车行驶证、机动车登记证书、机动车来历凭证、车辆购置税完税证明(车辆购置附加费缴费证明)或免税证明、车辆停驶手续以及出险当地县级以上公安刑侦部门出具的盗抢立案证明。

(3)全车损失,在保险金额内计算赔偿,并实行20%的免赔率。被保险人未能提供机动车行驶证、机动车登记证书、机动车来历凭证、车辆购置税完税证明(车辆购置附加费缴费证明)或免税证明的,每缺少一项,增加1%的免赔率。部分损失,在保险金额内按实际修复费用计算赔偿。

(4)被保险人索赔时,未能提供车辆停驶手续或出险当地县级以上公安刑侦部门出具的盗抢立案证明,保险人不承担赔偿责任。

(5)保险人确认索赔单证齐全、有效后,与被保险人签订权益转让书,保险人赔付结案。

(6)保险车辆全车被盗窃、抢劫、抢夺后被找回的:

①保险人尚未支付赔款的,车辆应归还被保险人;

②保险人已支付赔款的,车辆应归还被保险人,被保险人应将赔款返还给保险人;被保险人不同意收回车辆,车辆的所有权归保险人,被保险人应协助保险人办理有关手续。

中国人民保险公司的下列附加险在投保车辆损失险时可投保,包括:全车盗抢险;玻璃单独破碎险;火灾、爆炸、自燃损失险;车辆停驶损失险;车身划痕损失险;新增加设备损失险;自燃损失险;救助特约条款;不计免赔特约险。

其中不计免赔特约险只有在同时投保了车辆损失险和第三者责任险的基础上才能投保。

5. 赔款计算

(1)全部损失。出险时被保险车辆实际价值小于保险金额的,赔款按以下公式计算。

$$赔款 = 出险时实际价值 \times (1 - 免赔率)$$

出险时被保险车辆实际价值大于或等于保险金额的,赔款按以下公式计算。

$$赔款 = 保险金额 \times (1 - 免赔率)$$

出险时实际价值 = 出险时的新车购置价 × (1 - 月折旧率 × 已使用月份)

(2)部分损失。出险时被保险车辆部分受损失时,赔款按以下公式计算。

$$赔款 = 实际修理费用 - 残值$$

实际修理费用不超过保险车辆出险时的实际价值;赔偿金额不超过被保险车辆投保时的保险金额。

二、玻璃单独破碎险

1. 保险责任

保险车辆风窗玻璃或车窗玻璃的单独破碎,保险人负责赔偿。

2. 投保方式

投保人与保险人可协商选择按进口或国产玻璃投保。保险人根据协商选择的投保方式承担相应的赔偿责任。

3. 责任免除

安装、维修车辆过程中造成的玻璃单独破碎。

4. 赔款计算

$$赔款 = 实际发生的修理费用$$

5. 其他

本附加险在保险期限内发生赔款,续保时不影响除本附加险以外的其他险种的无赔偿保险费优待。

汽车的灯具玻璃、车镜玻璃破碎均不属于本保险责任;发生玻璃单独破碎后,保险人按受损玻璃的实际修复费用给予赔偿。

三、火灾、爆炸、自燃损失险

1. 保险责任

(1)火灾、爆炸、自燃造成保险车辆的损失。

(2)发生保险事故时,被保险人为防止或者减少保险车辆的损失所支付的必要的合理的施救费用。

当发生保险事故时,为减轻车辆的损失,所使用的灭火器材等,保险人应予以赔偿。

2. 责任免除

(1) 自燃仅造成电器、线路、供油系统的损失。

(2) 所载货物自身的损失。

(3) 轮胎爆裂的损失。

如果是车上货物引起的火灾保险人负责赔偿,但货物的损失不在赔偿之列。

3. 保险金额

保险金额由投保人和保险人在投保时保险车辆的实际价值内协商确定。

4. 赔偿处理

(1) 全部损失,在保险金额内计算赔偿;部分损失,在保险金额内按实际修理费用计算赔偿。

(2) 施救费用在保险金额内按实际支出计算赔偿。

(3) 每次赔偿实行20%的免赔率。

四、车辆停驶损失险

1. 保险责任

因发生车辆损失保险的保险事故,致使保险车辆停驶,保险人在保险单载明的保险金额内承担赔偿责任。

2. 责任免除

(1) 被保险人或驾驶人员未及时将保险车辆送修或拖延修理时间造成的损失。

(2) 因修理质量不合格,返修造成的损失。

3. 保险金额

保险金额按照投保时约定的日赔偿金额乘以约定的赔偿天数确定;约定的日赔偿金额最高为300元,约定的赔偿天数最长为60天。

4. 赔偿处理

全车损失,按保险单载明的保险金额计算赔偿;部分损失,在保险金额内按约定的日赔偿金额乘以从送修之日起至修复之日止的实际天数计算赔偿,实际天数超过双方约定修理天数的,以双方约定的修理天数为准。

在保险期限内,赔款金额累计达到保险单载明的保险金额,本附加险保险责任终止。

附加险的保险期限到期时,无论赔偿天数一次或多次累计是否达到约定天数,本附加险的保险责任即行终止;但如本附加险的保险期限到期时,保险车辆尚未修复完毕,保险人在约定的赔偿天数内继续承担保险责任。

五、新增加设备损失险

1. 保险责任

投保了本附加险的汽车因发生车辆损失险责任范围内的事故,造成车上新增加设备的直接损毁,保险人在保险单载明的本附加险的保险金额内,按照实际损失计算赔偿。

2. 保险金额

保险金额根据新增加设备的实际价值确定。

3. 赔偿处理

赔款 = (核定修理费用 − 交强险赔偿金额 − 残值) × 事故责任比例 × (1 − 免赔率)

(1)核定修理费用大于或等于出险时被保险机动车所保新增设备实际价值的,赔款按以下公式计算。

$$赔款 = (出险时实际价值 - 交强险赔偿金额 - 残值) \times 事故责任比例 \times (1 - 免赔率)$$

(2)"(核定修理费用 - 交强险赔偿金额 - 残值) × 事故责任比例"大于等于被保险机动车所保新增设备保险金额的,赔款按以下公式计算:

$$赔款 = 保险金额 \times (1 - 免赔率)$$

(3)新增加设备出险时实际价值是指新增加设备的购置价减去折旧后的金额,新增设备的折旧率以本条款所对应的主险条款规定为准。

4. 其他事项

本保险所指新增加设备是指保险车辆出厂时原有各项设备以外,被保险人加装的设备及设施。投保时,应当列明车上新增加设备明细表及价格。

如在保险车辆上加装制冷、制氧设备、清洁燃料设备、CD及电视录像设备、检测设备、真皮或电动坐椅、电动升降器、防盗设备等均属于新增设备。

六、自燃损失险

1. 保险责任

(1)保险车辆电器、线路、供油系统发生故障或所载货物自身原因起火燃烧造成本车的损失。

(2)发生保险事故时,被保险人为防止或者减少保险车辆的损失支付的必要的合理的施救费用。

2. 责任免除

(1)自燃仅造成电器、线路、供油系统的损失。

(2)所载货物自身的损失。

3. 保险金额

保险金额由投保人和保险人在投保时保险车辆的实际价值内协商确定。

4. 赔偿处理

(1)全部损失。出险时被保险车辆实际价值小于保险金额的,赔款按以下公式计算:

$$赔款 = (出险时实际价值 - 残值) \times (1 - 免赔率)$$

出险时被保险车辆实际价值减去残值大于或等于保险金额的,赔款按以下公式计算:

$$赔款 = 保险金额 \times (1 - 免赔率)$$

出险时实际价值按以下公式计算。

$$实际价值 = 出险时的新车购置价 \times (1 - 月折旧率 \times 已使用月份)$$

(2)部分损失。出险时被保险车辆发生部分损失,赔款按以下公式计算。

$$赔款 = (实际修理费用 - 残值) \times (1 - 免赔率)$$

(3)施救费用。出险时的施救费用按以下公式计算:

$$施救费用赔款 = 实际施救费用 \times (保险车辆实际价值/实际施救财产价值) \times (1 - 免赔率)$$

施救费用最高以不超过保险金额为限。

(4)每次赔偿实行20%的免赔率。

七、车上货物责任险

1. 保险责任

发生意外事故,致使保险车辆所载货物遭受直接损毁,依法应由被保险人承担的经济赔偿责任,保险人负责赔偿。

2. 责任免除

(1)哄抢、自然损耗、本身缺陷、短少、死亡、腐烂、变质造成的货物损失。

(2)违法、违章载运或因包装不善造成的损失。

(3)车上人员携带的私人物品。

3. 责任限额

责任限额由投保人和保险人在投保时协商确定。

4. 赔偿处理

被保险人索赔时,应提供货运单、起运地货物价格证明等相关单据。

赔款 =(实际财产损失 + 施救费 − 残值 − 交强险对车上货物赔款)× 事故责任比例 ×(1 − 免赔率)

当(实际财产损失 + 施救费 − 残值 − 交强险对车上货物赔款)× 事故责任比例大于等于保险金额时,赔款按:赔款 = 保险金额 ×(1 − 免赔率)计算。

保险人在责任限额内按起运地价格计算赔偿。每次赔偿实行20%的免赔率。

八、车上人员责任险

1. 保险责任

发生意外事故,造成保险车辆上人员的人身伤亡,依法应由被保险人承担的经济赔偿责任,保险人负责赔偿。

2. 责任免除

(1)违章搭乘人员的人身伤亡。

(2)车上人员因疾病、分娩、自残、殴斗、自杀、犯罪行为造成的自身伤亡或在车下时遭受的人身伤亡。

3. 责任限额

车上人员每人责任限额和投保座位数由投保人和保险人在投保时协商确定。投保座位数以保险车辆的核定载客数为限。

4. 赔偿处理

车上人员的人身伤亡按《道路交通事故处理办法》规定的赔偿范围、项目和标准以及保险合同的约定赔偿,每人赔偿金额不超过保险单载明的每人责任限额,赔偿人数以投保座位数为限。

九、无过失责任险

(1)保险车辆与非汽车或行人发生交通事故,造成对方的人身伤亡或财产直接损毁,保险车辆方无过失,且被保险人拒绝赔偿未果,对被保险人已经支付给对方而无法追回的费用,保险人按照《道路交通事故处理办法》和出险当地的道路交通事故处理规定标准,在责任限额内计算赔偿。每次赔偿实行20%的免赔率。

(2)责任限额由投保人和保险人在5万元以内协商确定。

十、交通事故精神损害赔偿险

1. 保险责任

投保了本保险的汽车在使用过程中,因发生交通事故,致使第三者或本车上人员的伤残、死亡或怀孕妇女意外流产,受害方据此提出精神损害赔偿请求,依照法院判决应由被保险人承担的精神损害赔偿责任,保险人按合同约定在赔偿限额内负责赔偿。

2. 责任免除

在下列情况下,被保险人承担的精神损害赔偿,保险人不负责赔偿:

(1)驾驶员在交通事故中无过错责任。

(2)保险车辆未发生碰撞事故,仅由惊恐引起,造成第三者或车上人员的行为不当所引起的伤残、死亡或怀孕妇女意外流产。

(3)法院调解书中确定的应由被保险人承担的精神损害赔偿。

(4)其他不属于保险责任范围内的损失和费用。

3. 赔偿限额

本保险的最高赔偿限额由保险人和投保人在投保时协商确定。

4. 赔偿处理

(1)按人民法院对交通事故责任人应承担的精神损害赔偿的判决以及保险合同的规定,保险人在保险单所载明的本保险赔偿限额内计算赔偿。

$$赔款 = (赔偿限额或被保险人应负赔偿金额) \times (1 - 免赔率)$$

被保险人应负赔偿金额 = 法院判决或经保险人同意应由被保险人承担的精神损害

$$赔偿金 - 交强险赔偿金额。$$

(2)本保险每次赔偿均实行20%的免赔率。

十一、车身划痕损失险

1. 适用范围

适用于已投保车辆损失保险的家庭自用或非营业用、使用年限在3年以内、9座以下的客车。

2. 保险责任

无明显碰撞痕迹的车身划痕损失,保险人负责赔偿。

3. 责任免除

被保险人及其家庭成员、驾驶人员及其家庭成员的故意行为造成的损失。

4. 保险金额

保险金额为5000元。

5. 赔偿处理

在保险金额内按实际修理费用计算赔偿。

$$赔款 = 实际发生的修理费用 \times (1 - 免赔率)$$

在保险期限内,赔款金额累计达到保险金额,本附加险保险责任终止。

十二、不计免赔特约条款

经特别约定,保险事故发生后,按照对应投保的主险条款规定的免赔率计算的,应当由被保险人自行承担的免赔金额部分,由保险人负责赔偿。

1.下列情况下,应当由被保险人自行承担的免赔金额,保险人不负责赔偿

(1)车辆损失保险中应当由第三方负责赔偿而无法找到第三方的。

(2)因违反安全装载规定增加的。

(3)被保险人根据有关法律规定选择自行协商方式处理交通事故,但不能协助保险人勘验事故各方车辆的。

(4)因保险期间内发生多次保险赔偿而增加的。

(5)非约定驾驶人使用保险车辆发生保险事故增加的。

(6)附加险条款中规定的。

2.赔付计算

赔款等于一次赔款中已承保且出险的各种险种,按约定的免赔率计算的且应当由被保险人自行承担的免赔额之和。

十三、沿海气象灾害险

1.保险责任

保险车辆在保险期限内因下列原因造成保险车辆腾空、翻倒、泡损、淹没或下落不明的损失,保险人负责赔偿。

(1)台风。是发生在太平洋西部极猛烈的热带气旋。按我国规定:中心附近地面(或海面)风速在32.6m/s以上(11级以上)为台风。

(2)热带风暴。是发生在太平洋西部猛烈的热带气旋。按我国规定:中心附近地面(或海面)风速在17.2~32.6m/s(风力8~11级)为热带风暴。

(3)海啸。是由于地震或风暴而造成的海面巨大涨落现象。

2.保险金额

保险金额按保险车辆投保时的实际价值确定。

3.赔偿处理

保险人在保险单该项目所载明的保险金额内,按保险车辆的实际损失赔偿。

十四、可选免赔额特约条款

只有在投保了车辆损失险的基础上,方可特约可选免赔额特约条款,当车辆损失险的保险责任终止时,本保险责任同时终止。投保了本条款的投保人可以依其所选定免赔额的不同,享受相应的费率优惠。根据本条款投保人可以与保险人协商确定一个绝对免赔率。按保险合同其他条款计算的保险人应负赔偿金额若低于该绝对免赔率,保险人不承担赔偿责任;若高于该绝对免赔额,保险人在扣除该免赔额后,对高于部分予以赔偿。

选择了可选免赔额特约条款后,赔款计算式为:

$$赔款 = 按车辆损失险计算的赔款 - 选定的免赔额$$

本条款不适用于玻璃单独破碎险、全车盗抢险及车辆停驶损失险。特约了本条款后,主条款的免赔规定不发生改变。

十五、指定部位赔偿条款

只有在投保了车辆损失险基础上方可特约本条款。

特约了本条款的保险车辆发生保险事故后,保险人仅对保险事故造成投保人指定的下列车辆部位的损失予以赔偿:

(1)发动机;

(2)底盘;

(3)车身;

(4)电气部分;

(5)车饰。车饰是指被保险人自行添加或改造的用于增加车辆舒适或美观的车体内的配置。

特约了本条款后,保险人对投保人指定部位以外的车体损失均不负赔偿责任。

特约了本条款后,主条款的免赔规定不发生改变。

十六、代步车特约条款

只有在投保了车辆损失险基础上方可特约本条款。当车辆损失险的保险责任终止时,本保险责任同时终止。

特约了本条款的保险车辆因发生车辆损失险责任范围内的事故,造成车辆损毁致使车辆需要修理时,保险人按下列规定计算为被保险人提供代步车租金的额度:

(1)部分损毁时,自被保险人报案之日起至修复竣工之日止的实际天数乘以保险单约定的日租金额。

(2)全车损毁时,按保险单约定天数乘以保险单约定的日租金额。

(3)在车辆损失险约定的保险期限内,上述累计支付的代步车租金天数最高不超过30天,日租金额最高不超过300元。

保险人对下列情况不承担代步车租金的支付:

(1)非因车辆损失险约定的保险事故而致车辆需要修理的。

(2)非在保险人指定的修理厂修理时,因车辆修理技术不合要求造成返修,在返修期间的代步车费用。

(3)保险车辆在扣押、罚没期间及被保险人或其驾驶员拖延车辆送修期间的代步车费用。

十七、基本险不计免赔特约条款

只有在同时投保了车辆损失险及第三者责任险的基础上方可特约本款。当车辆损失险和第三者责任险中任一险别的保险责任终止时,本保险责任同时终止。

特约了本条款的汽车发生保险事故造成赔偿,对其在符合赔偿规定的金额内按基本险规定计算的按责免赔金额,保险人负责赔偿。

下列各项免赔金额,保险人不负责赔偿。

(1)各附加险项下规定的免赔金额。

(2)保险合同中规定的由于被保险人索赔时未提供必要单证而增加的免赔金额。

(3)保险合同中规定的由于投保人、被保险人未履行或未完全履行义务而增加的免赔金额。

(4)保险合同中规定的由于保险车辆在一个保险年度内四次及以上索赔而增加的免赔金额。

十八、附加险不计免赔特约条款

只有在同时投保了车辆损失险及第三者责任险的基础上方可特约本款。当车辆损失险和第三者责任险中任一险别的保险责任终止时,本保险责任同时终止。

特约了本条款的汽车发生保险事故造成赔偿,对其在符合赔偿规定的金额内按基本险规定计算的按责免赔金额,保险人负责赔偿。

但下列各项免赔金额,保险人不负责赔偿。

(1)基本险项下规定的免赔金额。

(2)保险合同中规定的由于被保险人索赔时未提供必要单证而增加的免赔金额。

(3)保险合同中规定的由于投保人、被保险人未履行或未完全履行义务而增加的免赔金额。

(4)保险合同中规定的由于保险车辆在一个保险年度内四次及以上索赔而增加的免赔金额。

第五节 汽车投保

一、填写投保单

投保人向保险人表示缔结保险合同的意愿,即为投保。因保险合同的要约一般要求为书面形式,所以机动车辆保险的投保需要填写投保单。

1. 投保单的性质

投保人如实填写投保单后交付保险人,订立保险合同。投保单是保险合同订立的书面要约,也是理赔过程中的重要单证以及确定保险合同内容的根本依据。投保单原则上应载明订立保险合同所涉及的主要条款,投保单经过保险人审核签章,就成为保险合同的组成部分。

2. 告知义务

(1)保险人的告知义务。投保时,保险人需要履行告知义务,其告知内容主要包括以下4点:

①依据《中华人民共和国保险法》和《机动车辆保险条款》以及保监会的有关要求,向投保人告知保险险种的保障范围,特别要明示责任免除及被保险人义务等条款内容。

②对车辆基本险和附加险条款解释产生异议时,特别是对保险责任免除部分的异议,应通过书面或其他方式给予明确说明。当保险条款发生变更时,应及时地明确说明。

③应主动提醒投保人履行如实告知义务,尤其对涉及保险人是否同意承保、承保时的特别约定、可能的费率变化等情况应如实告知,不能为了争取保险业务故意误导投保人。

④对于摩托车与拖拉机保险,应向投保人解释采用定额保单与采用普通保单承保的不同之处。

(2)投保人的告知义务。投保时,投保人也应履行如实告知义务。应如实填写投保单,向保险人如实告知重要事项,并提供被保险机动车辆的行驶证复印件。若投保人未如实告知相关重要事项,而对保险费计算造成影响的,保险人将重新核定保险费。

3. 投保单的填写

投保单是投保人缔约保险合同意愿的书面凭证。保险人接受了投保单，投保单就成为保险合同的要件之一。

投保单的内容包括被保险人、投保人的基本情况；保险车辆和驾驶员的基本情况；投保险种；保险金额；保险期限等内容。投保业务人员应指导投保人正确填写，如果投保车辆较多，投保单容纳不下，则应填写《机动车辆保险投保单附表》。填写时，应字迹清楚，如欲更改，则需投保人或其代表人在更正处签章。

填写保险单具体要求如下：

(1)投保人的基本情况。如果投保人为自己投保，保险合同签订后，投保人也是被保险人。投保人除了应当具有相应的权利能力和行为能力之外，对保险标的必须具有保险利益，因此投保人应当在投保单上填写自己的姓名，以便保险人核实其资格，避免出现保险纠纷。首先，被保险人必须是保险事故发生时遭受损失的人，即受保障的人；其次，被保险人必须是具有保险金请求权的人。因此，投保单上必须注明被保险人的姓名。

(2)被保险人的基本情况。投保单上需要填写被保险人的详细地址、邮编、电话及联系人，以便于联系和作为确定保险费率的参考因素。一方面，保险人接到投保人填写的投保单后需要进行核保。保险合同生效后，保险人需要定期或不定期地向客户调研自身的服务质量或通知保险人有关信息。为便于及时联系，需要填写保险人的准确地址、邮编电话及联系人等信息。另一方面，不同地区的机动车保有量、道路状况都不尽相同，危险因素也不一样，这是厘定保险费率的重要依据。因此，也需要被保险人的详细地址基本情况。

(3)驾驶员的基本情况。投保单需要提供驾驶员的基本情况，如驾驶员的住址、性别、年龄与婚姻状况、驾龄、违章情况等，这是确定保险费的重要依据。

(4)保险汽车的基本情况：

①保险汽车有关资料。投保单要求说明保险车辆的有关情况，一般包括：号牌号码、厂牌号码、发动机号、车架号、座位/吨位、车辆特征(车门数、颜色)、初次登记年月等资料信息等。

车辆价值对保险费影响较大，所以较为详细的保险车辆有关资料，可以帮助保险人核实保险车辆的价值，进而确定保险金额。如我国的《机动车辆保险条款》中规定"保险金额不能超过同类型的新车购置价，超过部分无效。"显然，提供上述保险车辆的基本资料是不可或缺的过程。

②为了了解车辆的所有与使用情况，大多数投保单都会有下述类似的问题：

a.该车辆所属性质是什么？

b.该车辆是否为分期付款购买的？如果是，卖方是谁？

c.该车辆的行驶证所列明的车主是谁？

d.该车辆的使用性质是什么？行驶区域如何？

提出上述问题主要是为保险人核保时，确定保险标的的保险利益和保险费率提供依据，以免日后发生不必要的纠纷。

(5)投保险种与保险期限：

①车辆险种包括交强险、机动车辆损失险、第三者责任险及附加险。附加险包括全车盗抢险、玻璃单独破碎险、车辆停驶损失险、自燃损失险、新增加设备损失险、救助特约条款、不计免赔特约险等。

在投保单上,需要选择投保险种填写保险金额或赔偿限额,这是保险人在核保时确定保险费的基本依据。

②在我国规定的机动车保险的保险期限一般为一年。

(6)投保人签章。投保单必须由投保人亲笔签名确认方可生效,其主要作用为:

①提供保险凭证所需要的信息。投保人签章就视同其确认投保单上所提供信息的准确性,保险人在签发保险证和保险单时,可以依据这些信息填写。

②便于保险人核保。只有投保人签章后,才能确认投保单所提供的信息,便于投保人核保。

③获得投保人对保险合同信息的确认。投保人在投保单上签字后,保险人受理同意,投保单就构成保险合同的要件。如果核保后所填信息没有变化,保险人据此认为投保人已经确认并同意保险合同中的信息。

表7-4是某保险公司的汽车保险投保单。

某保险公司的汽车保险投保单 表7-4

投保人/被保险人							
个人身份证号码			组织机构代码				
联系人姓名			联系电话				
联系地址					邮政编码		
行驶证车主							
投保险种	□商业车险 □交通事故责任强制保险		交强险承保公司			保单号	
车辆类型			厂牌型号			排量	
新车购置价格			购置时间			车身颜色	
发动机号			车型号(VIN)				
核定座位或载质量			车牌号码				
车辆改造/登记年月			□国产 □进口 □改装或组装				
指定驾驶员	主	姓名	性别	年龄	准驾车型		驾龄
	副	姓名	性别	年龄	准驾车型		驾龄
投保险种				保险金额/赔偿限额(万元)			保费(元)
车辆损失险(□事故责任免赔率Ⅰ □事故责任免赔率Ⅱ □不计免赔率)							
商业第三者责任险(□事故责任免赔率Ⅰ □事故责任免赔率Ⅱ □不计免赔率)							
全车盗抢险(绝对免赔率□0 □10% □20% □50%)							
玻璃单独破碎险(□国产 □进口)							
自燃损失险							
新增加设备损失险							
车上货物责任险							
车上人员责任险	驾驶员						
	前排乘客	(座位数____)					
	后排乘客	(座位数____)					

续上表

	车载货物掉落责任险		
	交通事故精神损害赔偿险		
	附加第三方未投保第三者责任险		
	代步车费用险(□10 天　□15 天　□20 天　□30 天)		
	车身划痕损失险(限额□人民币 2000 元　□人民币 5000 元　□人民币 10000 元)		
	全车盗抢险附加高尔夫球具盗窃险(限额人民币　□5000 元　□人民币 10000 元　□人民币 15000 元　□人民币 20000 元)		
车辆损失保额确定方式：按照□新车购置价　□新车购置价扣减折旧　□特别约定确定		月折旧率	□6%　□9%　□12%
往年保险索赔记录	□上三年无赔偿记录　□上二年无赔款记录　□上年无赔款记录　□初次投保　□上年发生一次赔款　□上年发生二次赔款　□上年发生三次赔款　□上年发生四次赔款　□上年发生五次赔款　□上年发生五次以上赔款		
使用性质	□非营业	□个人用车　□企业用车　□机关用车　□货车　□特种车一　□特种车二　□特种车三　□挂车	
	□营业	□出租、租赁　□城市公交　□公路客运　□货车　□特种车一　□特种车二　□特种车三　□特种车四　□挂车	
摩托车		□50mL 及以下　□50～250mL（含）　□250mL 以上及侧三轮	
拖拉机		□农用 14.7kW 及以下　□农用 14.7kW 及以上　□运输型 14.7kW 及以下　□运输型 14.7kW 及以上	
行驶区域	□省（市）内/500km 单程内　□中国境内	货物装载性质	□化工易燃易爆　□建筑材料　□其他
维护状况		车辆行驶里程	km/年
车辆损失免赔率	□0　□300　□500　□800　□1 500　□2 000　□5 000　（单位：人民币元)		
投保方式	□直接业务　□代理业务	投保年度	□首年投保　□核保
商业车险保费金额合计			（单位：人民币元)
交强险与交通安全违法行为和道路交通事故相联系的浮动比率			
交强险保费金额			（单位：人民币元)
总保费金额合计（人民币大写）：			
保险期间：自　　年　　月　　日　零时起，至　　年　　月　　日　二十四时止，共　　个月			
本合同发生争议，双方应协商解决，如经双方协商未达成协议的，采取下列方式之一解决：□向＿＿＿＿＿仲裁委员会申请仲裁，但未达成仲裁协议的可以向法院起诉；□向人民法院提起诉讼。			
付费约定：			
特别约定：			

投保人声明：
1. 上述所填内容和提供的其他相关资料全部属实；
2. 已认真阅读了保险合同条款的所有内容，了解了有关权利和义务，并充分注意到其中的责任免赔条款，对此均无异议；
3. 同意按照上述条件投保

二、车辆检验

目前,对于车辆检验,各保险公司对此规定不一,有的将车辆检验过程与投保单填写工作同时进行,属于承保阶段的实务;有的则将其放在核保阶段与查验车辆一起进行。

1. 车辆行驶证检验

投保时,应检验车辆行驶证或临时牌照是否与投保标的相符,车辆是否为已经办理有效年检的合格车辆,核实投保车辆的使用性质和车辆初次登记日期等。

2. 车辆检验

投保时要重点检验以下车辆:

(1)首次投保的车辆;未按期续保的车辆;

(2)在投保第三者责任险后,又申请增加投保车辆损失险的车辆;

(3)申请增加投保附加险,如盗抢险、自燃损失险及玻璃单独破碎险;

(4)使用年限较长且接近报废年限的车辆;

(5)特种车辆;

(6)发生重大交通事故后修复的车辆。

车辆检验时,应重点检验车辆的牌照号码、发动机号和车架号是否与车辆行驶证的记录一致,车辆技术状况是否适合运行,消防装备配备是否齐全,投保盗抢险的汽车要拓印车架与发动机号码并将其附在保险单的正面,或拓印牌照留底并将照片贴在保险单背面,查验保险汽车是否装有防盗装置等。

第六节 保险公司核保

核保是指保险公司(保险人)在承保前,对保险标的各种风险情况加以审核与评估,从而决定是否承保、承保条件与保险费率的过程。保险人在承保时必须经过核保过程。

核保工作原则上采取两级核保体制。即先由展业人员、保险经纪人、代理人进步核保;再由核保人员复核决定是否承保、承保条件及保险费率等。因此,核保实务流程包括审核保险单、查验车辆、核定保险费率、计算保险费、核保等必要程序。

核保的意义主要表现在三个方面:

(1)排除经营中的道德风险,防止逆选择。保险公司通过建立核保制度,由资深人员运用专业技术和经验对保险标的进行风险评估,通过风险评估可以最大限度地解决信息不对称问题,排除道德风险,防止逆选择。

(2)确保业务质量,实现经营的稳定。保险公司要实现经营的稳定,控制承保业务的质量是关键。而在实际工作中企业发展与管理始终是一对矛盾,其主要表现为:

①为了拓展业务而急剧扩充业务人员,这些新人员的素质和知识储备有限,无法全面认识和控制承保的质量。

②保险公司为了扩大保险市场占有份额,稳定与保险客户的业务关系,放松了对拓展业务方面的管理。

③保险公司为了扩大保险市场的业务领域,开发一些不成熟的新险种,签署了一些未经详细论证的保险协议,扩大了风险因素。

加强承保业务的管理,提高服务质量是保险公司经营的另一个重要环节。核保制度是增强企业自身的认知能力,确保业务质量的稳定和健康发展的保障。

(3)实现经营目标,确保持续发展。在我国经济体制大环境下,保险公司要在市场竞争中赢得主动,就必须坚持正确的市场营销方针和政策,包括选择特定的业务和客户作为自己发展的主要对象,确定对于各类风险承保态度,制订承保业务的原则、条款、费率等条件。通过核保制度实现风险的选择和控制,保险公司能够有效的实现其既定的经营目标,并保持业务的良好持续发展。

一、审核投保单与查验车辆

业务人员在接到投保单以后,首先应根据保险公司内部制订的承保办法决定是否接受此业务。若不属于拒保业务范畴应立即加盖公章,并载明收件日期。

1. 审查与验证投保单

(1)审查投保单。首先审查投保单所填写的各项内容是否完整、清楚、准确。

(2)验证投保单。结合投保车辆的相关证明和资料,如车辆行驶证、介绍信等进行详细审核检查。应特别注意检查的是投保人称谓与其签章是否一致。如果投保人称谓与投保车辆行驶证标明的不符,投保人需要提供其对投保车辆拥有可保利益的书面证明;其次,应特别检验投保车辆的行驶证是否与保险标的相符,投保车辆是否年检合格,以及检验车辆的牌照号码、发动机号码是否与行驶证一致等。总之,必须核实投保车辆的合法性,并确定其使用性质。

2. 查验车辆

根据投保单、投保单附表和车辆行驶证,对投保车辆进行的实际查验项目主要包括:

(1)确定车辆是否存在和有无受损,是否有消防和防盗设备等。

(2)车辆本身的实际牌照号码、车型及发动机号、车身颜色等是否与行驶证一致。

(3)车辆的操纵安全性与可靠性是否符合行车要求,重点检查转向、制动、灯光、喇叭、刮水器等涉及操纵安全性的因素。

(4)检查发动机、车身、底盘、电器等部分的技术状况。

根据查验结果,确定整车的新旧成数。对于私有车辆,一般需要在保险单副本上附验车单。

二、计算保险费

首先,应根据投保单上所列保险车辆的情况和保险公司的机动车辆保险费率表,逐项确定投保车辆的保险费率。所谓保险费率是指保险人向被保险人收取的每单位保险金额的保险费,通常用百分率或千分率来表示,它是保险人计算保险费的依据。保险公司业务人员根据投保人所选择的保险金额和赔偿限额,在确定保险费率的基础上计算保险费。

1. 交强险保险费

交强险是我国第一个法定强制保险,国务院颁布的《机动车交通事故责任强制保险条例》中规定,2006年7月1日起,所有上路行驶的机动车都必须投保交强险。

因交强险价格与消费者利益息息相关,所以交强险费率必须坚持不盈不亏的原则进行厘定,也就是在厘定交强险费率时只考虑成本因素,不设定预期利润率。为了实现这一原则,保监会采取了以下相关措施:一是要求保险公司将交强险业务与其他保险业务分开管理,单独核算;二是加大检查力度,每年对保险公司交强险业务情况进行核查,并向社会公布,以便监督;三是根据保险公司交强险的总体盈亏情况,要求或允许保险公司调整费率。

第一年的交强险费率的厘定,是由中国保险行业协会带头,将国内财产保险公司的精算人员和产品开发的骨干力量组成项目组,并聘请亚洲知名精算师事务所参与,以保险公司历史赔付数据为依据,在充分考虑当时保险市场的赔偿原则、保障范围、赔偿标准、强制性要求、机动车数量增加及投保范围扩大等因素对出险频率和交通事故平均赔款的影响后,测算出了国民经济发展水平和消费者承受能力,以及保险公司经营能力,最终对交强险费率法案进行了审批,确定第一年先实行全国统一保险价格,以后通过实行"奖优罚劣"的费率浮动机制进行调整,并根据各地区经营情况,逐步在费率中加入地区差异化因素等,进而实行差异化费率。

第一年全国统一保险价格的交强险基础费率简称2006版费率,详见表7-5。由表7-5可知,交强险基础费率将所有汽车分为8大类、42小类。8大类分别为:家庭自用车、非营业客车、营业客车、非营业货车、营业货车、特种车、摩托车和拖拉机。

机动车交通事故责任强制保险基础费率表(2006版费率) 表7-5

车辆大类	序号	车辆明细分类	保费(元)
一、家庭自用车	1	家庭自用汽车6座以下	1 050
	2	家庭自用汽车6座及以上	1 100
二、非营业客车	3	企业非营业汽车6座以下	1 000
	4	企业非营业汽车6~10座	1 190
	5	企业非营业汽车10~20座	1 300
	6	企业非营业汽车20座以上	1 580
	7	机关非营业汽车6座以下	950
	8	机关非营业汽车6~10座	1 070
	9	机关非营业汽车10~20座	1 140
	10	机关非营业汽车20座以上	1 320
三、营业客车	11	营业出租租赁6座以下	1 800
	12	营业出租租赁6~10座	2 360
	13	营业出租租赁10~20座	2 580
	14	营业出租租赁20~36座	3 730
	15	营业出租租赁36座以上	3 880
	16	营业城市公交6~10座	2 250
	17	营业出租租赁10~20座	2 520
	18	营业出租租赁20~36座	3 270
	19	营业出租租赁36座以上	4 250
	20	营业公路客运6~10座	2 350
	21	营业公路客运10~20座	2 620
	22	营业公路客运20~36座	3 420
	23	营业公路客运36座以上	4 690
四、非营业货车	24	非营业货车2t以下	1 200
	25	非营业货车2~5t	1 630
	26	非营业货车5~10t	1 750
	27	非营业货车10t以上	2 220

续上表

车辆大类	序号	车辆明细分类	保费（元）
五、营业货车	28	营业货车2t以下	1 850
	29	营业货车2~5t	3 070
	30	营业货车5~10t	3 450
	31	营业货车10t以上	4 480
六、特种车	32	特种车一	6 040
	33	特种车二	2 430
	34	特种车三	1 320
	35	特种车四	5 660
七、摩托车	36	摩托车50mL及以下	120
	37	摩托车50~250mL（含）	180
	38	摩托车250mL以上及侧三轮	400
八、拖拉机	39	农用型拖拉机14.7kW及以下	待定
	40	农用型拖拉机14.7kW以上	待定
	41	运输型拖拉机14.7kW及以下	待定
	42	运输型拖拉机14.7kW以上	待定

注：2008版中农用型拖拉机改为兼用型拖拉机。

2. 交强险费率浮动项目

交强险从第二年开始实行"奖优罚劣"的费率浮动机制，以此逐步实现差异化费率。"奖优罚劣"费率浮动机制是指将费率水平与道路交通安全违法行为和道路交通事故挂钩，安全驾驶者可以享受优惠的交强险费率，交通肇事者将负担高额保费。具体项目如下：

1）与道路交通违法行为相结合的浮动项目

（1）费率上浮的项目：上一保险年度具有下列交通违法行为的，根据其发生次数费率上浮一定比例。

①饮酒后驾驶机动车的。
②公路营运客车载人超过核定人数20%以上的或者违反规定载货的。
③无证驾驶或机动车驾驶证被暂扣期间驾驶机动车的。
④机动车行驶超过规定时速的。
⑤造成交通事故后逃逸，尚不构成犯罪的。
⑥正常道路状况下，在高速公路上低于规定最低速度驾驶的。
⑦货车载物超过核定载质量30%的。
⑧连续驾驶机动车超过4h未停车休息或停车休息时间少于20min的。
⑨在高速公路上倒车、逆行、穿越中央分隔带掉头的。
⑩在高速公路上试车和学习驾驶机动车的。
⑪在高速公路上不按规定停车的。
⑫机动车在高速公路上发生故障、事故停车后，不按规定使用灯光或设置警告标志的。
⑬违反交通信号，闯红灯、闯禁行的。
⑭驾驶与准驾驶车型不符的机动车的。
⑮在高速公路上违反规定拖拽故障车、肇事车的。

⑯低能见度气象条件下在高速公路上不按规定行驶的。
⑰不按规定运载危险物品的。
(2)费率下浮或不浮动的项目:
①上一保险年度未发生任何交通违法行为的,费率下浮一定比例。
②上一保险年度发生其他交通违法行为的,或发生违法行为次数达不到有关上浮标准的,不再上浮费率,但也不再下浮费率。
2)与道路交通事故相结合的浮动项目
(1)费率上浮项目:上一保险年度具有下列交通事故的,根据发生事故次数,费率上浮相应的比例。交通事故包括经公安交通管理部门认定的交通事故,以及虽未经公安交通管理部门认定,但保险人已经在交强险项目中承担赔偿责任的事故。具体情况如下:
①发生涉及人伤的交通事故并负主要以上责任的。
②发生未涉及人伤的交通事故并负主要以上责任的。
③发生涉及人伤的交通事故并负同等责任的。
④发生未涉及人伤的交通事故并负同等责任的。
⑤发生涉及人伤的交通事故并负次要责任的。
⑥发生未涉及人伤的交通事故并负次要责任的。
(2)费率下浮的项目:上一保险年度、上两个保险年度或上三个及以上保险年度未发生有责任交通事故的,费率下浮一定比例。

3. 自2007年7月1日起开始实行"奖优罚劣"的费率

从2007年7月1日开始实行"奖优罚劣"的费率浮动机制,逐步实现费率的地区差异化。

实行费率浮动机制主要是利用经济调节手段来提高驾驶人的道路交通安全法律意识,督促其安全驾驶,以便有效地预防和减少道路交通事故的发生。

2007年6月27日,保监会公布了《机动车交通事故责任强制保险费率浮动暂行办法》(简称《费率浮动暂行办法》),其规定了在全国范围内统一实行交强险费率浮动与道路交通事故相联系,暂不实行与道路交通安全违法行为相联系的交强险浮动费率。《费率浮动暂行办法》使用于2007年7月1日起签发的交强险保单,而2007年7月1日前已签发的交强险保单不适用此办法。交强险费率浮动因素及相应比率如表7-6所示。

2007年7月1日后交强险费率浮动暂行办法考虑因素及比率　　　　表7-6

	浮动因素		浮动比率
与道路交通事故相联系的浮动A	A1	上一年度未发生有责任道路交通事故	-10%
	A2	上两个年度未发生有责任道路交通事故	-20%
	A3	上三个及以上年度未发生有责任道路交通事故	-30%
	A4	上一年度发生一次有责任不涉及死亡的道路交通事故	0%
	A5	上一个年度发生两次及两次以上有责任道路交通事故	10%
	A6	上一个年度发生有责任道路交通死亡事故	30%

实行费率浮动时,应注意以下事项:
(1)交强险最终保险费 = 交强险基础保险费 × (1 + 与道路交通事故相联系的浮动比率A)。
(2)摩托车和拖拉机暂不浮动。
(3)与道路交通事故相联系的浮动比率A为A1至A6其中之一,不累加。同时满足多个浮动因素的,按照向上浮动或者向下浮动比率的高者计算。
(4)仅发生无责任道路交通事故的,交强险费率仍可享受向下浮动。

(5)浮动因素计算区间为上期保单出单日至本期保单出单日之间。

(6)与道路交通事故相联系浮动时,应根据上年度交强险已赔付的赔案浮动。上年度发生赔案但还未赔付的,本期交强险费率暂不浮动,直至赔付后的下一年度交强险费率向上浮动。

(7)几种特殊情况的交强险费率浮动方法:

①首次投保交强险的机动车费率不浮动。

②在保险期内,被保险汽车所有权转移,应当办理交强险合同变更手续,且交强险费率不浮动。

③机动车临时上道路行驶或境外机动车临时入境投保短期交强险的,交强险费率不浮动。其他投保短期交强险的情况下,根据交强险短期基准保险费率并按照上述标准浮动。

④被保险机动车经公安机关证实丢失后追回的,根据投保人提供的公安机关证明,丢失期间发生道路交通事故的,交强险费率不向上浮动。

⑤机动车上一期交强险保单期满后未及时续保的,浮动因素计算区间仍为上期保单出单日至本期保单出单日之间。

⑥在全国车险信息平台联网或全国信息交换前,机动车跨省变更投保地时,如投保人能提供相关证明文件的,可享受交强险费率向下浮动。不能提供的,交强险费率不浮动。

⑦交强险保单出单日距离保单起期最长不能超过三个月。

⑧除投保人明确表示不需要的,保险公司应在完成保险费计算后、出具保险单前,向投保人出具《机动车交通事故责任强制保险费率浮动告知书》,如表7-7所示。经投保人签章确认后,再出具交强险保单、保险标志。投保人有异议的,应告知其有关道路交通事故查询方式。

⑨已经建立车险联合信息平台的地区,通过车险联合信息平台实现交强险费率浮动;除当地保险监管部门认可的特殊情形以外,《机动车交通事故责任强制保险费率浮动告知书》(见表7-7)和交强险保单必须通过车险信息平台出具。未建立车险信息平台的地区,通过保险公司之间相互报盘、简易理赔共享查询系统或者手工方式等,实现交强险费率浮动。

汽车交通事故责任强制保险费率浮动告知书　　　　　　表7-7

尊敬的投保人:
您的机动车投保基本信息如下:
车牌号码:　　　　　　　　　　号牌种类:
发动机号:　　　　　　　　　　识别代码(车架号):
浮动因素计算区间:　　年　　月　　日零时至　　年　　月　　日二十四时
根据中国保险监督管理委员会批准的机动车交通事故责任强制保险(以下简称交强险)费率,您的机动车交强险基础保险费是:人民币　　元。
您的机动车从上年度投保以来至今,发生的有责任道路交通事故记录如下:

序　号	赔付时间	是否造成受害人死亡

或者:您的机动车在上　　个年度内未发生道路交通事故。
根据中国保险监督管理委员会公布的《机动车交通事故责任强制保险费率浮动暂行办法》,与道路交通事故相联系的费率浮动比率为:　　%。
交强险最终保险费=交强险基础保险费×(1+与道路交通事故相联系的浮动比率)
本次投保的交强险应交保险费:人民币　　元(大写:　　　　　)
以上告知,如无异议,请您签字(签章)确认。

投保人签字(盖章):_____
日期:____年____月____日

4. 2008 版费率

为了更好体现交强险的社会公益性,切实维护广大被保险人的利益,从 2007 年 12 月开始,交强险费率调整召开了听证会,并于 2008 年 1 月 11 日,由中国保监会正式公布了交强险责任限额调整方案,并批准由中国保险行业协会上报的交强险费率方案。新的交强险责任限额和费率方案将于 2008 年 2 月 1 日零时起实行。2008 版交强险费率如表 7-8 所示,其此次调整遵循了三个原则:一是最大限度地减轻车主负担;二是对责任限额、费率水平进行了同时调整;三是基础费率"调低不调高"。

2008 版费率同 2006 版费率相比较,42 个车型中有 16 个车型进行费率下调,下调幅度从 5% 到 39% 不等,大约有 64% 的被保险人将享受降费,降费平均幅度达 10% 左右,具体变化如表 7-8 所示。

机动车交通事故责任强制保险基础费率表（2008 版费率）　　表 7-8

车辆大类	序号	车辆明细分类	保费(元)	与 2006 版相比的变化(元)
一、家庭自用车	1	家庭自用汽车 6 座以下	1 050	-100
	2	家庭自用汽车 6 座及以上	1 100	0
二、非营业客车	3	企业非营业汽车 6 座以下	1 000	0
	4	企业非营业汽车 6～10 座	1 190	-60
	5	企业非营业汽车 10～20 座	1 300	-80
	6	企业非营业汽车 20 座以上	1 580	-310
	7	机关非营业汽车 6 座以下	950	0
	8	机关非营业汽车 6～10 座	1 070	0
	9	机关非营业汽车 10～20 座	1 140	0
	10	机关非营业汽车 20 座以上	1 320	0
三、营业客车	11	营业出租租赁 6 座以下	1 800	0
	12	营业出租租赁 6～10 座	2 360	0
	13	营业出租租赁 10～20 座	2 580	-180
	14	营业出租租赁 20～36 座	3 730	-1 170
	15	营业出租租赁 36 座以上	3 880	-350
	16	营业城市公交 6～10 座	2 250	0
	17	营业出租租赁 10～20 座	2 520	0
	18	营业出租租赁 20～36 座	3 270	-250
	19	营业出租租赁 36 座以上	4 250	-1 110
	20	营业公路客运 6～10 座	2 350	0
	21	营业公路客运 10～20 座	2 620	0
	22	营业公路客运 20～36 座	3 420	0
	23	营业公路客运 36 座以上	4 690	0
四、非营业货车	24	非营业货车 2t 以下	1 200	0
	25	非营业货车 2～5t	1 630	-160
	26	非营业货车 5～10t	1 750	-100
	27	非营业货车 10t 以上	2 220	0

续上表

车辆大类	序号	车辆明细分类	保费(元)	与2006版相比的变化(元)
五、营业货车	28	营业货车2t以下	1 850	0
	29	营业货车2~5t	3 070	0
	30	营业货车5~10t	3 450	0
	31	营业货车10t以上	4 480	0
六、特种车	32	特种车一	6 040	-2 330
	33	特种车二	2 430	0
	34	特种车三	1 320	-240
	35	特种车四	5 660	-1 680
七、摩托车	36	摩托车50mL及以下	120	-40
	37	摩托车50~250mL(含)	180	-60
	38	摩托车250mL以上及侧三轮	400	0
八、拖拉机	39	农用型拖拉机14.7kW及以下	待定	—
	40	农用型拖拉机14.7kW以上	待定	—
	41	运输型拖拉机14.7kW及以下	待定	—
	42	运输型拖拉机14.7kW以上	待定	—

2008版费率表与2006版费率表相同,也是把机动车按种类、使用性质分为家庭自用车、非营业客车、营业客车、非营业货车、营业货车、特种车、摩托车和拖拉机8种类型,其中:

家庭自用车是指家庭或个人所有,且用途为非营业性的客车。

非营业客车:指的是党政机关、企事业单位、社会团体、使领馆等机构从事公务或在生产经营活动中不以直接或间接方式收取运费或租金的客车,其中包括党政机关、企事业单位、社会团体、使领馆等机构为从事公务或在生产经营活动中承租且租赁期限为1年或1年以上的客车。目前,我国非营业客车主要有:党政机关、事业团体客车,企业客车。用于驾驶教练、邮政公司用于邮递业务、快递公司用于快递业务的客车、警车、普通囚车、医院的普通救护车、殡葬车按照其对应的行驶证上载明的核定载客数,适用对应的企业非营业客车的费率。

营业客车是指用于旅客运输或租赁,并以直接或间接方式收取运费或租金的客车。

营业客车可分为公路客运客车,城市公交客车,出租、租赁客车。旅游客运车按照其行驶证上载明的核定载客数,适用对应的公路客运车费率。

非营业货车是指党政机关、企事业单位、社会团体自用或仅用于个人及家庭生活,不以直接或间接方式收取运费或租金的货车(包括客货两用车)。货车是指载货机动车、半挂牵引车、厢式货车、电瓶运输车、自卸车、装有起重机械但以载重为主的起重运输车。用于驾驶教练、邮政公司用于邮递业务、快递公司用于快递业务的货车按照其行驶证上载明的核定载质量,适用对应的非营业货车的费率。

营业货车是指用于货物运输或租赁并以直接或间接方式收取运费或租金的货车(包括客货两用车)。这里货车是指载货机动车、半挂牵引车、厢式货车、电瓶运输车、自卸车、装有起重机械但以载重为主的起重运输车。

特种车是指用于各类装载油料、液体、气体等专用罐车;或用于清扫、清障、清洁、起重、装卸(不含自卸车)、升降、搅拌、挖掘、推土、压路等的各种专用机动车,或适用于装有冷冻或加温设备的厢式机动车;或车内装有固定专用仪器设备,从事专业工作的监测、运钞、消防、医疗、电视转播、雷达、X光检查等机动车;或专门用于牵引集装箱箱体(货柜)的集装箱牵引车。特种车按照其用途可分为4类:特种车(一),气罐车、油罐车、液罐车;特种车(二),专用净水车、特种车(一)以外的罐式货车,以及用于清障、清扫、清洁、起重、装卸(不含自卸车)、升降、搅拌、挖掘、推土、冷藏、保温等的各种专用机动车;特种车(三),装有固定专用仪器设备从事专业工作的监测消防、医疗、运钞、电视转播等的各种专用机动车;特种车(四),集装箱牵引车。

摩托车是指以燃料或电瓶为动力的各种两轮、三轮摩托车。摩托车可分50mL及以下;50~250mL;250mL以上及侧三轮三类。正三轮摩托车按照排气量分类执行相应的费率。

拖拉机按其使用性质可分为运输型拖拉机和兼用型拖拉机。运输型拖拉机是指货箱与底盘一体,不通过牵引挂车可运输作业的拖拉机。运输型拖拉机分为14.7kW及以下和14.7kW以上两种。低速载货汽车参照运输型拖拉机14.7kW以上的费率执行。兼用型拖拉机是指以田间作业为主,通过铰接连接牵引挂车可进行运输作业的拖拉机。兼用型拖拉机共分14.7 kW及以下和14.7 kW以上两种。

挂车是指就其设计和技术特征须机动车牵引才能正常使用的一种无动力的道路机动车。挂车根据实际的使用性质并按照对应吨位货车的30%计算。装置有气罐、油罐、液罐的挂车按特种车(一)的30%计算。

以上各车型的座位均按行驶证上载明的核定载客数计算;吨位按行驶证上载明的核定载质量计算。

5. 基本险保险费计算方法

1) 车辆损失险

(1) 按照投保人类别、车辆用途、座位数或吨位数、排量或功率、车辆使用年限、所属档次查找基础保险费和费率,车辆损失险保险费率如表7-9所示。

车辆损失险保险费率　　　　表7-9

家庭自用汽车与非营业用车		机动车损失保险			
		1年以下		1~2年	
		基础保险费(元)	费率	基础保险费(元)	费率
家庭自用汽车	6座以下	539	1.28%	513	1.22%
	6~10座	646	1.28%	616	1.22%
企业非营业客车	6座以下	305	1.01%	290	0.96%
	6~10座	365	0.96%	348	0.91%
	10~20座	365	1.03%	348	0.98%
	20座以上	381	1.03%	363	0.98%

保险费 = 基础保险费 + 实际新车购置价 × 费率

(2) 如果投保人选择不足额投保,即保额小于新车购置价,保险费应作相应的调整,公式为:

保险费 = (0.05 + 0.95 × 保额/新车购置价) × 足额投保时的标准保险费

(3) 挂车保险费按同吨位货车对应档次保险费的50%计收。

(4)特种车分类。特种车辆共分为四种：

特种车一：油罐车、气罐车、液罐车、冷藏车；

特种车二：用于牵引、清障、清扫、清洁、起重、装卸、升降、搅拌、挖掘、推土等的各种轮式专用车辆；

特种车三：装有固定专用仪器设备从事专业工作的监测、消防、医疗、电视转播的各种轮式专用车辆；

特种车四：集装箱牵引车。

(5)联合收割机保险费按农用14.7kW以上拖拉机计收。

2)第三者责任险

按照投保人类别、车辆用途、座位数或吨位数、排量或功率、责任限额直接查找保险费。挂车保险费按同吨位货车保险费的50%计收。

3)车上人员责任险

按照投保人类别、车辆用途、座位数、投保方式查找费率。其计算公式如下：

$$保险费 = 单座责任限额 \times 投保座位数 \times 费率$$

选择座位投保险费率上浮50%

车上人员责任险按照投保人类别、责任限额查找每座保险费，其计算公式如下：

$$保险费 = 每座保险费 \times 投保座位数$$

4)机动车提车保险

(1)机动车提车保险：

①保险期间为30天的，计算公式如下：

$$提车保险总保险费 = (第三者责任险和机动车损失险保险费 + 车上人员责任险保险费) \times A1 \times A2 \times A3$$

②保险期间为10天的，计算公式如下：

$$提车保险总保险费 = (第三者责任险和机动车损失险保险费 + 车上人员责任险保险费) \times A1 \times A2 \times A3 \times 50\%$$

式中：A1、A2、A3——保险费修正系数，在提车保险修正系数表中查找确定。

(2)机动车提车暂保单。机动车提车暂保单仅承保车辆损失险和第三者责任险，车辆损失险保额为机动车的新车购置价，第三者责任险限额为5万元，保险期间为30天。机动车提车暂保单的保险费根据新车购置价所属档次直接查找。

5)附加险保险费计算方法

(1)全车盗抢险。按照投保人类别、车辆用途、座位数、车辆使用年限查找基础保险费和费率。

$$保险费 = 基础保险费 + 保险金额 \times 费率$$

(2)不计免赔率特约险。保费计算方法如下：

$$保险费 = 适用本条款的所有险种标准保险费之和 \times 15\%$$

(3)火灾、爆炸、自燃损失险。保费按固定费率计算。

$$保险费 = 保险金额 \times 费率$$

(4)机动车停驶损失险。保费按固定费率计算。

$$保险费 = 约定的最高赔偿天数 \times 约定的最高日赔偿限额 \times 费率$$

(5)代步机动车服务特约条款。固定保险费，无需计算。

(6)更换轮胎服务特约条款。固定保险费,无需计算。
(7)送油、充电服务特约条款:固定保险费,无需计算。
(8)拖车服务特约条款:固定保险费,无需计算。
(9)新增加设备损失保险。保费计算如下:

$$保险费 = 本附加险保险金额 \times 车损险标准保险费 / 车损险保险金额$$

(10)附加换件特约条款,保费计算如下:

$$保险费 = 车损险标准保险费 \times 10\%$$

(11)发动机特别损失险,保费计算如下:

$$保险费 = 车损险标准保险费 \times 5\%$$

(12)随车行李物品损失保险,保费按固定费率计算。

$$保险费 = 保险金额 \times 费率$$

(13)附加交通事故精神损害赔偿责任保险,保费按固定费率计算。

$$保险费 = 每次事故责任限额 \times 费率$$

每人每次事故的最高责任限额为人民币 50 000 元。

(14)教练车特约条款,保费计算如下:

$$保险费 = 适用本条款的所有险种标准保险费之和 \times 10\%$$

(15)异地出险住宿费特约条款,保费按固定费率计算。

$$保险费 = 保险金额 \times 费率$$

(16)可选免赔额特约条款,按照投保人类别、选择的免赔额、新车购置价查找费率折扣系数。

$$\frac{约定免赔额之后的机动车}{损失保险的保险费} = \frac{机动车损失}{保险的保险费} \times \frac{费率折}{扣系数}$$

(17)玻璃单独破碎险,按照投保人类别、座位数、投保国产或进口玻璃查找费率。

$$保险费 = 新车购置价 \times 费率$$

对于特种车,防弹玻璃等特殊材质的玻璃,保险费上浮10%。

(18)车身划痕损失险,按新车购置价所属档次直接查找保险费。

(19)附加机动车出境保险,按照扩展的区域半径查找费率。

$$保险费 = (车损险标准保险费 + 第三者责任险标准保险费) \times 费率$$

只有同时投保了机动车辆损失险和第三者责任保险,方可投保本附加险。

(20)新车特约条款 A:按照车辆使用年限、协定比例查找费率。

$$保险费 = 车损险标准保险费 \times 费率$$

(21)新车特约条款 B:按照车辆使用年限、协定比例查找费率。

$$保险费 = 车损险标准保险费 \times 费率$$

(22)自燃损失险,按照车辆使用年限查找费率。

$$保险费 = 保险金额 \times 费率$$

(23)车上货物责任险,按照营业用、非营业用查找费率。

$$保险费 = 责任限额 \times 费率$$

最低责任限额为人民币 20 000 元。

(24)附加油污污染责任保险,按照责任限额直接查找保险费。

只有同时投保了机动车辆损失险和第三者责任险,方可投保本附加险。

三、核保

计算保险费工作完成后,应进行核保。核保一般包括本级核保及上级核保两部分。

1. 本级核保

(1)审核保险单是否按照规定内容与要求填写,有无缺漏。审核保险价值与保险金额是否合理。对不符合要求的,退给业务人员指导投保人进行相应的更正。

(2)审核业务人员或代理人是否验证和查验车辆;是否按照要求向投保人履行了告知义务,对特别约定的事项是否在特约栏内注明。

(3)审核费率标准和计收保险费是否正确。

(4)对于高保额和投保盗抢险的车辆,审核有关证件,实际情况是否与投保单填写一致,是否按照规定拓印牌照存档。

(5)对高发事故和风险集中的投保单位,提出限制性承保条件。

(6)费率表中没有列明的车辆,包括高档车辆和其他专用车辆提出厘定费率的意见。

(7)审核其他相关情况。

核保完成后,核保人应在投保单上签署意见。对超出本级核保权限的,应上报至上级公司核保。

2. 上级核保

上级公司接到请示公司的核保申请以后,应及时有重点地开展核保工作。

(1)根据掌握的情况考虑可否接受投保人投保。

(2)接受投保的险种、保险金额、赔偿限额是否需要限制与调整。

(3)是否需要增加特别的约定。

(4)协议投保的内容是否准确、完善,是否符合保防监管部门的有关规定。

上级公司核保完毕后,应签署明确的意见并立即返回请示公司。

核保工作结束后,核保人将投保单、核保意见一并转交业务内勤据以缮制保险单证。

第七节 缮制与签发保险单

一、缮制保险单

业务内勤接到投保单及其附表以后,根据核保人员签署的意见,即可开展缮制保险单工作。

保险单原则上应由计算机出具,暂无计算机设备而只能由手工出具的营业单位,必须得到上级公司的书面同意。

1. 计算机制单

将投保单有关内容输入到保险单对应栏目内,在保险单"被保险人"和"厂牌型号"栏内录入统一规定的代码,录入完毕检查无误后打印出保险单。

2. 手工填写的保险单

必须是保监会统一监制的保险单,保险单上的印制流水号码即为保险单号码。将投保单的有关内容填写在保险单对应栏内,要求字迹清晰、页面整洁。如有涂改,涂改处必须有制单人签章,但涂改不能超过3处。制单完毕后,制单人应在"制单"处签章。

3. 缮制保险单时的注意事项

（1）双方协商并在投保单上填写的特别约定内容,应完整的载明到保险单对应栏目内,如核保有新意见,应根据核保意见修改或增加。

（2）无论是主车和挂车在一起投保,还是挂车单独投保,挂车都必须单独出具有独立保险单号码的保险单。在填制挂车的保险单时,"发动机号码"栏统一填写"无"。当主车和挂车一起投保时,可以按照多车承保方式处理,给予一个合同号,以方便调阅。

（3）特约条款和附加条款应印在或加贴在保险单正本背面,加贴的条款应加盖骑缝章。应注意的是,责任免除、被保险人义务和免赔等规定的印刷字体,应该与其他内容的字体不同,以提醒被保险人注意阅读。

保险单缮制完毕后,制单人应将保险单、投保单及其附表一起送复核人员复核。

二、复核保险单与收取保费

1. 复核保险单

复核人员接到保险单、投保单及其附表后,应认真对照复核。复核无误后,复核人员在保险单"复核"处签章。

2. 收取保险费

收费人员经复核保险单无误后,向投保人核收保险费,并在保险单"会计"处和保险费收据的"收款人"处签章,在保险费收据上加盖专用章。

三、签发保险单

1. 签发保险单证

行车保险合同实行一车一单(保险单)和一车一证(保险证)的制度。投保人交纳保险费后,保险公司业务人员必须在保险单上注明公司名称、详细地址、邮政编码及联系电话,加盖保险公司业务专用章,根据保险单填写《汽车保险证》并加盖业务专用章,所填内容应与保险单有关内容一致,险种一栏填写险种代码,电话应填写公司报案电话,所填内容不得涂改。签发单证时,交由被保险人收执保存的单证有保险单正本、保险费收据(保户留存联)、汽车保险证。

对已经同时投保交强险、车辆损失险、第三者责任险、车上人员责任险、不计免赔特约险的投保人,还应签发事故伤员抢救费用担保卡,并做好登记。

2. 保险单证的补录

手工出具的汽车保险单、提车暂保单和其他定额保单,必须按照所填内容录入到保险公司的计算机车险业务数据库中,补录内容必须完整准确。补录时间不能超过出单后的第十个工作日。

单证补录必须由专人完成、专人审核,业务内勤和经办人不能自行补录。

四、保险单证的清分与归档

对投保单及其附表、保险单及其附表、保险费收据、保险证,应由业务人员清理归档。投保单的附表要加贴在投保单的背面,保险单及其附表需要加盖骑缝章。

清分时,应按照以下送达的部门清分：

(1)财务部门留有的单证:保险费收据(会计留存联)、保险单副本。
(2)业务部门留存的单证:保险单副本、投保单及附表、保险费收据(业务留存联)。

留存业务部门的单证,应由专人保管并及时整理、装订、归档。每套承保单证应按照保险费收据、保险单副本、投保单及其附表、其他材料的顺序整理,按照保险单(包括作废的保险单)流水号码顺序装订成册,并在规定时间内移交档案部门归档。

第八节 续保与批改

一、续保

保险期满后,投保人在同一保险人处重新办理机动车辆的保险事宜称为续保。机动车辆保险业务中有相当大的比例是续保业务,做好续保工作对保险业务来源十分重要。

在机动车保险实务中,续保业务一般在原保险期到期前一个月开始办理。为防止续保以后至原保险单到期这段时间发生保险责任事故,在续保通知书内应注明:"出单前,如有保险责任事故发生,应重新计算保险费。全年无保险责任事故发生,可享受无赔款优待等字样"。

二、批改

批改是在保险单签发后,对保险合同内容进行修改或增删所进行的一系列作业,所签发的书面证明称为批单。保险批单是保险合同的组成部分,其法律效力高于格式合同文本内容,且末次批改内容效力高于前期批改内容。

对保险合同的任何修改均应使用批改形式完成。被保险人应事先书面通知保险人申请办理批改单证,填写批改申请书送交保险公司。保险公司审核同意后,出具批改单给投保人存执,存执粘贴于保险单正本背面。

批改作业的主要内容包括:
(1)被保险人信息变更;
(2)保险金额增减;
(3)保险种类增减或变更;
(4)车辆种类或厂牌型号变更;车辆使用性质变更;保险车辆危险程度增减;
(5)保险费变更;免赔额变更;
(6)保险期限变更。

批改涉及的保险费返还,应依照相关规定执行。

思考练习题

1.汽车保险的基本特点是什么?
2.何谓交强险、汽车损失险、第三者责任险和附加险?
3.保险公司承保业务的流程有哪些?
4.何谓核保、保险理赔?交强险赔款如何计算?

5. 汽车保险中基本险如何分类?
6. 基本险保险金额如何确定?
7. 附加险主要有哪些?投保附加险时应注意什么?
8. 什么是告知义务?保险人和投保人有哪些告知义务?
9. 填写保险单有什么具体要求?
10. 基本险保险费如何计算?
11. 缮制保险单时应注意哪些事项?
12. 何谓投保、续保、批改?批改作业包括哪些主要内容?

第八章 汽车保险的理赔

第一节 汽车保险理赔案件的受理

理赔是在现实生活中使用非常广泛的词语,从广义上而言,理赔是指当事人的一方按一定的依据(法律、政策、规章和习惯等)对另一方提出的赔偿要求进行处理的行为和过程。

汽车保险理赔工作是保险政策和作用的重要体现,是保险人执行保险合同,履行保险义务,承担保险责任的具体体现。保险的优越性及保险给予被保险人的经济补偿作用在很大程度上,都是通过理赔工作来实现的。

理赔工作一般是由被保险人提供各种必要的单证,由保险公司负责理赔的工作人员经过计算、复核等具体程序,最后使被保险人获得赔偿。随着电子计算机、信息和互联网技术的发展,各大保险公司已广泛采用网上通赔业务,为被保险人的获赔提供了极大的方便。

例如,全国首例网上通赔车险赔付案顺利结案,客户获赔 7 088 元。

2003 年 6 月 12 日,随着镇江平安保险公司某客户赔款通知的发出,全国首例网上通赔车险赔付案顺利结案。2003 年 6 月 5 日,平安保险公司一客户投保车辆在上海出险,南京车险部和镇江业管部协同上海处理,顺利成功实现全国首例网上通赔业务,该客户成为全国车险通赔的第一位受益人,获得 7088 元的赔款。2003 年 6 月 6 日全国网上通赔业务正式上线,各地财产保险可完成网上委托异地查勘定损案件,委托异地(包括跨省)结案支付案件等理赔业务。

一、汽车保险理赔的特点、意义及作用

汽车保险理赔,除了具有一般经济补偿的特性外,还有自己的特定内涵。保险理赔是指保险人在保险标的发生保险事故导致损失后,对被保险人提出的索赔要求进行处理的过程。汽车保险理赔是保险经营的最后一道环节。

汽车保险与其他保险不同,其理赔工作也具有显著特点。理赔工作人员必须对这些特点有一个清醒和系统的认识,了解和掌握这些特点是做好机动车辆理赔工作的前提和关键。

1. 汽车保险理赔的特点

(1)被保险人的公众性。我国汽车保险的被保险人曾经是以单位、企业为主,但是,随着个人拥有车辆数量的增加,被保险人中单一车主的比例将逐步增加。这些被保险人的特点是他们购买保险具有较大的被动色彩,加上文化、知识和修养的局限,他们对保险、交通事故处理、车辆修理等知识甚少。另一方面,由于利益的驱动,检验和理算人员在理赔过程中与其在交流过程中存在较大的障碍。

(2)损失率高且损失幅度较小。机动车辆保险的另一个特点是保险事故虽然损失金额一般不大,但是,事故发生的频率高。保险公司在经营过程中需要投入的精力和费用较大,有的事故金额不大,但是,仍然涉及对被保险人的服务质量问题,保险公司同样应予以足够的重视。另一方面,从个案的角度看赔偿的金额不大,但是,积少成多也将对保险公司的经营产生重要影响。

(3)标的流动性大。由于机动车辆的功能特点,决定了其具有相当大的流动性。车辆发生事故的地点和时间不确定,要求保险公司必须拥有一个运作良好的服务体系来支持理赔服务,主体是一个全天候的报案受理机制和庞大而高效的检验网络。

(4)受制于汽车修理厂的程度较大。在汽车保险的理赔中扮演重要角色的是汽车修理厂,汽车修理厂的修理价格、工期和质量均直接影响汽车保险的服务。因为,大多数被保险人在发生事故以后,均认为由于投了保险,保险公司就必须负责将车辆修复,所以,在车辆交给修理厂之后就很少过问。一旦因车辆修理质量或工期,甚至价格等出现问题,均将保险公司和汽车修理厂一并指责。而事实上,保险公司在保险合同项下承担的仅仅是经济补偿义务,对于事故车辆的修理以及相关的事宜并没有负责之务。

(5)道德风险普遍。在财产保险业务中汽车保险是道德风险的"重灾区"。汽车保险具有标的流动性强,户籍管理存在缺陷,保险信息不对称等特点,以及汽车保险条款不完善,相关的法律环境不健全,及汽车保险经营中的特点和管理中存在一些问题和漏洞,给了不法之徒可乘之机,汽车保险欺诈案件时有发生。

2. 汽车保险理赔的意义

汽车保险目前乃至今后相当长一段时间内在我国保险市场上仍占有相当地位,在整个保险费收入中占有相当比例,是我国几大保险公司产险业务的拳头支柱险种。

机动车辆自身的机动灵活性和流动性强,活动区域广,以及我国当前道路交通是以混合道路交通为主,绝大多数地区道路条件差,机动车、自行车、行人混行,互相干扰,潜伏着很多不安全因素,加之近年来随着我国经济的迅速发展和繁荣,机动车辆数量急剧增加。鉴于以上诸多因素的影响,决定了汽车保险是一个出险率较高的险种。它涉及面广,社会影响大,汽车保险理赔工作质量好坏,直接影响到保险公司的信誉,关系到被保险人的切身利益,对汽车保险业务的开展甚至其他产险业务的拓展都起着举足轻重的作用,同时也决定了保险公司自身的经济效益。其意义体现在以下几方面:

(1)通过汽车保险理赔,被保险人所享受的保险利益得到实现。汽车保险的基本职能是损失补偿。正是基于这种职能,被保险人通过与保险人签订保险合同来转移自己可能遇到的风险。如交通事故,即通过签订保险合同的方式,在缴纳一定的保险费后,一旦车祸发生造成车辆损失、人员伤亡时即可享有损失补偿的权利。汽车保险理赔,是保险补偿功能的具体体现,是保险人依约履行保险责任和被保险人或受益人享受保险权益的实现形式。

(2)通过汽车保险理赔,使人民生活安定,社会再生产过程得到保障。汽车保险企业的经营方针就是通过收取保险费,积累保险基金并将其用于支援经济建设,稳定人民的生活。保险理赔正是实现这一经营方针的中心环节。汽车保险理赔使车祸的伤亡者得到保险金给付,使他们本人或家属得到心灵上的慰藉;使车祸的受损车辆得到损失补偿,使他们本人、家庭能够重建家园,安定生活,树立或增强生活的信心,对社会的稳定发挥积极作用;汽车保险理赔使企业的经济损失得到补偿,从而保证了再生产过程的持续进行,为社会创造出更多的物质财富。所以,汽车保险的作用能否得到充分发挥,汽车保险经营方针能否得到贯彻,在保险理赔方面体现得最明显、最突出。

(3) 通过汽车保险理赔，车辆保险承保的质量得到检验。汽车保险业是否深入，承保手续是否齐全，保险费率是否合理，保险金额是否恰当，平时不易觉察。一旦发生赔偿案件，上述问题就清楚地暴露出来了。从这个意义上讲，汽车保险理赔过程是对承保质量的检验。因此，保险经营企业对汽车保险理赔过程中暴露出来的问题必须认真研究，及时处理，才有利于承保工作的改进和业务质量的提高。

(4) 通过汽车保险理赔，车辆保险的经济效益得到充分反映。车辆保险经济效益的高低，在很大程度上取决于保险经营成本的大小，而在车辆保险经营成本中最大的成本项目是赔款支出。因此，赔款支出成本对保险经济效益具有决定性影响。一般来说，一定时期内，保险赔款支出少，在其他条件不变的情况下，保险经济效益就好；反之，保险赔款支出多，保险经济效益就差，或者无效益可言。

3. 汽车保险理赔的作用

理赔工作是加强车辆防灾减损的重要内容和依据。机动车辆理赔工作的主要作用表现在以下几个方面：

(1) 经济补偿。在保险标的遭受保险责任范围内的自然灾害和意外事故损失后及时给予被保险人经济补偿。

(2) 加强防灾、减少损失。在理赔处理过程中和理赔以后能起到加强防灾、减少损失的作用，在事故发生后，保险标的以及第三者往往还有加重损失的可能性，需要采取必要的抢救和保护措施，尽量挽回可以避免的损失。

(3) 吸取经验教训、掌握事故规律。理赔工作同时也是综合反映业务经营的一个重要环节。通过赔案的处理，可以从中吸取经验教训，掌握机动车辆发生事故的规律。如对机动车辆使用性质、车型、车类以及车辆所有权（公有或私有）等进行事故赔案分类，或按事故性质进行分类，通过分类统计，找出汽车保险的发展方向。

此外，可以通过赔案分类统计，以及典型案例，配合公安交通部门进行机动车辆安全行车教育，提醒广大驾驶员注意行车安全。

理赔工作是检验业务质量促进业务开展的重要环节。通过理赔可以检查机动车辆承保质量，还可以通过理赔扩大宣传，提高保险公司信誉，促进汽车保险业务的拓展。

二、汽车保险理赔的基本原则

汽车保险理赔工作涉及面广，情况比较复杂。为更好地贯彻保险经营方针，提高汽车保险理赔工作质量，在赔偿处理过程中，特别是在对汽车事故进行勘察工作过程中，必须提出应有的要求和坚持一定的原则。

1. 树立为保户服务的指导思想，坚持实事求是原则

在整个理赔工作过程中，体现了保险的经济补偿职能作用。当发生汽车保险事故后，保险人要急被保险人所急，千方百计避免扩大损失，尽量减轻因灾害事故造成的影响，及时安排事故车辆修复，并保证基本恢复车辆的原有技术性能，使其尽快投入生产运营。及时处理赔案，支付赔款，以保证运输生产单位（含个体运输户）生产、经营的持续进行和人民生活的安定。

在现场勘察，事故车辆修复定损以及赔案处理方面，要坚持实事求是的原则，在尊重客观事实的基础上，具体问题作具体分析，即严格按条款办事，又结合实际情况进行适当灵活

处理,使各方都比较满意。

2. 重合同,守信用,依法办事

保险人是否履行合同,就看其是否严格履行经济补偿义务。因此,保险方在处理赔案时,必须加强法制观念,严格按条款办事,该赔的一定要赔,而且要按照赔偿标准及规定赔足;不属于保险责任范围的损失,不滥赔,同时还要向被保险人讲明道理,拒赔部分要讲事实、重证据。

要依法办事,坚持重合同,诚实信用,只有这样才能树立保险的信誉,扩大保险的积极影响。

3. 坚决贯彻"八字"理赔原则

"主动、迅速、准确、合理"是保险理赔人员在长期的工作实践中总结出的经验,是保险理赔工作优质服务的最基本要求:

(1)主动。就是要求保险理赔人员对出险的案件,要积极、主动的进行调查、了解和勘察现场,掌握出险情况,进行事故分析,确定保险责任。

(2)迅速。就是要求保险理赔人员查勘、定损处理迅速,不拖沓,抓紧赔案处理,对赔案要核的准,赔款计算案卷缮制快,复核、审批快,使被保险人及时得到赔款。

(3)准确。就是要求从查勘、定损以至赔款计算,都要做到准确无误,不错赔、不滥赔、不惜赔。

(4)合理。就是要求在理赔工作过程中,要本着实事求是的精神,坚持按条款办事。在许多情况下,要结合具体案情准确定性,尤其是在对事故车辆进行定损过程中,要合理确定事故车辆维修方案。

理赔工作的"八字"原则是辨证的统一体,不可偏废。如果片面追求速度,不深入调查了解,不对具体情况作具体分析,盲目结论,或者计算不准确,草率处理,则可能会发生错案,甚至引起法律诉讼纠纷。当然,如果只追求准确、合理,忽视速度,不讲工作效率,赔案久拖不决,则可造成极坏的社会影响,损害保险公司的形象。总的要求是从实际出发,为保户着想,既要讲速度,又要讲质量。

4. 注重《交通事故责任认定书》的证据作用

《交通事故责任认定书》(以下简称《认定书》)对事故当事人和保险当事人在利益调整上起着举足轻重的作用,在保险理赔中是必不可少的证据材料。

根据国务院颁布的《道路交通事故处理办法》(以下简称《办法》)和公安部制定的《道路交通事故处理程序规定》中的有关规定,《认定书》在民事诉讼案中不属司法审查范围。因其特殊的地位,保险人形成了一种思维定式,在理赔中把它当作具有无可辩驳的证明力的证据来对待,采取了"拿来主义",给保险企业留下巨大的证据风险和经营风险。受事故当事人的故意行为,责任认定人的故意行为或失职行为,而出具的《认定书》,从形式上看是合法的,但其内容却无法反映客观真实性。因此,《认定书》作为理赔的证据,显而易见不合适。因此,对《认定书》不宜采用"拿来主义",应对其进行证据审查后方可作为证据予以采信,以防范风险。

三、汽车保险理赔工作的程序

汽车保险事故发生后,被保险人务必要保护好事故现场,同时尽力施救以减少财产损失,要主动抢救受伤人员,速向公安交通管理部门报案,并在48h内向保险公司报案。火灾事故速向消防部门报案,盗窃案件在24h内速向公安刑侦部门报案。保险公司接到被保险人的报案后,要立即查找底单,登记立案。

汽车保险理赔业务流程对于不同的保险公司有一些细微差别,对于不同的实际业务类型又不是千篇一律的。汽车保险理赔工作的基本程序包括:报案、查勘定损、签收审核索赔单证、理算复核、审批、赔付结案等几个步骤。本书将重点以我国最大的汽车保险经营公司——中国人民保险公司为主介绍汽车保险理赔业务。其具体的理赔业务流程如图8-1所示。

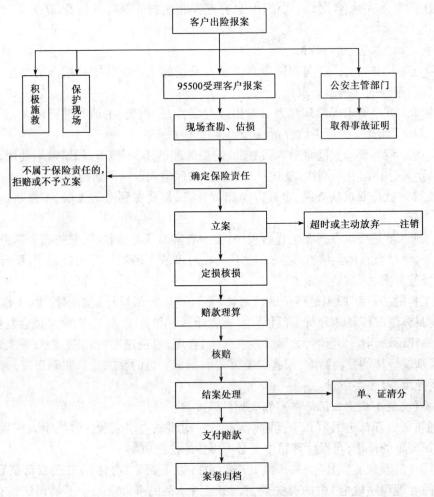

图 8-1　机动车辆理赔业务流程图

1. 受理报案

(1) 出险后,应妥善保护好现场,客户向保险公司理赔部门报案;路面事故同时还要报请公安交通部门处理,非路面交通事故(如车辆因驾驶原因撞在树或墙上),应由安委会出具证明材料。

(2) 内勤接到报案后,要求客户提供保险单号,被保险人名称、车牌号、事故发生的时间、地点、原因以及造成的损失情况等立即填写《业务出险登记表》(电话、传真等报案由内勤填写)。

(3) 内勤根据客户提供的保险凭证或保险单号立即查阅保单副本并抄单以及复印保

单、保单副本和附表。

查阅保费收费情况并由财务人员在保费收据(业务及统计联)复印件上确认签章(特约付款必须附上协议书或约定)。

(4)确认保险标的在保险有限期限内或出险前特约交费,要求客户填写《出险立案查询表》,予以立案(如电话、传真等报案,由检验人员负责要求客户填写),并按投案顺序编写立案号。

(5)发放索赔单证。经立案后向被保险人发放有关索赔单证,并告知索赔手续和方法(电话、传真等报案,由检验人员负责)。

(6)通知检验人员,报告损失情况及出险地点。

以上工作在半个工作日内完成。

2.勘察定损

(1)保险公司接到报案后,会派检验人员到现场勘察或到公安交通部门了解出险情况,同时对车辆进行定损,估算合理费用,并通知车主到保险公司指定的修理厂修理事故车辆。如车主要求自行修理,应办理自修手续,修理费用如超出定损费用,将由车主自行支付超出部分的费用。

(2)对第三者责任保险的索赔,还应由保险公司对赔偿金额依法确定,并依据投保金额予以赔付。对于投保人与第三者私下谈定的赔偿金额,保险公司可拒绝赔付。

(3)要求客户提供有关单证。

(4)指导客户填写有关索赔单证。

检验人员在接保险公司内勤通知后应在1个工作日内完成现场查勘和检验工作(受损标的在外地的查勘和检验工作,可委托当地保险公司在3个工作日内完成)。

3.赔付

1)保险车辆发生全部损失的

(1)保险车辆发生全部损失后,如果保险金额等于或低于出险当时的实际价值,将按保险金额赔偿。

(2)保险车辆发生全损后,如果保险金额高于出险当时的保险车辆实际价值,将按出险时的保险车辆实际价值赔偿。

2)保险车辆发生部分损失的

(1)保险车辆遭受部分损失,其保险金额达到承保时的保险车辆实际价值,无论保险金额是否低于出险时的保险车辆实际价值,发生部分损失均按照实际修理费用赔偿;保险车辆的保险金额低于承保时的实际价值,发生部分损失均按照保险金额与出险时的保险车辆实际价值比例赔偿修理费用。

(2)保险车辆损失最高赔偿额以保险金额为限。

保险车辆按全部损失赔偿或部分损失一次赔款等于保险金额全数时,车辆损失的保险责任即行终止,但保险车辆在保险有效期内,不论发生一次或多次保险责任范围内的损失或费用支出,只要每次赔偿未达到保险金额,其保险责任依然有效。保险车辆发生保险事故遭受全损后的残余部分,应协商作价归被保险人,并在赔偿中扣除。

4.签收审核索赔单证

1)索赔单证

保险车辆发生保险事故后,被保险人向保险公司申请赔偿的行为称为索赔。要求被保险人尽快收集必要的索赔单证,保险合同条款规定,被保险人应当在公安交通管理部门对该车险事故处理结案之日 10 天内向保险公司申请索赔,若被保险人在 2 年内不提供单证申请索赔,即作为自愿放弃索赔权益。在索赔时,由于车险事故分为单车事故、双车事故、车撞人事故等不同类型,所需要递交的单证也会相应不同,其中主要包括:

(1)《出险通知书》。由保险公司提供,保户填写。车主是单位的需盖章,是个人则需签字;

(2)《委托修理单》。由保险公司提供,汽车修理厂填写并盖章。车主是单位的需盖章,是个人则需签字;

(3)《定损单》。由保险公司提供并填写,汽车修理厂使用后交回保险公司;

(4)《修车发票》。由汽车修理厂提供;

(5)《施工单》。由汽车修理厂提供、填写并盖章;

(6)《材料单》。由汽车修理厂提供、填写并盖章;

(7)《第三方证明》。由保险公司提供。车主是单位的需盖章,是个人则需签字;

(8)《赔款结算书》。由保险公司提供。车主是单位的需盖章,是个人的则需签字。

2)签收审核单证

(1)营业部、各保险公司内勤人员审核客户交来的赔案索赔单证,对手续不完备的向客户说明需补交的单证后退回客户,对单证齐全的客户,要求填写《汽车索赔申请书》(一式二联),在其上签收后,将黄色联交还被保险人,汽车保险索赔申请书如表8-1所示。

某财产股份保险有限公司汽车保险索赔申请书

报案号: 保险单号: 表8-1

被保险人			车牌号码		使用性质	
报案人		联系电话	驾驶员		联系电话	
出险时间	年 月 日 时 分		出险地点		报案时间	年 月 日 时 分
出险原因	□碰撞 □倾覆 □盗抢 □火灾 □爆炸 □台风 □自燃 □暴雨 □其他					
开户银行				账号		
开户名						
出险原因及经过:以上信息为报案人报案时所描述,如需补充,请在备注栏中填写。						
备注:兹声明本人报案时所陈述以及补充填写的资料均为真实情形,没有任何虚假和隐瞒,否则,愿放弃本保险单之一切权利并承担相应的法律责任。						
被保险人(报案人)签章: 联系电话: 年 月 日						

重要提示:
    保险人受理报案、现场查勘、参与诉讼、进行抗辩、向被保险人提供专业建议等行为,均不构成保险人对赔偿责任的承诺。
    请按案件类型提供以下资料(在索赔过程中,我公司可能需您提供以下单证外的其他资料,届时我公司将及时通知您。感谢您对我们工作的理解和支持)						

续上表

		1.索赔申请书	14.汽车盗抢险立(破)案表
单方肇事无人员伤亡	1、2、3、4、6、7	2.驾驶证(正、副本)复印件	15.驾驶证原件
单方肇事涉及人员伤亡	1、2、3、4、6、7、8、9、10、11、12、23	3.行驶证(正、副本)复印件	16.附加费证原件
		4.交通事故证明	17.购车发票原件
双方肇事车损案	1、2、3、4、6、7、23	5.交通事故损害赔偿调解书	18.整套车钥匙(原车配)
		6.修车发票	19.县级以上公安未破获证明
		7 施救费及相关费用票据	20.养路费注销证明
双方肇事车损涉及人伤案	1、2、3、4、6、7、8、9、10、11、12、23	8.伤残诊断证明、病历及医疗发票	21.权益转让书
		9.交通事故评残证明	22.被保险人营业执照或身份证复印件
		10.交通事故死亡证明	
盗抢险案件	1、13、14、15、16、17、18、19、20、21、22、23	11.被抚养人及家庭关系户籍证明	23.其他相关材料
		12.伤者及护理人员工资证明	备注:火烧车需提供消防部门出具的火灾鉴定报告证明
		13.保单正本	

签收: 日期: 年 月 日

(2)将索赔单证及备存的资料整理后,交产险部核赔科复核。

5.理算复核

(1)核赔科经办人接到内勤交来的资料后审核,单证手续齐全的在交接本上签收。

(2)所有赔案必须在 3 个工作日内理算完毕,交核赔科负责人复核。

6.审批

(1)产险部权限内的赔案交主管理赔的经理审批。

(2)超出产险部权限的赔案逐级上报批复。

第二节 汽车保险理赔的处理技术

汽车保险理赔处理技术对于不同的保险公司有一些细微差别,对于不同的实际业务类型也不是千篇一律。但总体而言,都要进行现场勘察、事故定损核损、赔款理算、缮制赔款计算书及结案归档等几部分的内容。本书将重点以我国最大的汽车保险经营公司——中国人民保险公司为主介绍汽车保险理赔技术。

一、现场勘察

现场勘察是保险公司理赔业务的关键环节之一,是理赔处理技术的主要组成部分,是确定保险责任的重要依据。现场勘察是指保险理赔人员用科学的方法和现代技术手段,对事故现场进行实地验证和查询,将所得的结果完整而准确地记录下来的工作过程。通过现场勘察能了解出险情况,掌握第一手资料,是分析事故原因和认定事故责任的基本依据。所以,现场勘察应公正、客观、严密的进行。

1. 现场勘察的主要内容

勘察人员接案后,应迅速做好勘察准备,尽快赶赴事故现场,会同被保险人及有关部门进行现场勘察工作。现场勘察工作必须由两位以上勘察人员参加,尽量勘察第一现场。如果第一现场已经清理,必须勘察第二现场,调查了解有关情况。具体内容如下:

(1)查明出险时间。确切查明出险时间是否在保险期内,对接近保险起止时间的案件应特别注意查实。为核实出险时间,应详细了解车辆启程或返回的时间、行驶路线、伤者住院治疗的时间,如果涉及车辆装载货物出险的,还要了解委托运输单位的装卸货物时间等。

(2)查明出险地点。要准确地查明出险地点。对擅自移动出险地点或谎报出险地点的,要查明原因。

(3)查明出险车辆情况。查明出险车辆的车型、牌照号码、发动机号码、车架号码、行驶证,并与保险单或批单核对是否相符,查实车辆的使用性质是否与保险单记载的一致;如果是与第三方车辆发生事故,应查明第三方车辆的基本情况。

(4)查清驾驶员情况。查清驾驶员姓名、驾驶证号码、准驾车型、初次领证时间等。注意检查驾驶证的审验有效期,是否为保险人或允许的驾驶员等。

(5)查明事故原因。这是现场勘查的重点,要深入调查,根据现场勘察技术进行查勘,索取证明,搜集证据,全面分析。凡是与事故有关的重要情节,都要尽量收集反映事故全貌。当发现是酒后驾车、驾驶证与所驾车型不符等嫌疑时,应立即协同公安交通管理部门获取相应证人和检验证明。

对于重大复杂或有疑问的理赔案件,要走访有关现场见证人或知情人,了解事故真相,作出询问记录,载明询问时间和被询问人地址,并由被询问人确认签字。

对于所查明的事故原因,应说明是客观因素还是人为因素,是车辆自身因素还是车辆自身以外的因素,是违章行驶还是故意违法行为。

对于造成重大损失的保险事故,如果事故原因存在疑点难以断定的,应要求被保险人、造成事故的驾驶员、受损方对现场勘察记录内容确认并签字。

(6)施救整理受损财产。现场勘察人员到达事故现场后,如果险情尚未控制,应立即会同保险人及其有关部门共同研究,确定施救方案,采取合理的措施实施施救,以防损失进一步扩大。

保险车辆受损后,如果当地的修理价格合理,应安排就地修理,不得带故障行驶。如果当地修理费用过高需要拖回本地修理的,应采取防护措施,拖曳牢固,以防再次发生事故。如果无法修复的,应妥善处理汽车的残值部分。

(7)核实损失情况。查清受损车辆、承运货物和其他财产的损失情况及人员伤亡情况,查清事故各方所承担的事故责任比例,确定损失程度。同时应该核查保险车辆有无重复保险情况,以便理赔计算时分摊赔款。

(8)缮制勘察报告。勘察人员在完成现场勘察任务后,应根据勘察的实际情况缮制勘察报告,其内容包括:承保情况、出险时间、地点、原因和经过,损失范围和程度,施救情况和费用,定损和修理意见,以及通过勘察发现承保工作中存在的问题和对被保险人交通安全措施不力的修改意见,并协同被保险人及第三者认真填写现场勘查记录表,如果可能,应力争让被保险人或驾驶员及第三者确认签字,具体内容见表8-2。

2. 代勘察

代勘察限于本保险公司各分支机构所承保的车辆在异地出险的情况,出险当地的保险分支机构均有代勘察并提供各种协助的义务。具体程序如下:

（1）出险地保险公司业务人员接到外地保险车辆在本地出险的通知以后，应查验保险证或保险单。确认是本公司承保的车辆后，询问并记录报案日期、报案人、保险单号、保险类别、被保险人、承保公司、出险时间、地点、原因、牌照号码等。同时向报案人出示出险通知并交代填写事项，督促其按期交回。

（2）应立即安排现场勘察，并尽快通知承保公司。

（3）勘察人员到达事故现场后，应视同本公司的赔案处理，认真开展现场勘察工作，按照要求填写勘察记录并由代勘察的公司领导签章。

（4）业务人员应将该案登录代勘察登记簿，并按照规定开具代勘察收据一式两联。一联连同出险通知书、勘察记录及现场照片、草图、询问记录及有关证明材料等发送承保公司，一联连同出险通知书、勘察记录等材料在代勘察公司留存备查。

此外，如果承保公司同意并委托代定损的，应按照规定的定损程序处理。处理完毕后，应将全部案件材料移交承保公司，并在代勘察登记簿上注明移交时间。

某保险公司机动车辆事故现场查勘记录

保险单号码：　　　　报案编号：　　　　立案编号：　　　　表 8-2

保险车辆	厂牌型号：	发动机号：	车辆已行驶里程：	已使用年限：
	车牌号码：	车架号(VIN)：		初次登记日期：

驾驶员姓名：	驾驶证号码：□□□□□□□□□□□□□□□		职业：
初次领证日期：　年　月　日	性别：男□　女□	年龄：	准驾车型：
查勘时间：　年　月　日　时	查勘地点：	是否第一现场：是□　否□	
赔案类别：□一般　□特殊(□简易　□互碰　□救助　□其他)双代(□委托外地查勘　□外地委托查勘)			
出险时间：　年　月　日　时	出险地点：　　省　　　市　　　县		

第三方车辆	厂牌型号：	车牌号码：	是否保险：□是　□否	车辆已行驶里程：
	驾驶员姓名：	驾驶证号码：□□□□□□□□□□□□□□□		车辆初次登记日期：
	初次领证日期：	准驾车型：	职业：	车辆已使用年限：

现场查勘时请按右侧所列内容仔细查验并认真完整填写	1. 出险原因：□碰撞　□倾覆　□火灾　□自燃　□爆炸　□外界物体倒塌　□雷击　□暴风　□暴雨　□洪水　□雹灾　□其他(　　)
	2. 事故原因：□制动失灵　□转向失灵　□其他机械故障　□疲劳驾驶　□超速行驶　□违章并线　□逆向行驶　□安全间距不够　□违章装载　□其他违章行驶　□疏忽大意、措施不当　□其他
	3. 事故所涉及险种：□车损险　□三者险　□盗抢险　□玻璃单独破碎险　□自燃损失险　□车上人员责任险　□车上货物责任险　□其他(　　)
	4. 保险车辆的车牌号、发动机号、车架号与保险单上所载明的是否相符　□是　□否
	5. 出险时间是否在保险有效期内　□是　□否
	6. 出险时间接近保险起讫期的，有无相应时间证明　□有　□无
	7. 出险地点：(1)分类：□高速公路　□普通道路　□城市道路　□乡村便道　□场院及其他
	(2)与报案人所报是否一致：□是　□否
	8. 实际使用性质与保险单上所载明的是否一致　□是　□否
	9. 保险车辆驾驶人员情况与报案人所述是否一致　□是　□否
	10. 保险车辆驾驶人员的驾驶证是否有效　□是　□否
	11. 保险车辆驾驶人员准驾车型与实际驾驶车辆是否相符　□是　□否
	12. 使用各种专用机械车、特种车的人员是否有国家有关部门核发的有效操作证　□是　□否
	13. 驾驶营业性客车的驾驶人员是否有国家有关部门核发的有效资格证　□是　□否

续上表

现场查勘时请按右侧所列内容仔细查验并认真完整填写	14.保险车辆驾驶人员是否为被保险人允许的驾驶人员 □是 □否 15.保险车辆驾驶人员是否为保险合同约定的驾驶人员 □是 □否 □保险合同约定 16.保险车辆驾驶人员是否为酒后驾车 □是 □否 17.事故车辆痕迹与事故现场痕迹是否吻合 □是 □否 18.保险车辆安全配置情况：□安全气囊 □ABS □倒车雷达 □卫星定位 □其他防盗装置 19.第三者车辆是否已向其承保公司报案、索赔 □是 □否 20.事故是否涉及第三方人身伤亡 □是(伤人，亡人) □否 21.事故是否涉及第三方财产损失 □是 □否 22.事故是否涉及本车上人员伤亡 □是(伤人，亡人) □否 23.确定或预计责任划分：□全部 □主要 □同等 □次要 □无责任 □单方肇事 24.保险车辆损失程度：□全部损失 □部分损失 25.其他需要说明的内容： 是否属于保险责任:□是 □否 事故损失金额估计

车辆损失险损失：
第三者损失：
其他损失：

事故估损金额	保险损失金额	车辆损失险	标的损失： 施救费 吊车：拖车：其他	第三者责任险	车辆 人员 财产	附加险	

查勘人意见(包括事故经过简单描述和初步责任认定)：	询问笔录 张
	现场草图 张
	事故照片 张

保险人签章：	被保险人签章：	第三者签章：
年 月 日	年 月 日	年 月 日

说明：1.估计损失金额单位为人民币元。
2.第三方车辆不止一辆的，可增加"机动车辆现场查勘记录"用纸。

3. 审定保险责任

审定保险责任是理赔过程中一项十分谨慎的工作，关系到被保险人的切身利益和保险人的信誉。所以在审定保险责任时，业务人员应根据现场勘察记录、事故证明、事故调解书等有关资料，结合汽车保险条款及其解释等有关文件，全面分析事故的主观原因、

审定保险责任应注意以下事项:
(1)业务部门对于现场勘察记录及其相关材料应进行初审,按照规定的核赔权限,召集相关人员会议,听取勘察人员的详细汇报及其分析意见,研究审定保险责任。
(2)审定保险责任一定要以汽车保险条款及其解释为依据,领会条款精神,尊重客观事实,掌握案情的关键。尤其对不属于保险责任的案件,要认真讨论,反复推敲。对于属于责任范围的,应进一步确定被保险人对事故承担的责任和有关代为追偿的问题。认为是责任免除范畴应拒赔的案件,要有充分的、有说服力的依据和理由。理赔前,应向被保险人耐心解释,倾听意见。
(3)当赔偿责任确定后,对被保险人所报的损失清单及其费用单证,应根据现场勘察的实际损失记录,逐项进行审核,确定赔偿项目和赔付范围。
(4)应妥善处理疑难案件。对于责任界限不明,难以掌握的疑难案件和拒赔后可能引起的诉讼的,或经反复研究仍无法定论的理赔案件,应将《拒赔案件报告书》连同有关材料报上级公司审定。经上级公司批准后,应填具《拒赔通知书》送交被保险人并进行耐心解释。

对于确定无异议属于保险责任的理赔案件,应立即开展定损和计算赔款工作,使受害方及时得到经济补偿。

4. 勘察现场的分类

出险现场是指发生事故地点上遗留的车辆、树木、人、畜等与事故有关的物体以及其痕迹与物证等占用的空间。所有事故都会有出险现场存在,它是推断事故过程的依据和分析事故原因的基础。根据出险现场的实际情况,一般可以分为原始现场、变动现场和恢复现场三类。

1)原始现场

原始现场也称第一现场,是指现场的车辆和遗留下来的一切物体、痕迹,仍保持事故发生后的原始状态而没有任何改变和破坏的出险现场。由于原始现场完整地保留着事故发生后的变化状态,可以较好地为事故原因的分析与责任鉴定提供依据,所以是现场勘察最理想的出险现场。

2)变动现场

变动现场也称移动现场,是指由于自然或人为的原因,致使出险现场的原始状态发生改变的事故现场。它包括正常变动现场、伪造现场、逃逸现场等。

下述原因导致的出险现场变动均属于正常变动现场:
(1)为将伤者送医院抢救而移动车辆,致使伤者倒卧的位置发生变化;
(2)事故现场的痕迹因保护不善,导致被过往的车辆、行人碾踏、触动而变得模糊或消失;
(3)由于风吹、雨淋、日晒、下雪等自然因素,导致的出险现场的痕迹消失或被破坏;
(4)执行任务的消防、救护、警备、工程救险车,以及首长、外宾、使节等乘坐的汽车,在发生事故后因任务的需要而驶离现场等特殊情况,致使出险现场发生变化;
(5)在一些主要交通干道或城市繁华地段发生交通事故,造成交通拥堵,需要立即排出时,因移动车辆或其他物体而导致出险现场变化;
(6)其他正常原因导致的出险现场变化的,如车辆发生交通事故后,当事人没有发觉而驶离现场。

对于上述正常变动现场,必须注意识别和查明变动的原因,以利于辨别事故发生的过程,从而正确分析事故原因和责任。

伪造现场是指当事人为了逃避责任、毁灭证据或达到嫁祸于人的目的,有意或唆使他人改变现场遗留物原始状态,或故意布置现场。伪造现场的特征是现场的状态不符合事故发生的客观规律,物体的位置与痕迹方向与客观事实有明显的矛盾。

逃逸现场是指交通事故的当事人为了逃避责任而驾车逃逸,导致事故现场变动的出险现场。其性质类似于伪造现场,一般都会留下与事故有关的痕迹和物证。

3) 恢复现场

恢复现场是指事故现场因某种原因撤离后,基于事故分析或复查案件的需要,为再现出险现场的面貌,根据现场调查记录资料重新布置恢复的现场。

在特殊情况下,需要根据目击人和当事人的指定,重新将出险现场恢复到原始状态。为与前述的原始现场相区别,这种现场一般称为原始恢复现场。

5. 现场勘察的程序

现场勘察的主要程序包括尽快赶赴出险现场、现场勘察、询问当事人、调查证人及现场复核等。

(1) 尽快赶赴出险现场。勘察人员在接到出险通知后,应立即赶赴出险现场进行现场勘察,这样有利于第一手资料的掌握。

(2) 现场勘察。勘察人员赶到出现现场后,所涉及的现场勘察内容很多,包括收集材料、摄影、丈量、绘制草图、车辆检查、道路鉴定等,均要求较强的时间性和技术性。主要内容有:

① 首先应丈量车辆制动印痕的长短,这是判断车辆出事故前行驶速度的主要依据;

② 根据轮胎的印痕,确定轮胎的宽度与花纹形状,这是判定和追查肇事车辆的主要依据之一;

③ 车体上的泥土及其他易碎装置的落下位置,据以判断相撞的地点;

④ 车门把手和转向盘上的指纹,这是判定当事人的主要依据。

(3) 调查证人。调查证人工作要耐心细致。如果条件允许,最好取得证人的文字证明材料,将证人目击时的位置和事情发生经过绘制成草图,标明各方的位置、行驶方向和估计的速度,作为确定事故责任人的参考。

(4) 现场复核。当现场丈量、摄影和绘制草图等工作结束后,应复核一遍,做到准确无误。

6. 现场勘查的方法

(1) 沿车辆行驶路线勘察法。当事故发生地点痕迹清楚时,可以采用此种勘察方法。勘察时,沿着车辆的行驶路线进行取证、摄影与丈量,并绘制现场图,进行事故原因分析与责任认定。

(2) 由内向外勘察法。当出险现场范围不大,痕迹与事故遗留物集中、事故中心点明确时,可以采用此种勘察方法。勘察时,由事故中心点(接触点)开始,由内向外进行取证、摄影与丈量,并绘制现场图,进而分析事故原因和认定事故责任。

(3) 由外向内勘察法。当现场范围较大,痕迹较为分散时,宜采用此种勘察方法。勘察时,沿着事故现场外围向事故接触点的方向进行取证、摄影与丈量,并绘制现场图,分析事故原因和认定事故责任。

(4) 分片分段勘察法。当现场范围大或者伪造现场时,应采用此种勘察方法。勘察时,将事故现场按照现场痕迹、散落物等特征分成若干的片或段,分别进行取证、摄影与丈量,并绘制现场图,分析事故原因和认定事故责任。

7. 现场勘察的作业

(1)收取物证。物证是再现事故发生过程和分析事故原因与责任的最为客观的依据,收取物证是现场勘察的核心工作。各种勘查技术、方法、手段均为收取物证服务。物证的收取过程实际上就是认识物证、发现物证和用科学方法与手段取得物证的过程。物证的类型主要包括散落物、附着物、痕迹三种形式,常见的物证有制动印痕、车体泥土、玻璃碎片、车身刮痕、地面血迹等。

(2)询问人证。第一证人应该是保险车辆的驾驶员,他的证明极其重要,要尽量创造条件让驾驶员心平气和客观地回忆现场发生时的有关情况。当车辆与人发生碰撞时,应查询行人穿越道路的原因,为穿越前有谁与受害人在一起;当车辆之间相撞时,应访问对方车辆驾驶员,了解对方车辆行驶的位置、动态及所采取的措施等。

(3)现场摄影。现场摄影是比较重要的取证方法,事后不可弥补,因此,一定要细致、严谨。

①现场摄影的原则。现场摄影一般应遵循以下拍摄原则:先拍原始,后拍变动;先拍重点,后拍一般;先拍容易的,后拍困难的;先拍易消失与被破坏的,后拍不易消失与被破坏的。

②现场摄影的方式。一般现场摄影包括方位摄影、中心摄影、细目摄影和宣传摄影等四种摄影方式。

a. 方位摄影。当拍摄事故现场的全貌时,一般采用此种摄影。方位摄影是指根据事故车辆为中心的周围环境,采用不同的方位拍摄现场的位置、全貌以反映事故现场轮廓的摄影。采用方位摄影应反映出事故现场的地形、地貌、路况,以及事故车辆与人畜、建筑物、道路、山、树木、周边的其他物体之间的相互关系,也应反映出事故的时间、气候等。

b. 中心摄影。当拍摄现场处于中心地段时,宜采用中心摄影方式,即以事故接触点为中心,拍摄事故接触的各部位及其相关部位,以反映与事故相关的重要物体的特点、状态和痕迹特点。中心摄影重点应在被事故破坏的地方和遗留痕迹及物证的地方进行。

c. 细目摄影。当需要拍摄事故现场的各种痕迹、物证,以反映其大小、形状特征时,需要采用细目摄影。细目摄影的部位包括事故车辆和其他物体接触部分的表面痕迹,用以反映事故原因;物体痕迹,如事故车辆的制动拖印痕迹、伤亡人员的血迹、机械故障的损坏等;事故车辆的牌号、厂牌型号;事故的损失、伤亡与物资的损坏等。

d. 宣传摄影。有时为了宣传和收集资料的需要,通过宣传摄影,运用技巧突出反映某一侧面,如车辆损伤、伤亡者以及事故责任者等。

③现场摄影的方法:

a. 相向拍摄法。采用此方法进行现场摄影时,应从两个相对的方向对现场中心部分进行摄影,可以较为清楚地反映现场中心情况。

b. 十字交叉拍摄法。采用此方法进行现场摄影时,应从四个不同的地点对现场中心部分进行交叉拍摄,可以准确反映现场中心情况。

c. 连续拍摄法。这是将现场分段进行拍摄,然后将分段照片拼接为完整的照片方法。此种拍摄方法适合于事故现场面积较大,一张照片难以包括全部情况。此方法一般分为回转连续拍摄法和平行连续拍摄法。

回转连续拍摄法是将相机固定在一处,通过转动相机的角度进行分段拍摄,此方法用于距离较远的拍摄现场。

平行连续拍摄法是将同一物距的平行直线分成几段,移动镜头逐段拍摄,每个摄影地点要求与被拍摄对象的距离相等。此方法适合于拍摄狭长的平面物体,如车箱栏板和客车侧面较长的刮痕等。

d. 比例拍摄法。此法是将尺子或其他参照物放在被损物体旁边进行摄影。常常在痕迹、物证以及碎片、微小物摄影的情况下采用此法,以便根据照片确定被摄物体的实际大小和尺寸。

④现场摄影的技术问题:

a. 取景。所谓取景就是根据摄影的目的与要求,确定拍摄范围、拍摄重点,选择拍摄角度和拍摄距离的过程。拍摄距离、拍摄角度和各种光照方向对摄影效果的影响十分重要。现场勘察时,应根据事故现场的实际情况,选择合适的拍摄距离、角度和合理的光照方向拍摄,力求所要表达的主体物突出、明显和准确。

拍摄距离是指拍摄立足点与被拍摄物体的远近。拍摄距离远则拍摄范围大,但所拍摄的物体影像小,适合于事故现场较大情况下的摄影。由于拍摄距离的不同,所拍摄的图像分别称为远景、中景、近景和特写。远景与中景一般用于表现现场的概貌,而近景与特写则用于表现局部的较小物体及某些痕迹等。

拍摄角度是指拍摄立足点与被拍摄物体的方位关系。拍摄角度的方位关系一般分为上下与左右关系。上下关系又分为俯拍、平拍与仰拍三种。

俯拍是指在比被拍摄物高的位置向下拍摄。它能反映较为宽阔的地面情况,有利于表达事故车辆及其他车辆、人畜、物的相互关系及其所处的位置。

平拍是指拍摄点在物体的中间位置,镜头平置的拍摄。此种拍摄方法的效果就是人两眼平视的效果,一般用于拍摄垂直平面物体上的痕迹、无俯拍条件下现场全貌的拍摄现场等场合。

仰拍是指相机放置在较低部位,镜头由下向上仰置的位置。这种拍摄效果易产生变形,一般在现场摄影中应用较少。

拍摄角度的左右关系一般根据拍摄者确定的拍摄方位,分为正面拍摄和侧面拍摄两种。正面拍摄是指面对被拍摄的物体或部位的正面进行拍摄。侧面拍摄是相对于正面而言的。如果确定事故车辆的左侧为正面拍摄方向,那么从事故车辆的前、后方向拍摄就是侧面拍摄。在现场勘查时,采用正面拍摄还是侧面拍摄应根据事故现场的实际需要,以充分反映要拍摄的部位及其周围特征为前提。

光照方向是指光线与相继拍摄方向的关系,一般分为正面光、侧面光和逆光三种,在现场勘察时应根据不同的需要合理选择。

b. 接片技术。现场勘察采用连续拍摄法进行现场摄影时,需要将分段的照片拼接在一起,组成一幅连续照片以反映所拍摄的全景,这就是所谓的接片。拍摄时的接片应注意以下问题:

取景时,在相邻两幅画面的衔接处应略有重叠,以便照片衔接。在衔接处应尽量避免人物、车辆等,最好选择电杆、房角、树木等,方便衔接。

各段的拍摄应处于同样光照条件下,以同样的距离、光圈、速度拍摄。拍摄时,应尽量使用小光圈以增加景深范围。

回转连续拍摄时,必须以第二节点的垂线为轴,转动相机角度,以利于拼接工作。

此外,在冲印放大时,也应注意使用同一纸型、同一感光时间等,以便保证影响反差近似。

c. 常见痕迹的拍摄技术。交通事故常见的痕迹包括碰撞痕迹、刮擦痕迹和断裂痕迹、制动拖印等其他痕迹。对于不同痕迹，拍摄时的要求不同。

碰撞痕迹一般表现为凹陷、隆起、变形、断裂、穿孔、破碎等特征。只要拍摄角度合适，大多可以准确表述出来。对于较小、较浅的凹陷痕迹一般则较难拍摄，需要掌握光线的规律，一般要采用侧面光，也可以采用光板、闪光灯等进行拍摄。

刮擦痕迹一般表现为被刮擦的部位表皮剥落，互相粘挂，如接触点有对方车辆的漆皮或受伤者的衣物纤维、皮肉、毛发等。如果刮擦痕迹为有颜色物质，可选滤色镜拍摄，突出被粘挂物。

机械断裂痕迹一般都有陈旧断裂痕迹存在。能在现场拍摄应立即拍摄，不能在现场拍摄的，可拖离现场后拍摄。

血迹，拍摄血迹时，应先判断血迹遗落在何种颜色的物体上，确定是否用滤色镜和用何种滤色镜。如血迹滴落在黄土上或泥土粘污的沥青路上，可用黄色滤色镜拍摄；血迹在黑色发亮的沥青路上，需加蓝色或绿色的滤色镜拍摄。

制动拖印对判断事故车辆的事故位置、行驶速度、制动效能以及驾驶员是否采取适当措施等具有重要的作用。因其易被破坏，现场摄影时应优先拍摄。拍摄重点放在制动拖印的起止点及特征上，特别要反映起点与道路中心线或路边的关系，可以对拖印起点用白灰或树枝等进行标记。

此外，对于小物体或细小痕迹，可采用接近拍摄或镜头接筒的方法进行拍摄。

(4) 现场丈量。现场丈量必须准确，必要的尺寸不能缺少。现场丈量前，要认定与事故有关的物体和痕迹，然后逐项进行并做好相应的记录。

① 确定方位、选定坐标与现场定位。确定方位就是确定公路的走向，通常用道路中心线与指北方向的夹角来表示，可以用袖珍经纬仪测得。如果事故路段为弯道，可以用进入弯道的直线与指北方向的夹角和转弯半径表示。

选定坐标就是在事故现场附近选择一个永久性的固定点，作为固定现场的基准点。这个坐标可以用里程碑、电线杆等表示，但必须注明相应的里程或号码，这是恢复现场所必需的。

现场定位就是通过一定的方法将现场固定在一个特定位置上。其主要方法包括：

a. 三点定位法。三点定位法是从选定的坐标点向道路中心线作垂线，交与一点，这点再与事故车辆某一点连起来，量出各边的距离，用形成的三角形固定现场的位置。

b. 垂直定位法。垂直定位法是从事故车辆选取一个主要点，向道路的边线作垂线，再由选定的坐标点，作道路边线的平行线；通过两条直线的交点到坐标点与选取点的距离就可以固定现场的位置。

c. 极坐标法。将选定的坐标点与事故车辆上的某一点连接起来，通过直线距离和与道路边线垂直方向的夹角来定位现场的方法称为极坐标法。

② 丈量道路。丈量道路包括勘察道路的走向、附近的交通标志、安全设施、行车视距，以及丈量路面、路肩及边沟的宽度和深度。

③ 丈量主要物体及痕迹：

a. 车体位置及行驶方向。为了固定事故车辆的停放位置，一般以其停放地点为准，丈量四个距离，即车辆的四个轮胎外缘与地面接触中心点到道路边缘的垂直距离。

可以根据现场遗留的痕迹判断车辆行驶的方向。如果车辆压折树枝、草棍等物，那么它们根端所指的方向一般与车辆行驶的方向相反；如果从车上滴落油点、水点，一般其尖端的方向为车辆的行驶方向；如果车辆经过水沟或有污泥的地方，常会将水和污泥带到干燥的路面上留下痕迹，依次可以判断行驶方向；车辆行驶时，轮胎滚动常常带动尘土、沙尘等在其侧面形成扇面，其展开面与车辆行驶的方向相反。

b.制动印痕。车辆制动时，轮胎与地面摩擦留下炭黑的拖印痕迹。一般的拖印距离比较好测量，但当制动印痕为弧形时，应在印痕起止间等分四个距离，找出五个点，分别丈量各点至道路一边的垂直距离，再量出制动印痕的长度。如果有压印痕迹，丈量时也要一并测量。

c.测量车辆与车辆、人畜或与其他物体接触后双方留下的痕迹。

d.测量事故现场的微小痕迹，如指纹、毛发、血皮、纤维，或其他不易发现的微小印痕。

e.对现场的其他遗留物，如轮胎花纹、车身漆皮、玻璃碎片、脱落的车辆零部件、泥土、物资等进行测量。

④丈量事故接触部位。事故的接触部位是形成事故的焦点，也是判定事故责任的重要依据。交通事故的接触部位具有多样性，但都有其特定的空间位置和平面的位置，对事故的接触部位首先应进行科学分析，认真判断。判定接触部位的依据一般包括：

a.事故现场的物理现象，包括运动和受力，双方损坏的部位和受力情况；

b.事故现场的散落物，如车体下的泥土、玻璃碎片等；

c.车辆的制动拖印；

d.根据碰撞物的运动轨迹和碰撞部位凹陷损坏情况，结合运动学与动力学理论和能量守恒理论进行分析。

根据现场勘察情况进行科学分析，确定出准确的接触部位才能丈量。丈量时，一般应测量车与车、车与人，或者车与其他物体接触部位距地面的高度、接触部位的形状大小等。

(5)绘制现场勘察草图。现场勘察草图是根据现场勘查程序，在出险现场边绘制边标注，当场完成的出险现场示意图。它是现场勘察的主要记录资料，是正式的现场勘察图绘制的依据。由于现场勘察草图在勘察现场绘制，绘制时间较短，对草图的要求可以不工整，但内容必须完整，尺寸数字要准确，物体的位置、形状、尺寸、距离的大小应基本成比例。

①现场勘察草图的基本内容。现场勘察草图实际上是保险车辆事故发生地点和周围环境的小范围地形图。所表现的基本内容包括：

a.能够表明事故现场的地点与方位，现场的地物地貌和交通条件；

b.表明各种交通元素，以及与事故有关的遗留物痕迹和散落物的位置；

c.表明各种事物的状态；

d.根据痕迹表明事故的过程、车辆及人畜的动态。

②现场勘察草图的绘制过程。现场勘察草图的绘制主要包括草图的总体构思，画出道路边缘线和中心线，绘制出险车辆和有关图例。

a.根据出险情况，选用适当比例进行草图的总体构思。绘制前，应首先对出险现场进行总体观察，对车辆、人、物品、痕迹、道路状况、地形地貌、建筑设施等要有总的轮廓。根据图纸大小和对现场的感性认识，选用合适比例，进行图面构思。

b.按照近似比例画出道路边缘线和中心线，确定道路方向，在图的右上方绘制指北标志。标注道路中心线与指北线的夹角。

c.用同一近似比例绘制出险车辆，再以出险车辆为中心绘制各有关图例。有关图例的绘制按照规定执行。

d. 根据现场具体条件,选择基准点和定位法,为现场出险的车辆和主要物品、痕迹定位,标注尺寸,必要时加注文字说明。

e. 根据需要绘制立体图、剖面图和局部放大图。

立体图通常用以表述事故车辆及其与事故有关的建筑物、电线杆等固定设施的正面、侧面和后面的外形轮廓、痕迹、遗留物等在空间的位置及其状态。

剖面图分为纵剖面图和横剖面图。纵剖面图主要表示现场道路纵向构成空间几何线形,包括坡度大小、坡道长短、坡道的分配、坡道转折处、缓和曲线的长度、半径和视距等。横剖面图是沿着道路横向的垂直剖面,主要用于表示道路的横向构成、路拱、超高、周围地形及车辆的位置关系。

根据出险现场的情况,剖面图可以有多个,其位置并不一定局限于纵、横两个方向,所做的剖面位置应在图中用剖切线标注。

局部放大图主要用于受比例限制而无法在现场勘察图上表达的细小物体和痕迹形状等的放大,一般在图纸的空余部分放大画出并标注其在现场中的位置。

最后,应对所完成的现场勘察草图进行核对,核对无误后,由现场勘察人员、见证人、绘图人和校核人等签名。

现场勘查结束后,应根据现场勘察草图所标明的尺寸和位置,按照正投影的绘图原理,选用一定比例和线形,公正准确地绘制正式的现场勘察图,它是理赔和申请诉讼的依据。

(6)车辆检查。车辆的技术状况与交通事故有直接的关系,必须认真地进行检查和鉴定。检查内容包括转向、制动、挡位、轮胎、喇叭、灯光、后视镜、刮水器等,以及车辆的乘员与装载情况。因在现场勘察时没有汽车检验台架检查的设备条件,所以在事故车辆允许的情况下,一般进行路试检查。如果必须进行台架试验鉴定,可到国家承认的有关车辆性能鉴定机构进行鉴定检查。下面以汽车的转向系和制动系为例说明现场勘察的主要检查内容。

①车辆转向系的检查。对转向系的检查主要是检查转向盘自由行程、转角和转向系的其他性能。

a. 检查转向盘自由行程和转角。可以通过人工检查,或使用便携式的转向盘自由行程和转角检测仪检查。

b. 检查转向系的其他性能。检查方法为:车辆在各种道路条件下以任何速度行驶时,转向均应灵活可靠,不得出现卡住、转向沉重、行驶跑偏或轮胎与车架、翼子板擦碰等现象。

②车辆制动系的检查。对车辆制动系的检查包括行车制动装置和驻车制动装置都要进行检查。

a. 车辆制动装置检查。行车制动装置。检查行车制动装置时,应停车检查制动踏板的反应,低速行驶检查制动性能是否有效、制动距离是否符合国家相关规范要求,以及制动是否出现跑偏,依次判断行车制动装置是否有效。

驻车制动装置。检查时,将驻车制动杆拉起 3～5 个齿,如果停在 20% 坡度的车道上不溜车,表明驻车制动装置有效。

b. 估算持续制动距离。按照要求估算车辆的持续制动距离,持续制动距离是指从踏下制动踏板开始,到汽车完全停止时所驶过的距离。根据现场勘察制动拖印的长度、制动系统的协调时间、估算的车辆发生事故时的初速度等,按照汽车理论的运动学特性,估算车辆的持续制动距离。

8. 典型交通事故的现场勘察重点

典型的交通事故包括车辆之间的交通事故、车辆与人的交通事故、车辆与自行车的交通事故和车辆自身的交通事故等。

1) 车辆之间的交通事故

车辆之间的交通事故是指两个及两个以上车辆,因碰撞而导致的事故。这种碰撞一般包括正面碰撞、侧面碰撞、追尾碰撞等。事故的必然结果将导致车身不同程度的损毁和车辆原有运动方向的改变,甚至出现侧滑、倾覆等,在路面上留下轮胎印迹和印迹突变等现象。

(1)现场勘察重点。现场勘察主要侧重四个方面:

①确定车辆停止位置和状态、车辆之间的位置关系,用以判断冲突角度。

②检查路面上轮胎印迹和印迹突变的位置、形态,印迹与车辆的关系,以判断行驶路线和接触点。

③检查事故散落物及其位置,分别丈量散落物掉落处的高度、抛出距离和散落物之间的距离,用以判断碰撞接触点和速度。

④观察确定车体第一次碰撞破损痕迹所在部位、破损程度、着力方向、痕迹、表面异物或颜色;并分别丈量痕迹的面积、离地高度和与前、后端角的水平距离,用以判断接触部位、碰撞角度及碰撞前后车辆运动的趋势。

(2)访问重点。在现场勘察的同时,还要通过访问了解与事故有关的情况。

①在交通复杂路段或岔路口、弯道处采取的安全措施及当时车辆的速度。

②发现对方车辆时彼此的位置、距离、动态,如何判断有无危险的感觉,采取的措施。

③碰撞的地点和部位。

④如果有占车道线行驶的情形发生,要查明原因。

(3)其他调查。有关车辆方面的调查,包括车辆外廓尺寸、轴距、轮距、最小转弯半径、最小通过通道宽度以及车辆的灯光设备是否齐全有效等。

有关道路方面的检查。包括路面宽度及路况、岔路口形式,弯道及纵坡道的几何线形,视线及标志设施等。

2) 车辆与人的交通事故

(1)事故的一般情况。车辆与人的交通事故,常见的是行人横穿城市街道或公路被过往的车辆碰撞与碾压的情形。事故的主要原因包括:

①车辆驾驶员反应迟钝,判断错误或采取的措施不当造成的。

②未按照规定速度和路线行驶,违反交通法规。

③行人违反交通规则,在车辆制动的非安全区内横穿城市街道或公路,驾驶员采取措施而无法避让的。

在车辆与人的事故中,行人是弱者,被车辆撞压时,车辆的运动状态几乎不受影响。一般由于需要抢救伤者而移动车辆位置,造成出险现场变动,给现场勘察工作带来难度。

(2)现场勘察重点。现场勘察主要侧重以下几个方面:

①勘察现场变动情况,确定现场原始状态与变动后状态的位置关系。

②检查鉴别轮胎印迹,丈量制动拖印长度及其起止点至基准线的距离,明确位置和形状,以及与车辆停止处的方位关系,用以判断车辆行驶路线、速度和制动措施。

③人体位置或血迹位置与车辆、有关痕迹、物体的距离及方位关系,用以判断接触点和车辆的速度。

④确定行人横穿道路前所在的位置,横穿路线及接触点或人体血迹处的距离,用以判断穿过这段距离所需时间及同一时刻的车辆位置。

⑤检查车辆上有无毛发、皮屑、衣服纤维、血迹、手印等,并测量其所在位置,以判断碰撞点。

(3)访问重点。查询行人横穿道路的原因,未横穿道路前有谁和当事人在一起。查清驾驶员最初发现行人横穿的地点、感到危险的地点、采取紧急措施的地点。

(4)其他调查。其他调查包括:

①车辆的制动性能。

②自然条件,如光线、风向等。

③人体损伤鉴定与衣物上的血迹。

④行人心理和生理方面的影响因素。

3)车辆与自行车的交通事故

(1)事故的一般情况。自行车与车辆的交通事故多发生在各种道路口。有的由于自行车的争道抢行,驾驶员采取措施不及造成碰撞或碾压;有的由于车辆在交通拥挤或道路狭窄路段,超越自行车或与自行车交会时,没有保持一定的安全距离而碰撞自行车,或由于路面不平、骑车人紧张而使得自行车摇晃、倾倒而被碾压。

车辆与自行车的交通事故易在车辆的接触部位留下刮擦碰撞的痕迹,自行车产生明显变形,碰撞部位往往留下车辆的油漆痕迹,地面也会留下相应的印迹和沟槽等。

(2)现场勘察重点。现场勘察主要着重以下几个方面:

①确定车辆、自行车停止位置和骑车人躺卧位置、状态,以及三者间在路面上的位置关系。

②检查路面上车辆和自行车的轮胎印迹、沟槽痕迹的位置,以及相互间的关系,用以判断行车速度和安全间隔。

③检查事故车辆上的痕迹、形状以及其所在部位距离车前端的距离和高度,用以判断碰撞接触位置。

④自行车受力变形部位、方向、形状及离地高度,以判断自行车碰撞部位及方向。

⑤如果自行车载有货物,应确定所载物品的质量、尺寸,碰撞后物品的散落位置,用以判断自行车行驶的稳定性及其对事故的影响。

(3)访问的重点。访问的重点包括:

①事故车辆与自行车的行驶方向。

②相互发现对方的距离、位置、动态,以及采取的避让措施。

③碰撞与碾压的形式。

(4)其他调查。其他调查主要是:交通环境调查,包括车辆、行人的动态等。岔道口形式、视线及路面平整情况。事故车辆和自行车的制动性能。

4)车辆自身的交通事故

车辆自身原因造成交通事故,包括驶出路外的车辆倾覆和在路内倾覆等。

(1)事故的一般情况。车辆自身造成的交通事故主要表现形式为:驶出路外的车辆倾覆和路内倾覆等。驶出路外的车辆倾覆一般是驾驶员受到某一外因影响,导致操作失误或车辆失去控制造成的。如转弯时速度过快、制动时车辆跑偏、前轮胎爆破、转向节折断、转向机构故障等。路内倾覆一般多由于车辆侧滑时车轮受阻,车身的惯性作用引起的。车辆倾覆的现场一般留有轮胎印迹和沟槽痕迹。

(2)现场勘察重点。现场勘察主要着重以下几个方面：

①检查鉴别路面上遗留的轮胎印迹有无突变现象、突变的位置和原因等，用以判断车辆的行驶路线与倾覆原因。

②检查路面沟槽痕迹位置、形状、深度，以判断受力的方向和形成的原因。

③检查散落物的散落方向、抛出位置和抛出距离，用以判断车辆倾覆前的速度。

(3)访问的重点。访问的重点包括：

①车辆的行驶速度和操作情况。

②车辆行驶中有无异常的感觉，怎样感知这种异常。

③事故前是否出现紧急情况，采取了什么措施。

(4)其他调查。有关车辆方面的调查，包括转向机构连接部分有无脱落、部件有无断裂、断口的形状特征、是否为自然断裂；制动系统有无故障及故障原因；转向轮的新旧程度等。如果是载货汽车，还要调查车辆的额定载质量。

道路方面的调查，包括路面材料、路面情况、转弯半径等道路条件，以及超高标志、护栏等设施情况。

车辆的装载情况调查，包括车辆的实际载质量、装载物品性质、装载高度、重心位置等。

二、保险事故损失的确定

在现场勘察中，保险公司理赔人员要取得被保险人、公安交通管理部门和消防部门的配合，确认保险事故所造成的损失，包括对事故机动车辆及第三者财产的损失进行核定，逐项核实损失项目，即定损。保险公司依据保险单、条款、法规和标准，通过协商进一步确定事故车辆及相关财产损失、核定事故中人员伤亡费用，一般主要内容为车辆定损、施救费用的确定、伤亡费用的确定及其他财产损失的确定和损失物资的确定处理等。

1. 车辆定损

对于保险业，尤其是汽车保险业务，由于道路交通事故和其他事故，机动车辆保险赔付业务天天都有。因此，为了准确客观地、无争议地完成保险赔付业务，对于一定规模的保险分支机构或物价管理部门都设置有专门的机动车辆验损中心，配有专职的定损和估价人员。

1)车辆定损的原则

保险公司的理赔工作应严格执行《汽车保险条款》的有关规定，工作人员在勘察、定损、估价过程中，要做到双人勘察、双人定损、交叉复核。对损失较大或疑难案件做到重复多次审核，专门会议分析研究。确保核定无误。对任何一个理赔案件都要做到严格细致、客观真实，不受人情的影响，做到既不损害保险人的利益，又要保证被保险人的权益不受侵害。定损核价人员在事故车辆的定损、估价的整个过程中，在保证被保险人的权益不受侵害、不影响车辆性能的前提下，应遵循"公平公正"、"能修不换"的保险补偿原则，参照当地交通运输管理部门规定的修理工时及单价和零配件价格对事故车辆的损伤部位逐项进行审定，做到合理准确地定损核价。

定损核价是一项政策性、技术性十分强的工作，要求定损核价人员掌握必要的物价管理知识、汽车结构和性能方面的专业知识和修理专业方面的知识，要具有丰富的实际操作的经验，能准确认定车辆、总成和零部件的损伤程度，准确实施"能修不换"的原则。定损人员应根据事故车辆损伤情况，准确认定保险赔付范围及赔付方式，即是修理还是换件。对于车辆的外覆盖件来说，应以损伤程度和损伤面积为依据，确定修复方法。对于功能件来说，判断零件的更换或修理存在一定的难度,要做到准确判定事故原因及损伤形成的因果关系,这要求定损人员必须掌握足够的汽车结构和性能方面的专业知识。汽车零部件功能的下降和受损,有两方面原因:一是随车辆行驶里程的增加,各零部件、总成的功能都会有不同程度的下降;二是在道路交通事故中,由于碰撞产生的撞击力使部分零部件或总成丧失部分或全部功能。定损人员应能正确区分,哪些是车辆本身故障所造成的损失;哪些是车辆正常使用过程中零件自然磨损、老化造成的损失;哪些是使用、维护不当造成的损失;哪些是损伤产生后没有及时进行维护修理致使损伤扩大造成的损失;哪些是撞击直接造成的损失。依照汽车保险条款所列明的责任范围,明确事故车辆损伤部位和赔付范围。

2) 车辆定损的方法

在实际运作过程当中,经常存在着这样的问题,被保险人与保险人在定损范围与价格上存在严重分歧,被保险人总希望能得到高的赔付价格,而保险人则正好相反。另外在保险业,特别是汽车保险业,经常有骗保案件发生。因此,为避免上述情况发生,定损人员应掌握正确的定损方法。

(1) 确定出险车辆的性质,确认是否属于保险赔付范围。根据有关汽车保险条款的解释及事故现场的情况,验明出险车辆号牌、发动机号、车架号是否与车辆行驶证及有关文件一致,验明驾驶员身份,驾驶证准驾车型是否与所驾车型相符,如驾驶出租车是否有行业主管部门核发的出租车准驾证,确认是否保险赔付范围及是否骗保行为。

(2) 对现场及损伤部位照相。按事故勘察照相要求,对现场及车辆损伤部位照相,必须清晰、客观、真实地表现出事故的结果和车辆的损伤部位。

(3) 对事故车辆损伤部位进行勘察,确定损伤程度。在对外部损伤部位照相的基础上,对车辆损伤部位进行细致勘察,对损伤零件逐个进行检查,即使很小的零件也不要漏掉,以确定损伤情况。如对车身及覆盖件查验时,应注意测量、检查损伤面积、塑性变形量、凹陷深度、撕裂伤痕的大小,必要时应测量、检查车身及车架的变形,以此确定零件是否更换或进行修理所需工时费用。对于功能件应检验其功能损失情况,确定其修理方法或是否更换及所需工时费用。

(4) 对不能直接检查到的内部损伤,应进行拆检。如车辆发生强度较大的正面碰撞时,在撞击力的作用下,除车身及外覆盖件被撞损坏以外,同时会造成一些内部被包围件的损坏。如转向机构、暖风及空气调节装置等的损伤情况,就需要解体检查。所以发生碰撞事故后,应根据实际情况确定是否需要解体检查,已确认被包围件的损伤情况。

(5) 确定损伤形成的原因。零部件及总成损伤形成的原因,可以由事故引起,也可能是其他原因,不能一概而论。因此,在定损过程中,尤其是对功能件的定损中,一定要根据其损伤的特征,正确区分造成损伤的原因,准确认定赔付范围。

3) 车辆定损的基本内容、要求和程序

(1) 保险人必须指派二名定损员一起参与定损。定损时,根据现场勘察记录,详细核对本次事故造成的损失部位、修理项目、损失程度,并进行登记,对投保新车出厂时车辆标准配置外新增加的设备要进行区分,并分别确定损失项目和金额。损失严重的应将车辆解体后再确认损失项目,逐项列明修理工时费、换件项目及金额。

(2) 对更换的零部件属于本级保险公司询价、报价范围的,要将换件项目清单交报价员进行审核,报价员应根据标准价或参考价核定所更换的配件价格;对于估损金额超过本级保险公司处理权限的,应及时报上级保险公司并协助定损。首先按照《汽车零配件报价实务》的规定缮制询价单,通过传真或计算机网络向上级公司询价。其次,上级保险公司接到下级保险公司询价单后应立即查询，对询价金额在本保险公司权限范围的，进行核准操作。对询价金额高于本保险公司报价金额的，上级保险公司应逐项报价，并将核准的报价单或询价单传递给询价保险公司。

（3）定损员接到核准的报价单后，再与被保险人和第三者车损方协商修理、换件项目和费用。协商双方应本着实事求是、合情合理的原则。协商时注意区分本次事故和非本次事故的损失，注意事故损失和正常维修的界限，对确定事故损失部位应坚持能修不换的原则，能够更换部件的，决不更换总成，严禁"搭车"修理。车主要求扩大修理的，其超出部分应由车主自己承担。协商一致后，三方共同签订《汽车保险定损确认书》。对更换的零部件，保险公司定损员要在汽车保险定损报告明细表（见表8-3）列明，交核价员审核。

（4）受损车辆原则上应一次定损。定损完毕后，由被保险人自选修理厂修理或到保险人推荐的修理厂修理。保险车辆修复后，保险人可根据被保险人的委托直接与修理厂结算修理费用，明确区分由被保险人自己负担的部分费用，并在"汽车保险定损确认书"上注明，由被保险人、保险人和修理厂签字认可。

（5）对损失金额较大，双方协商难以定损的或受损车辆修复技术要求高，难以确定损失的，可聘请专家或委托公估机构定损。

某保险公司汽车保险定损报告明细表　　　　　表8-3

被保险人：　　　　　　　　　　　　　　　　　　　　　　共　页　第　页

牌照号码		肇事保险单号				
发动机号		底盘号				
厂牌车型		出险时间	年　月　日　时	保险险别	□车损险	□三者险
生产年月		排气量（L）		变速器形式	□自动	□手动
发动机型号	□化油器　□电喷		安全装置	□安全气囊　□ABS系统　□无安全装置		
序号	更换配件名称	数量	配件价格（元）	序号	更换配件名称	数量	配件价格（元）
材料费小计				查勘定损人：　　年　月　日			
更换配件名称	数量	配件价格（元）	修理项目	工时费（元）			
			事故车拆装				
			事故车钣金				
			机修				
			电工				

续上表

			事故车喷涂油漆		
1.材料					
2.材料					
3.材料			工时费合计(元)		

本页未尽之栏目,请见损失确认明细表
1. 经甲乙丙三方协商,完全同意按以上核定的价格修理。
总计工时费人民币_____佰_____拾_____万_____仟_____佰_____拾_____元_____角_____分(¥　　　)
2. 乙方按以上核定项目保质保量修理,且履行以上核定的修理及换件项目。如有违背,甲方有权向乙方追回价格差额。
3. 乙方保证在_____日内保质保量按时完成修理;若违约,愿意赔偿因拖延时间而造成丙方的利润损失。
4. 丙方对以上核定的修理项目和价格无任何异议。如存在修理质量问题、价格问题或价格超标,由乙方负全部责任。
5. 特别约定:1)本公司查勘受理、损失确认不代表最终的赔偿承诺;
2)如果车辆损失不属于保险责任,以上损失确认仅作参考,不具有法律效力

乙方(汽车修理厂)签章:	丙方(车主方)签章:	甲方(保险公司)签章:
年　　月　　日	年　　月　　日	年　　月　　日

近年来,有些保险公司为了适应形势的发展,通过严格审查与筛选,在本地区修理行业确定了许多保险定点修理单位。保险车辆发生事故受损后,必须到这类定点修理单位修理才能定损,否则不予受理。在这种情况下,修理的部位、工时与换件的费用由承修方和保险人协商确定。定损时,按照双方的约定核实。

4) 车辆定损注意的问题

(1) 经保险人同意,对事故车辆损失原因进行鉴定的费用应负责赔偿。

(2) 对确定的事故损失应首先坚持尽量修复的原则。如果被保险人或第三者提出扩大修理范围或应修理而要求更换的,超出部分的费用应由其自行承担,并在定损确认书上明确注明。

(3) 受损车辆解体后,如发现尚有因本次事故损失的部位没有定损的,经定损员核实后,可追加修理项目和费用。

(4) 受损车辆未经保险人同意而由被保险人自行送修的,保险人有权重新核定修理费用或拒绝赔偿。在重新核定时,应对照现场勘查记录,逐项核对修理费用,剔除其扩大修理的费用或其他不合理的项目和费用。

(5) 更换件残值应合理作价,如果被保险人接受,则在定损金额中扣除;如果被保险人不愿意接受,保险人拥有处理权。

(6) 如果被保险人要求自选汽车修理厂修理的,必须先确定保险责任和损失金额,否则不予赔偿。

2. 车辆车身、发动机和底盘定损

1) 车身的定损。

车辆的车身,尤其是轿车和客车的车身更是车辆的主体结构部分,在碰撞、刮擦和倾覆

等交通事故或意外事故中,车身是受损最严重的部分,其车身覆盖件及其他构件会发生局部变形,严重时车架或整体式车身都会发生变形,使其形状和位置关系不能符合制造厂的技术规范,这不仅影响美观,还会影响到车身和汽车上其他总成的安装关系,使车辆不能正常行驶。因此,必须对其进行校正和修复,有些零部件和总成则需要更换。对于保险车辆,这笔费用需要保险人按保险合同的规定承担,这要求有相对准确的依据,必须正确地核定车身的损伤情况。

车身由于事故遭受损伤后的修复工作,是一项工艺复杂且技术性很强的专业工作,事故车的定损应考虑到工艺的复杂性和技术性,因此,要求定损人员应熟悉汽车车身结构及车身修复工艺。

要想准确鉴定事故车辆的损失,需要从多方面入手,确认导致变形的诸因素,确定损伤的类型及严重程度。碰撞所造成的车身损坏程度,主要取决于碰撞力的大小、方向及作用点。碰撞形式决定碰撞力的方向,迎面相向正面碰撞,力的作用方向垂直于车辆的质心;侧面正碰撞,力的作用方向同样垂直于车辆的质心;而斜碰撞时力的作用方向则对车辆中心形成力偶。不同的作用点导致的伤害结果也不同,与对柱碰撞相比,对壁碰撞导致的伤害程度低。

(1)损伤形式。根据车身损伤的原因和性质来说,车身的损伤形式包括:直接损伤、波及损伤、诱发性损伤、惯性损伤。

①直接损伤是车辆直接与其他车辆或物体发生碰撞而导致车身的损毁。直接损伤的特征是,两客体接触时在着力点形成的擦伤、撞痕、撕裂状伤痕。

②波及损伤是指碰撞冲击力作用于车身上并分解后,其分力在通过车身构件过程中所形成的损伤。根据力的可传性,碰撞形成的冲击力在分解、传播、转移的过程中,可以很容易地通过强度、刚度高的构件;但当传到强度、刚度相对较弱的构件时,就会造成车身不同程度的损伤,在这些相对薄弱的构件上形成以弯曲、扭曲、剪切、折叠为主要形态的损坏。

③诱发性损伤是指一个或一部分车身构件发生了损坏或变形后,同时引起与其相邻或有装配关系的构件的变形及损坏。与波及损伤的区别在于,这些构件并不承受冲击载荷或承受冲击载荷很少,主要是受到关联件的挤压和拉伸而导致的诱发性损坏。损坏特征为弯曲、折断、扭曲。

④惯性损伤是指车辆发生碰撞时,在惯性力的作用下而导致的损伤。损伤的形态有:车辆其他总成与车身的结合部承受的惯性载荷超过其承受极限时而破坏。在惯性力作用下,人或货物被抛起,与车身部件发生二次碰撞造成车身损坏和人员伤害。惯性损伤的特征是,撞伤、拉断或断裂、局部弯曲变形等。如碰撞发生后,在惯性力的作用下,人体脱离座位,头部撞在前风窗玻璃上造成损伤。

(2)变形的倾向性。因车身结构不同,碰撞给车身带来的损伤程度和变形类型也都不同,但具有一定的倾向性。碰撞给车身造成的直接损伤比较容易诊断,但对于波及损伤、诱发性损伤等就需要通过对变形倾向性进行分析,才能做出正确的判断。

①承载式车身的变形倾向。承载式车身由于没有车架,车身壳体由薄板类构件焊装起来,直接承受各方向的作用力。与车架相比刚性较低,因此,碰撞事故发生时,对整体变形的影响都比较大。碰撞冲击波作用于各构件,并在传递过程中被不断地吸收、衰减,最终在各部位以变形体现出来。

a. 前车身变形的倾向。前车身主要由发动机舱与发动机舱盖等组成。前悬架、行走机构和转向装置等总成都布置于车身前部，相向碰撞发生时，也是通过前车身来有效地吸收冲击能量。

发生正面相向碰撞，车身前部势必会产生变形，变形的倾向和损伤程度与冲击力的大小、方向、受力点和客体对象有关。

车辆发生较为轻度的正面碰撞，车的前保险杠及其支架会遭受到直接损伤，首先受到波及的构件是水箱框架、翼子板和发动机舱盖的锁支架等，有可能引发前轮定位失准。

较大强度的正面碰撞，致使直接损伤的范围进一步扩大，翼子板变形增大，压迫车门使其开启困难；发动机舱盖拱曲变形并通过铰链触及前围板；前纵梁弯曲变形并引起前横梁产生变形，致使前围板变形后移及通风装置的塑料壳体，使前轮定位严重失准；更严重的碰撞则会使前保险杠、翼子板、水箱框架、散热器、冷凝器、横梁、前纵梁等严重损坏，冲击力的波及、诱发和惯性作用，结果使车身 A 柱变形弯曲，前围板变形严重，影响到空调通风装置，发动机支撑错位，悬架装置严重受损，诱发车身底板和车顶棚拱曲变形，车门下垂、风窗玻璃损坏等。

b. 车身后部变形倾向。当车辆发生倒车和追尾事故时会造成车身后部的变形，其变形规律和变性倾向与车身前部大致相同。只是由于车身后部的刚度较弱，在相同的撞击力下，后部损伤较严重。但后部附件较少，损失价值稍低。乘用车的油箱多位于后排座椅下面，一旦发生严重的台球式追尾碰撞，伤及油箱会造成汽油泄漏，后果会很严重。

总之，在进行车身损伤的鉴定过程中，要针对损伤的性质、严重程度进行认真细致的鉴别。

(3) 车架的变形倾向。对于非承载式或半承载式车身来说，车架与骨架是整车的基础，由于碰撞或倾覆致使车架变形，会严重影响整车的使用性能。车价的变形一般有弯曲和扭曲两种变形情况，同时伴随有褶皱类的损伤，往往是几种变形的综合体现，进行车架损伤鉴定时应引起注意。

① 车架弯曲变形。车架弯曲的形式因碰撞方向的不同而不同。发生正面碰撞，车架易出现水平方向的弯曲；发生侧面碰撞，车架易出现垂直方向的弯曲。

② 车间扭曲变形。同样，车架扭曲变形的形式也受冲击载荷方向的影响。车架受到垂直方向非对称载荷作用时，车架会形成垂直方向上的扭转变形，如高速上下台阶或重载下的过度颠簸等。当发生偏离车架中心线的角碰撞时，则形成一种水平方向上的对角扭曲（也称菱形）。

车架发生严重的扭曲变形，使车身四周的离地间隙发生改变。离地间隙的改变有两种原因，一是车架受到的扭转力超过了悬架在空载状态下的弹力所致；另一原因是悬架弹簧的弹力不一致造成的。因此，在进行车架损伤鉴定时，应加以区别，一定要首先排除悬架弹簧弹力不均的问题。

2) 发动机和底盘的定损

车辆发生碰撞、倾翻等交通事故，车身因直接承受撞击力而造成不同程度的损伤，同时由于波及、诱发和惯性的作用，发动机和底盘各总成也存在着受损伤的可能。但由于结构的原因，发动机和底盘各总成的损伤往往不直观，因此，在车辆定损勘察过程中，应根据撞击力的传播趋势，认真检查发动机和底盘各总成的损伤。

(1) 发动机损伤的鉴定。汽车的发动机，尤其是轿车的发动机，一般布置在车辆前部发动机舱内。车辆发生迎面正碰撞事故，不可避免地会造成发动机及其辅助装置的损伤。对于后置发动机的大型客车,当发生追尾事故时,有可能造成发动机及其辅助装置的损伤。

一般发生轻度碰撞时,发动机基本上受不到损伤。当碰撞强度较大,车身前部变形较严重时,发动机的一些辅助装置及覆盖件会受到波及和诱发的影响而损坏,如空气滤清器总成、蓄电池、进排气歧管、发动机外围各种管路、发动机支承座及胶垫、冷却风扇、发动机正时齿轮罩等,尤其对于现代轿车,发动机舱内的布置相当紧凑,还可能造成发电机、空调压缩机、转向助力泵等总成及管路和支架的损坏。更严重的碰撞事故会影响发动机内部的轴类零件,致使发动机缸体的薄弱部位破裂,甚至造成发动机报废。

在对发动机损伤检查时,应注意详细检查有关支架所处发动机缸体部位有无损伤,因为这些部位的损伤不易发现。发动机的辅助装置和覆盖件损坏,可以直接观察到,可以采用旧车拆卸、更换或修复的方法。若发动机支撑、正时齿轮罩和基础部分损坏,则需要将发动机拆下进行维修。当怀疑发动机内部零件有损伤或缸体有破裂损伤时,需要对发动机进行解体检验和维修。必要时应进行零件内部损伤探查,但应正确区分零件形成内部损伤的原因。因此,在对发动机定损时,应考虑到修复方法及修复工艺的选用。

(2)底盘损伤的鉴定。常见的底盘损伤有悬架、转向系、制动系、变速器及离合器等。

①悬架系统的定损。悬架是车架(或承载式车身)与车桥(或车轮)之间的一切传力装置的总称。悬架系统的作用是把路面作用于车轮上的垂直反力、纵向反力(牵引力和制动力)和侧向反力以及这些反力所形成的力矩,传递到车架(或承载式车身)上;悬架系统还承受车身载荷;悬架系统的传力机构维持车轮按一定轨迹相对于车架或车身跳动;对于独立悬架还直接决定了车轮的定位参数。

由于悬架直接连接着车架(或承载式车身)与车桥(或车轮),其受力情况十分复杂,在碰撞事故中,悬架系统(尤其是独立悬架系统)经常受到严重的损伤,致使前轮定位失准,影响车辆正常行驶。

车辆遭受碰撞事故时,悬架系统由于受到车身或车架传导的撞击力,悬架弹簧、减振器、悬架上支臂、悬架下支臂、横向稳定器和纵向稳定杆等元件会受到不同程度的变形和损伤。悬架系统元件的变形和损伤往往不易直接观察到,在对其进行损伤鉴定时,应借助检测设备和仪器进行必要的测量及检验。这些零部件的损伤一般不宜采用修复方法修理,应换新件,在车辆定损时应引起注意。

②转向系的定损。转向系统的技术状况直接影响着行车安全,而且由于转向系统的部件都布置在车身前部,通过转向传动机构将转向机与前桥连接在一起。当发生一般的碰撞事故时,撞击力不会涉及到转向系零部件。但当发生较严重的碰撞事故时,由于碰撞的传导作用,会造成转向传动机构和转向机的损伤。

转向系易受损伤的部件有:转向横直拉杆、转向机、转向节等,更严重的碰撞事故,会造成驾驶室内转向杆调整机构的损伤。转向系部件的损伤不易直接观察,在车辆定损鉴定时,应配合拆检进行,必要时做探伤检验。

③制动系的定损。车辆制动性能下降会导致交通事故,造成车辆损失。车辆发生碰撞事故时,同样会造成制动系部件的损坏。

对于普通制动系,在碰撞事故中,由于撞击力的波及和诱发的作用,往往会造成车轮制动器的零部件及制动管路损坏。这些零部件的损伤程度需要进一步的拆解检验。

对于装备 ABS 系统的制动系,在进行车辆损伤鉴定时,应对有些零部件进行性能检验,如 ABS 轮速传感器、ABS 制动压力调节器。管路及连接部分的损伤可以直观检查。

④变速器及离合器的定损。变速器及离合器总成与发动机组装成一体(前驱轿车),并作为发动机的一个支撑点固定于车架(或承载式车身)上,变速器及离合器的操纵机构又都布置在车身底板上。因此,当车辆发生严重碰撞事故时,由于波及和诱发作用等原因,会造成变速器及离合器的操纵机构受损,变速器支撑部位壳体损坏,飞轮壳断裂损坏。这些损伤程度的鉴定,需要将发动机拆下进行检查鉴定。

3. 车辆其他保险事故的定损

投保车辆的事故赔偿除去道路交通事故以外,还包括火灾、盗抢及其他灾害等。

(1) 火灾损失的鉴定。根据《机动车辆损失保险条款》保险责任部分的规定,车辆发生火灾、爆炸事故属于保险赔偿范围。这里的火灾指的是由车辆本身以外的火源以及保险事故造成的燃烧导致保险车辆的损失,不包括故意破坏、违反车辆安全操作规程(如未熄灭的烟头、冬季内部加热器过热等)造成的,和因车辆本身漏油、漏电、短路或载运货物本身原因引起的火灾损失(即车辆自燃)。

因此,在对火灾事故车辆进行损失鉴定时,应根据公安消防部门出具的火灾原因证明,确认火灾原因及其是否应付保险赔偿责任。车辆可以投保附加险,车辆投保自燃损失险后发生自燃火灾,保险公司应根据保险合同条款的有关规定进行赔偿。

车辆发生火灾时,由于车身面漆、车身附件和汽车内衬都属于易燃品且有毒,发动机附件及车辆上的油品也会加剧燃烧,促使火灾损失加重。火灾过后,这些附件的品种和数量都不复存在,如确定车辆有修复价值,定损时应借助其他同型号的车辆进行附件核赔。

车辆的车身(尤其是承载式车身)是由薄壁板材制造的,发生严重的火灾后,金属车身会降低其强度和刚度,致使车身塌陷,车辆丧失修复价值。

(2) 车辆盗抢损失鉴定。全车盗抢险属于汽车保险附加险的一种。保险车辆在停放中被他人偷走,或保险车辆在停放和行驶中被劫走、被抢走,下落不明,经县级以上公安机关刑侦部门立案证实,满60天未查明下落的赔偿案件成立。赔偿范围包括:被盗抢车辆的实际价值,被盗抢后受到的损坏或车上零部件、附属设备丢失需要修复的合理费用。

汽车被偷窃是一种破坏行为,被偷窃的汽车通常会被滥用。因此,被偷窃的汽车找回后,进行完整评估前,要请专业汽车技术人员对整个动力系统进行评估。

(3) 其他灾害造成事故损失鉴定。造成车辆损失的意外原因有:外界物体坠落、倒塌。造成车辆损失的自然原因有:雷击、暴风、龙卷风、洪水、海啸、地陷、冰陷、崖崩、雪崩、雹灾、泥石流、滑坡。

①外界物体(指地上或地下建筑物、树木)倒塌、空中运行物体(陨石、飞行器等)坠落,致使保险车辆损失。在对此类车险事故核损时,应根据坠落物体的外形结构,车辆被砸部位,结合碰撞事故车身的定损程序,采取不同的鉴定方法。

②遇有暴风雨、洪水、海啸等自然灾害,车辆有可能部分或全部被淹,如不及时处理,会造成车辆损坏。对于该类出险事故车辆进行损失鉴定时,应考虑对整车或部分总成进行清洗处理,如发动机、驾驶室、变速器、驱动桥、空调及通风装置等。这项工作需要对总成或整车解体完成,需要消耗一部分辅助材料,如发动机进行解体清洗检查,需要的辅助材料有:润滑油、全车衬垫、机油滤清器、密封胶、清洗剂等。

对于现代新型汽车,普遍采用各种电子控制装置,这些电子控制装置浸水或被水淹,尤其是在运行中,则极有可能被破坏。对电子控制装置的定损,应格外慎重,因此类装置的价格一般都很高,定损时应采用检测仪器进行性能检测以确定是否损坏。

如果水太深,水会通过进气歧管、机油尺孔和进排气孔进入发动机及底盘各总成。这时,就必须对发动机、变速器、后轴和传动轴、驱动桥进行排水,然后,重新润滑。油箱也必须拆卸、清洗或更换。制动系统包括助力制动单元也需要清洗和检查。所有必须的维修工作应在评估报告中列出。如果水从量油孔进入自动变速器中,那么必须拆除变速器储油壳,排干水后,更换过滤器。储油壳与过滤器总成也应更换,然后,重新注满变速器润滑油。助力转向单元也应排干水后,重新加注油液。

对发动机也必须进行彻底的检查。首先排干进入活塞和缸筒中的水,然后对活塞进行润滑。排干油底壳中的水,更换滤芯。检查发动机上所有的电气元件是否存在故障,防止发动机起动后,损坏这些电气元件。

车门装饰板、坐椅和地毯也应拆下,用清水进行清洗,然后风干;风干后,打扫干净。车门内侧和被水弄污的板件应用清水进行冲洗或用真空吸尘器打扫干净。必要时应更换地毯下面的衬垫。

③其他原因造成的事故往往会致使车身发生变形。对于这类事故造成的车身变形,根据与车辆接触壳体的外形结构,参照碰撞事故车身受力情况分析及变形趋势分析,进行车辆定损鉴定。

如在冰雹对汽车所造成的损坏时,评估员必须了解冰雹砸伤的汽车如何进行修复。由于冰雹的大小、降落的速度不同,所造成的损失也多种多样。因此,也就没有一个统一的评估标准可以进行参考。

冰雹通常会在车身板件上撞出凹痕,击碎车窗玻璃和塑料制品、损坏车身装饰件。对于冰雹所造成的损坏,有多种修复方法。有些损坏可以由熟练的维修技术人员,用过氧乙炔焊枪去除。小的凹痕打磨后,可以用塑料填补剂填平。有些评估员对普通的小凹痕,认为需要 0.3 个维修工时,即 18min。但由于凹痕的大小和位置不同,所需要的维修时间也不相同,因此需要根据具体的情况进行确定。

对于维修费用较高或由于板件形状无法进行修理的损坏部件,应进行更换。评估员还应对修复后的区域所需要花费的喷漆时间进行评估。有时,可以根据用户对漆面的要求进行补喷漆,但用户必须支付超范围维修费用。

4. 施救费用的确定

当保险车辆或其所涉及的财产或人员在遭遇保险责任范围内的车祸时,被保险人采取措施进行抢救,以防止损失的扩大。其中因采取施救措施而支出的费用即为施救费用。施救费用必须是直接的、必要的、合理的,是按照国家有关政策规定为施救行为而付出的费用。施救费用的确定应严格遵照保险条款的规定。并注意以下原则:

(1)保险车辆发生火灾时,应当赔偿被保险人或其允许的驾驶员使用他人非专业消防单位的消防设备施救保险车辆所消耗的合理费用及设备损失。

(2)保险车辆出险后,失去正常的行驶能力,被保险人雇用吊车及其他车辆进行施救的费用,以及将出险车辆拖运到修理厂的运输费用,保险人应按当地物价部门核准的收费标准予以负责。

(3)在抢救过程中,因抢救而损坏他人的财产,如果应由被保险人赔偿的,可予以赔偿。但在抢救时,抢救人员个人物品的丢失,不予赔偿。

(4)抢救车辆在牵引受损保险车辆途中,发生意外事故造成保险车辆的损失扩大部分和费用支出增加部分,如果该抢救车辆是被保险人自己或他人义务派来抢救的,应予赔偿;

如果该抢救车辆时受雇的,则不予赔偿。

(5)保险车辆出险后,被保险人或其允许的驾驶员,或其代表奔赴肇事现场处理所支出的费用,不予负责赔偿。

(6)保险人只对保险车辆的施救保护费用负责。例如:保险车辆发生保险事故后,受损保险车辆与其所装载货物同时被施救,应按保险车辆与货物的实际价值进行比例分摊赔偿。

(7)保险车辆为进口车或特种车,发生保险事故后,当地确实不能修理,经保险人同意后去外地修理的移送费,可给予适当负责。但护送保险车辆者的工资和差旅费,不予负责。

(8)施救、保护费用与修理费用应分别理算。但施救前,如果施救、保护费用与修理费用相加,估计已达到或超过保险金额时,则可推定全损予以赔偿。

(9)保险车辆发生保险事故后,对其停车费、保管费、扣车费及各种罚款,保险人不予负责赔偿。

(10)第三者责任险的施救费用与第三者损失金额相加,不得超过第三者责任险的责任限额。

(11)施救费用应按照保险条款的规定扣减相应的免赔率。

5. 伤亡费用的确定

涉及第三者责任险和车上人员责任险的人员伤亡费用,应根据保险合同的约定和有关法律法规的规定处理。

(1)事故处理应遵循"以责论处,按责分担"的原则。说明承担费用的标准,应符合现行道路交通事故处理的有关规定。凡是被保险人自行承诺或支付的赔偿金额,定损人员应重新核定,对不合理的部分应予剔除。

(2)事故结案前,所有费用均由被保险人先行支付。待结案后,业务人员应及时审核被保险人提供的事故责任认定书、事故调解书、伤残证明及各种有关费用单据,填写费用清单。在确定伤亡费用时,应根据道路交通事故处理的有关规定,向被保险人说明费用承担的标准。

按照现行的《道路交通事故处理办法》规定,保险人可以负责的合理费用包括:医疗费、误工费、护理费(住院护理人员不超过两人)、就医交通费、住院伙食补助费、残疾生活补助费、残疾用具费、丧葬费、死亡补偿费、被抚养人生活费、伤亡者直系亲属或合法代理人参加事故调解处理的务工费、交通费、住宿费。对于伤者需要转院赴外地治疗的,须由所在医院出具证明并经事故处理部门同意,保险人方可负责;伤残鉴定费需要经保险人同意方可负责赔偿。不符合保险赔偿范围的费用包括:受害人的精神损失补偿费、困难补助费、被保险人处理事故时的生活补助费和招待费、事故处理部门扣车后的看护费、各种罚款、其他超过规定的费用等。

(3)对车上及第三方人员伤亡的情况应进行实际调查,重点调查被抚养人的情况及生活费、医疗费、伤残鉴定证明等的真实性、合法性和合理性。

伤亡费用审核结束后,应在人员伤亡费用清单上"保险人复核意见"栏内签署意见,并注明提出项目及其金额。

6. 其他财产损失的确定

机动车辆发生碰撞或倾覆后可能会造成车上所载货物及第三者物资财产的损坏。对于第三者责任险涉及除了第三者车辆损失以外的财产损失,以及车上责任险的财产损失,保险人应会同被保险人、第三者及相关人员逐项核对,确定损失数量、损失程度和损失金额,填写财产损失清单。要求被保险人提供有关货物、财产的原始发票。审核后定损员在清单上签署审核意见。

对于本车所载货物的损失若未投保车上责任险或货运险,则可考虑不予核损,但若已投保车上责任险或货运险,按照保险赔偿原则应对损坏物资进行鉴定并进行损失费用的核定。车上货物责任险中的货物损失,在确定损失金额,进行赔偿处理时,需要被保险人提供货运单、起运地货物价格证明以及第三方向被保险人索赔的函件等单证材料。

7. 损余物资的处理

对于一般普通类物资(商品)定损人员可通过现场勘察进行一般性常规外观检查予以鉴定,但对于机电类物资设备(产品)除进行常规性检查外,必要时还应进行技术检测及技术鉴定试验。

一般情况下,有些物资受损后经过整理和修复完全可以使用;有些物资虽经修复但又不能保证原有的性能及品质,要降低质量使用;有些物资则无法修复,不能恢复原有的使用性能,只能按报废全损处理。在实际勘察定损处理过程中,因为大多数损坏物资都属于商品(或产品)。因此,在处理方面往往难度较大,即便是通过整理、修复可以使用,但作为物资所有者(商品销售者)往往强调其物资属商品(产品),整理、修复后的物资销售困难或要降价销售。在处理此类问题时,勘察人员要做到物尽其用,准确核定实际损失费用,在对损坏物资进行修复安排时,应尽可能创造条件保证修复后能符合原产品的技术要求与品质。

(1)损余物资的处理。对于不需要再加工或一时不能处理需修复的,可在当时作价折算,由被保险人自行处理;

对于能及时加工整理或修复的,可在修复后作价折归被保险人,由被保险人降价销售处理。有关修复、检测费用由保险公司承担;

损余物资虽有残余价值,但被保险人已无法利用时,可共同协商作价转售他人或其他单位;

如果被保险人确实无法自行处理或折价无法协商一致的,保险人也可收回损坏物资,另行处理。

(2)损余物资处理的管理要严格遵守国家有关规定和制度,坚持"物尽其用"的原则。损余物资达不到报废标准的不应按报废处理,能加工或修复使用的应尽量利用,合情合理核定修复费用,减少损失。

本着实事求是的精神,按照条款规定,对于受损财产的残余部分应根据可利用程度,合情合理地折归被保险人。经技术鉴定无法修复或不能利用的,在核实品名、数量、重量后,按照废品折价由被保险人处理,折价款均从赔款中扣除。对于易变质、易腐烂的(如食品、水果类等)物品,在保险公司有关领导同意后,应尽快与被保险人协商现场变价处理。被保险人未经保险人同意,不得以任何借口擅自削价处理。对于双方达不成协议,无法折价的,可报经公司有关领导批准后收回处理。

收回的损余物资要严格按规定办理手续,开列清单,列明损余物资的品名、数量、损失程度、残值数额等,并由被保险人盖章。填制《损余物资回收单》一式三份,一份附赔案卷内,一份交财会部门做表外账目入账,一份交保管人员核实,登记留存。收回的损余物资要妥善保管,及时处理,防止损失及流失。

对收回的损余物资进行处理时,要填制《损余物资处理单》一式三份,办理方法同上。损余物资处理后的收入,必须按规定冲减赔偿,不得挪作他用和转移。

损余物资如因工作需要留作保险机构内部使用,须事先报上级公司批准,并合理作价,按照财务会计制度登记账册,不得擅自无偿占用。不准将损余物资作为福利措施在保险机构内部发放给个人。

三、保险赔款的理算

在进行赔款理算之前,保险公司相关工作人员要核对有关的索赔单证材料和发生事故的驾驶员的"机动车驾驶证"及保险车辆"机动车行驶证"的原件和复印件,核对无误后留存复印件。在审核索赔单证材料时,对于不符合规定的项目和金额应予以剔除;对于有关的证明和资料不完整的,应及时通知被保险人补充提供有关的证明和资料。

对被保险人提供的各种必要单证审核无误后,理赔人员根据保险条款的规定,迅速审查核定,对车辆损失险、第三者责任险、附加险、施救费用等分别计算赔款金额,并将核定计算结果及时通知被保险人。保险人应在与被保险人达成赔偿协议后10天内支付赔款。

在进行赔款计算时,由于保险费率的放开,各家保险公司的理算结果会有所不同,但都要严格按照相关保险条款和保险单的合同要求进行。下面以中国保险监督管理委员会2000年版《汽车保险条款》(以下简称"2000年版条款")和中国人民保险公司2003年版《汽车保险条款》(以下简称"2003年版条款")的赔款计算进行说明,未特别注明的,表示两版条款计算方法相同。

1. 车辆损失险的赔款计算

(1)按投保时保险车辆的新车购置价确定保险金额的计算:

①全部损失。全部损失是指保险车辆在保险事故中发生整体损毁或受损严重已失去修复价值,即形成了实际全损或推定全损。

a. 保险金额高于保险事故发生时保险车辆的实际价值的,则计算公式为:

$$赔款 = (实际价值 - 残值) \times 事故责任比例 \times (1 - 免赔率之和)$$

其中,保险事故发生时保险车辆的实际价值按保险事故发生时同种类型车辆新车购置价(含车辆购置附加税)减去该车已使用年限折旧费后确定。

免赔率之和包括:依据保险车辆驾驶员在事故中所附事故责任比例而由其自负的免赔率、非约定驾驶员驾驶保险车辆肇事后需要加扣的免赔率、同一保险年度内多次出险每次加扣的免赔率、违反安全装载规定而需要加扣的免赔率等。在确定事故责任比例时,一般按照交警部门判定的事故责任比例判定,负全部责任或单方肇事的免赔率为15%;负主要责任的免赔率为10%;负同等责任的免赔率为8%;负次要责任的免赔率为5%。如果经过核赔人员认真审核,认为某种赔偿比例更符合实际情况、更为合理,此处的事故责任比例可以用该赔偿比例代替。

事故责任比例是根据国务院第89号令《道路交通事故处理办法》第35条规定:交通事故责任者应当按照所负交通事故责任承担相应的损害赔偿责任。交通事故责任认定划分为:全部责任;主、次责任;同等责任。全部责任(含单方肇事)承担所造成的全部损失;主、次责任通常情况下按7:3比例分担事故所造成的全部损失,也有按9:1、8:2或6:4比例分担损失的。同等责任按5:5分担事故所造成的全部损失。

b. 保险金额等于或低于保险车辆实际价值时,则计算公式为:

$$赔款 = (保险金额 - 残值) \times 事故责任比例 \times (1 - 免赔率之和)$$

如果保险金额低于实际价值,因总残余价值里有一部分是属保户自保的,所以在计算残

值时应予以剔除,即残值应计算为:
$$残值 = 总残余价值 \times (保险金额 \div 实际价值)$$

例1 一辆新车购置价(含车辆购置税)为 150 000 元的汽车全额投保了汽车损失险,及投保金额为 150 000 元,该车辆在保险期内发生第二次交通事故,实际价值 100 000 元,驾驶人员承担全部责任,依据该事故责任条款的规定承担 15% 的免赔率,同时又由于是第二次出险,应增加 5% 的免赔率。该事故致使车辆全部损失,残值 1 000 元,试计算保险公司应支付该车辆损失险的赔款。

解:由于该车保险金额高于实际价值,因此赔款应按以下公式计算:

赔款 = (实际价值 − 残值) × 事故责任比例 × (1 − 免赔率之和)
= (100 000 − 1 000) × 100% × [1 − (15% + 5%)]
= 79 200(元)

例2 一辆新车购置价(含车辆购置税)为 90 000 元的汽车全额投保了汽车损失险,及投保金额为 90 000 元,该车辆在保险期内发生第二次交通事故,出险时车辆实际价值 100 000 元,驾驶人员承担全部责任,依据投保车辆损失险的规定承担 15% 的免赔率,同时又由于是第二次出险,应增加 5% 的免赔率。该事故致使车辆全部损失,总残值 1 000 元,试计算保险公司应支付该车辆损失险的赔款。

解:由于该车保险金额低于实际价值,因此赔款应按以下公式计算:

赔款 = (保险金额 − 残值) × 事故责任比例 × (1 − 免赔率之和)
= [90 000 − 1 000 × (90 000 ÷ 100 000)] × 100% × [1 − (15% + 5%)]
= 71 280(元)

② 部分损失。部分损失是指保险车辆出险受损后,尚未达到"整体损毁"或"推定全损"的程度,仅发生局部损失,通过修复,车辆还可继续使用。

投保车辆以新车购置价确定保险金额的车辆,发生部分损失后,按实际修理费用计算赔偿。但每次以不超过保险金额或出险当时的实际价值为限,如果有残值应在赔款中扣除。其计算公式为(2003 年版):

赔款 = (实际修复费用 − 残值) × 事故责任比例 × (1 − 免赔率之和)

若赔款大于或等于车辆出险时的实际价值,则按照车辆出险时的实际价值赔付,即:

赔款 = 车辆出险时的实际价值;

若赔款小于车辆出险时的实际价值,则按照实际计算出的赔款赔付。

例3 一辆新车购置价(含车辆购置税)为 150 000 元的汽车,全额投保了汽车损失险,及投保金额为 150 000 元,该车辆在保险期内发生交通事故,实际价值 100 000 元,驾驶人员承担全部责任,依据投保车辆损失险条款的规定承担 15% 的免赔率,同时又由于非约定驾驶员肇事,应增加 5% 的免赔率。车辆部分损失,车辆的实际修理费用为 60 000 元,损坏部件残值 1 000 元,试计算保险公司应支付该车辆损失险的赔款。

解:由于该车以新车购置价 150 000 元投保的车辆损失险,因此赔款应按以下公式计算:

赔款 = (实际修理费用 − 损坏部件残值) × 事故责任比例 × (1 − 免赔率之和)
= (60 000 − 1 000) × 100% × [1 − (15% + 5%)]
= 47 200(元)

因为如果赔款大于等于实际价值,则按照实际价值赔付,由于计算所得赔款为 47 200 元小于实际价值 100 000 元,所以按照计算的结果赔款。

例4 一辆新车购置价(含车辆购置税)为150 000元的汽车全额投保了汽车损失险,及投保金额为150 000元,该车辆在保险期内发生交通事故,车辆实际价值60 000元,驾驶人员承担全部责任,依据投保车辆损失险条款的规定承担15%的免赔率,同时又由于非约定驾驶员肇事,应增加5%的免赔率。车辆部分损失,车辆的实际修理费用为80 000元,损坏部件残值1 000元,试计算保险公司应支付该车辆损失险的赔款。

解:由于该车以新车购置价150 000元投保的车辆损失险,因此赔款应按以下公式计算:

赔款 = (实际修理费用 – 损坏部件残值) × 事故责任比例 × (1 – 免赔率之和)
     = (80 000 – 1 000) × 100% × [1 – (15% + 5%)]
     = 63 200(元)

因为如果赔款大于等于车辆实际价值,则按照实际价值赔付,由于计算所得赔款为63 200元大于车辆实际价值60 000元,所以按照实际价值赔款,即向被保险人赔付60 000元。

修理费用的确定以保险公司勘察定损人员出具的事故车辆估价单估损金额为准。损坏部件残值是指部分损失车辆更换下来的零部件的残余价值,通常情况下按所更换配件价值的2%计算,但所更换的配件无残余价值(如:风窗玻璃、灯具、橡胶塑料件等)则考虑不予扣除残值。

2000年版条款计算公式为:

赔款 = (实际修理费用 – 残值) × 事故责任比例 × (1 – 免赔率)

(3)施救费用的计算。施救费用的赔偿是保险赔偿的一个组成部分,是在施救费用核定的基础上就可进行的计算。施救的财产中,含有本保险合同未保险的财产,如果两者费用无法划分,应按本保险合同保险财产的实际价值占总施救财产的实际价值的比例分摊施救费用。计算公式如下:

施救费赔款 = 实际施救费用 × 事故责任比例 × (保险财产价值 ÷ 实际施救财产总价值) × (1 – 免赔率之和)

例5 一辆新车购置价(含车辆购置税)为150 000元的汽车全额投保了汽车损失险,及投保金额为150 000元,该车辆在保险期内发生交通事故时实施救助,包括救助车上价值50 000元的物品实际施救费用5 000元,驾驶人员承担全部责任,依据投保车辆损失险条款的规定承担15%的免赔率,同时又由于违反所载货物安全装载规定,应增加5%的免赔率。试计算保险公司应支付该车施救费的赔款。

解:该车施救费的赔款计算:

施救费赔款 = 实际施救费用 × 事故责任比例 × (保险财产价值 ÷ 实际施救财产总价值) × (1 – 免赔率之和)
         = 5 000 × 100% × [150 000 ÷ (150 000 + 50 000)] × [1 – (15% + 5%)]
         = 3 000(元)

(2)按投保时保险车辆的实际价值确定保险金额或协商确定保险金额的计算

①全部损失。这种条件下机动车辆全部损失的赔款计算,也应区分两种不同情况。

a.保险金额高于保险事故发生时保险车辆的实际价值的,则计算公式为:

赔款 = (实际价值 – 残值) × 事故责任比例 × (1 – 免赔率之和)

例6 一辆新车购置价(含车辆购置税)为150 000元的汽车全额投保了车辆损失险,及投保金额经双方协商定位为110 000元,该车辆在保险期内发生第二次交通事故,出险时的实际价值100 000元,驾驶人员承担全部责任,依据投保车辆损失险条款的规定承担15%的免赔率,同时又由于是第二次出险,应增加5%的免赔率。事故后车辆全部损失,残值1 000元,试计算保险公司应支付该车辆损失险的赔款。

解:由于该车保险金额高于实际价值,因此赔款应按以下公式计算:

赔款 = (实际价值 - 残值) × 事故责任比例 × (1 - 免赔率之和)
　　 = (100 000 - 1 000) × 100% × [1 - (15% + 5%)]
　　 = 79 200(元)

b. 保险金额等于或低于实际价值时,则计算公式为:

赔款 = (保险金额 - 残值) × 事故责任比例 × (1 - 免赔率之和)
残值 = 总残余价值 × (保险金额 ÷ 实际价值)

例7 一辆新车购置价(含车辆购置税)为150 000元的汽车投保了车辆损失险,及投保金额为80 000元,该车辆在保险期内发生交通事故,车辆实际价值100 000元,驾驶人员承担全部责任,依据投保车辆损失险条款的规定承担15%的免赔率,同时又由于非约定驾驶员肇事,应增加5%的免赔率。出险后车辆全部损失,总残值1 000元,试计算保险公司应支付该车辆损失险的赔款。

解:由于该车保险金额低于实际价值,因此赔款应按以下公式计算:

赔款 = (保险金额 - 残值) × 事故责任比例 × (1 - 免赔率之和)
　　 = [80 000 - 1 000 × (80 000 ÷ 100 000)] × 100% × [1 - (15% + 5%)]
　　 = 63 360(元)

② 部分损失。保险金额低于新车购置价的车辆,按照保险金额与新车购置价的比例计算赔偿修理费用。但每次以不超过保险金额为限,如有残值应在赔款中扣除。其计算公式为(2003年版):

赔款 = (修理费用 - 残值) × 事故责任比例 × (保险金额 ÷ 新车购置价) ×
　　　(1 - 免赔率之和)

若赔款大于或等于车辆实际价值,则按照车辆实际价值赔付,即:

赔款 = 车辆实际价值;

若赔款小于车辆实际价值,则按照实际计算出的赔款额赔付。

例8 一辆新车购置价(含车辆购置税)为150 000元的汽车投保了汽车损失险,及投保金额为100 000元,该车辆在保险期内发生交通事故,实际价值100 000元,驾驶人员承担全部责任,依据该种车辆条款的规定承担15%的免赔率,同时又由于非约定驾驶员肇事,应增加5%的免赔率。出险后车辆部分损失,车辆的实际修理费用为80 000元,损坏部件残值1 000元,试计算保险公司应支付该车辆损失险的赔款。

解:由于该车的保险金额100 000元,低于新车购置价150 000元,因此赔款应按以下公式计算:

赔款 = (修理费用 - 残值) × 事故责任比例 × (保险金额 ÷ 新车购置价) ×
　　　(1 - 免赔率之和)
　　 = (80 000 - 1 000) × 100% × (100 000 ÷ 150 000) × [1 - (15% + 5%)]
　　 = 42 133(元)

因为如果赔款小于车辆的实际价值,则按照实际计算出的赔款额赔付,由于计算所得赔款为42 133元小于实际价值100 000元,所以按照计算的结果赔款。

例9 一辆新车购置价(含车辆购置税)为150 000元的汽车投保了车辆损失险,及投保金额为100 000元,该车辆在保险期内发生交通事故,投保车辆实际价值40 000元,驾驶人员承担全部责任,依据该种车辆条款的规定承担15%的免赔率,同时又由于非约定驾驶员肇事,应增加5%的免赔率。出险后车辆部分损失,车辆的实际修理费用为80 000元,损坏部件残值1 000元,试计算保险公司应支付该车辆损失险的赔款。

解:由于该车的保险金额100 000元低于新车购置价150 000元,因此赔款应按以下公式计算:

赔款 =(修理费用 − 残值)× 事故责任比例 ×(保险金额 ÷ 投保时保险车辆的新车购置价)×
　　　(1 − 免赔率之和)
　　 =(80 000 − 1 000)× 100% ×(100 000 ÷ 150 000)× [1 −(15% + 5%)]
　　 = 42 133(元)

因为如果赔款大于等于出险时车辆实际价值,则按照车辆实际价值赔付,由于计算所得赔款为42 133元大于出险时车辆实际价值40 000元,所以按照出险时车辆实际价值40 000元赔款。

2000年版条款计算公式为:

赔款 =(实际修理费用 − 残值)× 事故责任比例 ×(保险金额 ÷
　　　投保时保险车辆的新车购置价)×(1 − 免赔率)

③施救费用的计算。用下式计算:

施救费赔款 = 实际施救费用 × 事故责任比例 ×(保险金额 ÷ 新车购置价)×
　　　　　　(保险财产价值 ÷ 实际施救财产总价值)×(1 − 免赔率之和)

例10 某保险车辆新车购置价为50 000元,双方协商确定投保车辆损失险的保险金额为实际价值40 000元,车上所载货物价值30 000元,发生保险事故,属于单方肇事,保护与施救费用共支出2 000元。试计算保险公司应赔付的施救费用。

解:施救费 = 实际施救费用 × 事故责任比例 ×(保险金额 ÷ 新车购置价)×
　　　　　　(保险财产价值 ÷ 实际施救财产价值)×(1 − 免赔率)
　　　　　 = 2 000 × 100% ×(40 000 ÷ 50 000)× [40 000 ÷(40 000 + 30 000)]×(1 − 15%)
　　　　　 = 777(元)

注意:当计算的施救费用超过投保车辆保险金额时,按投保车辆保险金额确定最高施救费用。

(3)保险车辆部分损坏后,保险合同将终止的情况,且保险人不退还机动车辆损失保险费及其附加险的保险费。车辆保险金额低于投保时保险车辆的实际价值,一次赔款金额与免赔金额之和(不含施救费)达到车辆保险金额的;按投保时保险车辆实际价值确定保险金额或一次赔款金额与免赔金额之和(不含施救费)达到保险事故发生时保险车辆的实际价值的;保险金额高于投保时保险车辆的实际价值,一次赔款金额与免赔金额之和(不含施救费)达到保险金额的。

(4)保险车辆部分损坏后保险合同继续有效的情况。保险金额高于投保时保险车辆的实际价值,一次赔款金额与免赔金额之和(不含施救费)达到保险事故发生时保险车辆的实际价值且未达到保险金额的,在保险车辆修复并经保险人验车同意后保险责任合同继续有效至保险合同终止日,但保险人不退还保险车辆修理期间的保险费。

2. 第三者责任险的赔款计算

保险车辆发生第三者责任事故时,应按照《道路交通事故处理办法》及有关法规、条例规定的赔偿范围、项目和标准以及保险合同的规定进行处理,在保险单载明的赔偿限额内核定、计算赔偿金额,对被保险人自行承诺或支付的赔偿金额,保险人有权重新核定或拒绝赔偿。计算赔款数额时,按以下两种情况采用不同的公式来计算。

(1)当被保险人按事故责任比例应承担的赔偿金额超过责任限额时,则计算公式为:

$$赔款 = 责任限额 \times (1 - 免赔率之和)$$

(2)当被保险人按事故责任比例应承担的赔偿金额低于责任限额时,则计算公式为:

$$赔款 = 应承担的赔偿金额 \times (1 - 免赔率之和)$$

例11 甲车投保了汽车第三者责任险,责任限额为50 000元,在保险有效期内出车时,因雪大路滑,超速且占道行驶,与对面驶来的乙车相撞,造成对方车辆损坏严重,驾驶员受伤。经公安交通事故处理部门现场查勘认定,甲车负全部责任。根据保险合同规定,负全部责任的免赔率为15%,同时又由于是第二次出险,应增加5%的免赔率。

①当甲车投保的保险公司对乙车查勘定损核定损失综合为60 000元;
②当甲车投保的保险公司对乙车查勘定损核定损失综合为50 000元;
③当甲车投保的保险公司对乙车查勘定损核定损失综合为40 000元;

试计算三种情况下甲车保险公司应赔偿甲车第三者责任险的保险赔款。

解: 公安交通事故处理部门裁定甲车(即被保险人)负全部责任,故乙车的全部损失都应该由甲车承担赔偿责任。

①应负赔偿金额60 000元 > 50 000元(责任限额)时,则甲车保险公司应负赔款数为:

$$\begin{aligned}赔款 &= 责任限额 \times (1 - 免赔率之和) \\ &= 50\,000 \times [1 - (15\% + 5\%)] \\ &= 50\,000 \times (1 - 20\%) \\ &= 40\,000(元)\end{aligned}$$

②应承担赔偿金额50 000元 = 50 000元(责任限额)时,则甲车保险公司应付赔款数为:

$$\begin{aligned}赔款 &= 应承担赔偿金额 \times (1 - 免赔率之和) \\ &= 50\,000 \times (1 - 20\%) \\ &= 40\,000(元)\end{aligned}$$

③应承担赔偿金额40 000元 < 50 000元(责任限额)时,则甲车保险公司应付赔款数为:

$$\begin{aligned}赔款 &= 应承担赔偿金额 \times (1 - 免赔率之和) \\ &= 40\,000 \times (1 - 20\%) \\ &= 32\,000(元)\end{aligned}$$

例12 甲车投保车损险及第三者责任险(责任赔偿限额5万元),发生保险事故,造成对方车辆损坏严重,驾驶员受重伤,经公安交通部门查勘认定,甲车负主要责任,承担70%的责任,依据条款规定承担10%免赔率,甲车保险公司对乙车查勘定损核定损失价为40 000元,乙车驾驶员住院医疗费为15 000元,其他费用(护理费、营养费、误工费等)价值5 000元,试计算甲车保险公司应赔付甲车第三者责任险赔款金额。

解: 此次事故中,甲车按照事故责任比例应承担的赔偿金额为:

$$(40\,000 + 15\,000 + 5\,000) \times 70\% = 42\,000(元)$$

由于应承担的赔偿金额 42 000 元小于赔偿限额 50 000 元,所以第三者责任险赔款金额为:

$$\text{赔款} = \text{应承担赔偿金额} \times (1 - \text{免赔率之和})$$
$$= 42\,000 \times (1 - 10\%)$$
$$= 37\,800(\text{元})$$

第三者责任险的保险责任为连续责任。即保险车辆发生第三者责任事故,保险人赔偿后,每次事故无论赔款是否达到保险赔偿限额的,在保险期限内,第三者责任险的保险责任仍然有效,直至保险合同期满。

3. 诉讼仲裁费用计算

规定的诉讼仲裁费用按以下情况计算:

(1)当被保险人应承担的诉讼仲裁费用超过保险单载明的责任限额的 30% 时:

$$\text{诉讼仲裁费用} = \text{责任限额} \times 30\%$$

(2)当被保险人应承担的诉讼仲裁费用低于保险单载明的责任限额的 30% 时:

$$\text{诉讼仲裁费用} = \text{应承担的诉讼仲裁费用}$$

例 13 一辆按照责任限额 150 000 元投保机动车辆第三者责任险的汽车,在出险时给第三方造成 300 000 元的损失,诉讼仲裁费用为 5 000 元。该车负主要责任,承担 70% 的损失赔偿,依据条款规定应承担 10% 的免赔率。试计算该车保险公司给付的第三者责任险及诉讼仲裁费用的赔款额。

解:此次事故中,该车按照事故责任比例应承担的第三者责任险赔偿金额为:

$$300\,000 \times 70\% = 210\,000(\text{元})$$

由于 210 000 元超过 150 000 元的责任限额,则第三者责任险赔款额为:

$$\text{赔款} = \text{赔偿责任限额} \times (1 - \text{免赔率之和})$$
$$= 150\,000 \times (1 - 10\%)$$
$$= 135\,000(\text{元})$$

$$150\,000 \times 30\% = 45\,000(\text{元})$$

被保险人应承担的诉讼仲裁费用为 5 000 元,没有超过保险单载明的责任限额的 30% 即 45 000 元,所以:

$$\text{诉讼仲裁费用} = \text{应承担的诉讼仲裁费用}$$
$$= 5\,000\,\text{元}$$

保险人向被保险人支付赔款总额为:

$$135\,000 + 5\,000 = 140\,000(\text{元})$$

4. 车辆损失险、第三者责任险赔款计算应注意事项

(1)赔款计算依据公安交通管理部门出具的"道路交通事故责任认定书"以及据此做出的"道路交通事故损害赔偿调解书"。

当调解结果与责任认定书不一致时,对于调解结果中认定的超出被保险人责任范围的金额,保险人不予赔偿;对于被保险人承担的赔偿金额低于其应按责赔偿的金额的,保险人只对被保险人实际赔偿的金额在限额内赔偿。

(2)对于不属于保险合同中规定的赔偿项目,但被保险人已自行承诺或支付的费用,保险人不予承担。

(3)法院判决被保险人应赔偿第三者的金额,如精神损失赔偿费等,保险人不予承担。

(4)保险人对第三者责任险事故赔偿后,对受害第三者的任何赔偿费用的增加,保险人不再负责。

(5)车辆部分损失的残值确定,应以车辆损坏部分的零部件残值计算。

(6)诉讼仲裁费用标准应按照最高人民法院下发的有关标准执行。车损险诉讼仲裁费用计入车损险施救费,第三者责任险诉讼仲裁费用必须保险人事先书面同意,在第三者责任险责任限额的30%以内计算赔偿。

例14 甲、乙车在行驶中不慎发生严重碰撞事故。经查证,两车均投保了车损险及第三者责任险,其中甲车车损险保险金额为3 000元,新车购置价为50 000元,第三者责任险限额为50 000元;乙车车损险保险金额为80 000元,新车购置价为90 000元,出险时的车辆实际价值70 000元,第三者责任险限额为50 000元。经公安交通事故处理机关现场查勘分析认定甲车严重违章行驶,是造成本次事故的主要原因,应承担本次事故的主要责任,负担本次事故损失费用的70%。乙车采取措施不当,负本次事故的次要责任,负担本次事故损失费用的30%,经甲、乙双方保险公司现场查勘定损核定损失如下:

甲车:车损20 000元,驾驶员住院医疗费10 000元,按规定核定其他费用(护理费、误工费、营养费等)2 000元,该车为部分损坏,损坏部分的零部件残值为200元。

乙车:车损45 000元,驾驶员死亡,按规定核定费用25 000元(含死亡补偿费、被抚养人生活费),一乘车人受伤致残,其住院医疗费20 000元,其他费用25 000元(护理费、误工费、营养费、伤残补助费及被抚养人生活费),该车部分损坏,损坏部分的零部件残值100元。

以上两车总损失费用为147 000元。按公安交通事故处理机关裁定:

甲车应承担损失费用为:147 000×70% = 102 900(元)

乙车应承担损失费用为:147 000×30% = 44 100(元)

试计算甲、乙两车保险公司分别应赔付甲、乙两车的赔款金额。

解:(1)甲车承保公司应支付甲车的赔款计算分别为:

①车损险:

由于甲车的车损险保险金额30 000元低于新车购置价50 000元,因此赔款为:

车损险赔款 = (实际修复费用 - 残值)×事故责任比例×(保险金额÷新车购置价)×
　　　　　　(1 - 免赔率之和)
　　　　　= (20 000 - 200)×70%×(30 000÷50 000)×(1 - 10%)
　　　　　= 7 484.4(元)

②第三者责任险:

甲车应承担乙车的赔偿费用:

(45 000 + 25 000 + 20 000 + 25 000)×70% = 80 500(元)

因为80 500元>50 000元(甲车第三者责任险限额),所以甲车保险公司赔付第三者责任险金额为:

赔款 = 赔偿限额×(1 - 免赔率之和)
　　 = 50 000×(1 - 10%)
　　 = 45 000(元)

故甲车保险公司总计应支付甲车赔款为:

7 484.4 + 45 000 = 52 484.4(元)

(2)乙车承保公司应支付乙车赔款:
①车损险:
由于乙车车损险保险金额高于车辆实际价值,因此赔款为:

$$车损险赔款 = (车辆实际价值 - 残值) \times 事故责任比例 \times (1 - 免赔率之和)$$
$$= (70\,000 - 100) \times 30\% \times (1 - 5\%)$$
$$= 19\,921.5(元)$$

②第三者责任险:
乙车应承担甲车的赔偿费用:

$$(20\,000 + 10\,000 + 2\,000) \times 30\% = 9\,600(元)$$

因为 9 600 元 < 50 000(第三者责任险限额)元,所以乙车保险公司赔付第三者责任险金额为:

$$赔款 = 应承担赔偿金额 \times (1 - 免赔率之和)$$
$$= 9\,600 \times (1 - 5\%)$$
$$= 9\,120(元)$$

故乙车保险公司总计应支付乙车赔款为:

$$19\,921.5 + 9\,120 = 29\,041.5(元)$$

5. 附加险赔款计算

(1)全车盗抢险的赔款计算。附加盗抢险的保险车辆,在保险期间被盗窃或被抢劫,若满 60 天后仍未找到,保险人在取得公安机关出具的车辆被盗抢证明后,按车辆保险金额或出险时车辆实际价值计算赔偿,并扣除相应的免赔率。

①当车辆保险金额高于或等于车辆出险时的实际价值时,计算公式为:

$$赔款 = 车辆实际价值 \times (1 - 免赔率)$$

②当车辆保险金额低于车辆出险时的实际价值时,计算公式为:

$$赔款 = 车辆保险金额 \times (1 - 免赔率)$$

被盗抢车辆在 60 天内找回,但车辆遭受部分损毁(碰撞、车上装备丢失以及其他机械方面的损坏),保险人应比照车辆损失险赔付款计算方法进行计算。

(2)车上责任险的赔款计算。被保险人凡发生车上责任险范围内的各项损失,保险人按责任限额以及被保险人在事故发生过程所应当承担的责任,扣减相应的比例免赔率进行赔款计算。

①人员伤亡。车上人员伤亡按人分别计算,每辆车给付的人数以不超过保险车辆的额定座位(包括驾驶员)为限。如实际载客人数超过额定座位时,以额定座位数与实际载客数的比例付给。

a. 2003 年版条款。车上人员责任险赔款按以下情况计算:

ⓐ当被保险人按事故责任比例应承担的每座车上人员伤亡赔偿金额未超过保险合同载明的每人责任限额时,则

$$赔款 = 应承担的赔偿金额$$

ⓑ当被保险人按事故责任比例应承担的每座车上人员伤亡赔偿金额超过保险合同载明的每人责任限额时,则

$$每人赔款 = 责任限额$$

ⓒ赔款等于每人赔款之和,则赔款人数以投保座位数为限。

b. 2000年版条款。车上人员责任险赔款按以下情况计算：
ⓐ当被保险人按事故责任比例应承担的每座车上人员伤亡赔偿金额未超过保险合同载明的每人责任限额时，则

$$每人赔款 = 应承担的赔偿金额 \times (1 - 免赔率)$$

ⓑ当被保险人按事故责任比例应承担的每座车上人员伤亡赔偿金额超过保险合同载明的每人责任限额时，则

$$每人赔款 = 责任限额 \times (1 - 免赔率)$$

ⓒ赔款等于每人赔款之和，则赔款人数以投保座位数为限。
②车上货物损失。
a. 2003年版条款。车上货物责任险赔款按以下情况计算：
ⓐ当被保险人按事故责任比例应承担的车上货物损失金额未超过保险合同载明的责任限额时，则

$$赔款 = 应承担的赔偿金额 \times (1 - 20\%)$$

ⓑ当被保险人按事故责任比例应承担的车上货物损失金额超过保险合同载明的责任限额时，则

$$赔款 = 责任限额 \times (1 - 20\%)$$

b. 2000年版条款。车上货物责任险赔款按以下情况计算：
ⓐ当被保险人按事故责任比例应承担的车上货物损失金额未超过保险合同载明的责任限额时，则

$$赔款 = 应承担的赔偿金额 \times (1 - 免赔率)$$

ⓑ当被保险人按事故责任比例应承担的车上货物损失金额超过保险合同载明的责任限额时，则

$$赔款 = 责任限额 \times (1 - 免赔率)$$

(3) 无过失责任险的赔款计算：
①当无过失责任险损失金额未超过赔偿限额：

$$赔款 = 实际损失金额 \times (1 - 20\%)$$

②当无过失责任险损失金额超过赔偿限额：

$$赔款 = 责任赔偿限额 \times (1 - 20\%)$$

事故处理裁决书载明保险车辆及驾驶员在事故中无过失并按道路交通处理规定承担10%赔偿费用的案件，其赔款应在第三者责任险中列支。

(4) 玻璃单独破碎险的赔款计算：

$$赔款 = 实际修复费用$$

(5) 车辆停驶损失险的赔款计算：
①全部损失：

$$赔款 = 保险合同中约定的日赔偿金额 \times 保险合同中约定的最高赔偿天数$$

②部分损失。在计算赔款天数时，首先比较"汽车保险车辆损失情况确认书"中约定的修理天数和实际修理天数，两者以天数少者为准。即："汽车保险车辆损失情况确认书"中约定的修理天数大于或等于实际修理天数，以实际修理天数为基础计算；"汽车保险车辆损失情况确认书"中约定的修理天数小于实际修理天数，以"汽车保险车辆损失情况确认书"中约定的修理天数为计算基础。

a.赔偿天数未超过保险合同中约定的最高赔偿天数,则

$$赔款 = 保险合同中约定的日赔偿金额 \times 赔偿天数$$

b.赔偿天数超过保险合同中约定的最高赔偿天数,则

$$赔款 = 保险合同中约定的日赔偿金额 \times 保险合同中约定的最高赔偿天数$$

赔偿后,使用批单批改保险合同中约定的最高赔偿天数。在保险期内,赔偿金额累计达到保险单载明的保险金额,本附加险保险责任终止。保险期限内发生保险事故时,约定赔偿天数超出保险合同终止期限部分,仍应赔偿。

批文格式如下:

鉴于被保险人发生"车辆停驶损失险"责任范围内的保险事故,保险人已履行赔偿义务,赔款_____元。根据保险合同约定,本保险合同尚余赔偿天数_____天,特此批改。

(6)车身划痕损失险的赔款计算。在保险金额(5 000 元)内按实际损失计算赔偿,并使用批单冲减保险金额:

$$赔款 = 实际损失金额$$

批文格式如下:

鉴于被保险人发生"车身划痕损失险"责任范围内的保险事故,保险人已履行赔偿义务,赔款_____元。根据保险合同约定,本保险合同尚余保险金额_____元,特此批改。

在保险期限内,赔款累计达到本险种保险金额(5 000 元),该附加险保险责任终止。

(7)自燃损失险的赔款计算:

①全部损失。

$$赔款 = (保险金额 - 残值) \times (1 - 20\%)$$

②部分损失

$$赔款 = (实际修复费用 - 残值) \times (1 - 20)$$

赔款金额不得超过本险种保险金额。

③施救费用以不超过保险金额为限:

$$赔款 = 总的施救费用 \times (保险财产 \div 实际施救财产总价值) \times (1 - 20\%)$$

(8)新增加设备损失险的赔款计算:

①损失金额与所负责任比例之积未超过保险金额,则

$$赔款 = 实际损失费用 \times 所负责任比例 \times (1 - 免赔率)$$

②损失金额与所负责任比例之积超过保险金额,则

$$赔款 = 保险金额 \times (1 - 免赔率)$$

(9)不计免赔特约险的赔款计算:

①2003 年版条款。赔款按下式计算:

$$赔款 = 一次赔款中以承保且出险的各险种免赔额之和$$

出现下列情况被保险人自行承担的免赔额,保险人不负责赔偿:

a.车辆损失保险中应当由第三方负责赔偿而确实无法找到第三方的。

b.因违反安全装载规定增加的免赔款。

c.同一保险年度内多次出险,每次增加的免赔款。

d.附加盗抢险或附加火灾、爆炸、自燃损失险中规定的免赔款。

e. 对家庭自用车保险合同中约定驾驶人员的,保险事故发生时由非约定驾驶人员驾车而增加的免赔款。

例15 一辆家庭自用车投保了责任限额 150 000 元的机动车辆第三者责任险,以及责任限额 50 000 元的附加车上货物责任险,同时投保了上述两个险种的不计免赔特约险。在保险期内第二次发生交通事故时,造成第三者损失 50 000 元,车上货物损失 10 000 元,驾驶人员承担全部责任,依据该种车辆条款的规定承担15%的免赔率,同时又由于非约定驾驶人员肇事,应增加5%免赔率,二次出险,增加5%免赔率。试计算该车保险公司应赔付各险种赔款金额。

解:①第三者责任险赔款额:

由于造成第三者损失 50 000 元,按照事故责任比例计算赔偿金额小于保险金额,则

$$赔款 = 应承担的赔偿金额 \times (1 - 免赔率之和)$$
$$= 50\,000 \times [1 - (15\% + 5\% + 5\%)]$$
$$= 37\,500(元)$$

②车上货物责任险赔款额:

由于车上货物损失为 10 000 元,当被保险人按事故责任比例应承担的车上货物损失金额未超过保险合同载明的责任限额时,则

$$赔款 = 应承担的赔偿金额 \times (1 - 20\%)$$
$$= 10\,000 \times (1 - 20\%)$$
$$= 8\,000(元)$$

③不计免赔特约险赔款额:

由于被保险人要自行承担同一保险年度内多次出险,每次加扣的免赔率和对家庭自用车保险合同中约定驾驶人员的,保险事故发生时由非约定驾驶人员驾车而加扣的免赔率,所以

$$赔款 = 一次赔款中以承保且出险的各险种免赔额之和$$
$$= 50\,000 \times 15\% + 10\,000 \times 20\%$$
$$= 9\,500(元)$$

该保险公司总共赔偿金额为:

$$37\,500 + 8\,000 + 9\,500 = 55\,000(元)$$

②2000 年版条款。赔款按下式计算:

$$赔款 = 车损险免赔金额 + 第三者责任险免赔金额$$

③免赔率的确定。免赔率按条款的明确规定确定。其中特别注意的是:

a. 全车盗抢险中被保险人索赔时未能提供"机动车驾驶证"、"机动车登记证书"、机动车来历凭证、车辆购置税完税证明(车辆购置附加费缴费证明)或免税证明等证件,每缺少一项增加1%的免赔率。

2000 年版条款承保全车盗抢险的,索赔时被保险人未能提供机动车行驶证(行车执照)、购车原始发票、车辆购置附加费凭证。每缺少一项,增加0.5%的免赔率,未能提供车钥匙的,增加5%的免赔率。

b. 因自然灾害引起的不涉及第三者赔偿的单纯车损案件,不扣免赔率。但对被保险人未尽到妥善保管或及时施救义务的案件除外。

6.缮制赔款计算书

计算完赔款以后,要缮制赔款计算书,如表8-4所示。

某公司汽车保险赔款计算书 表8-4

被保险人:		保险单号:			
厂牌型号:		车牌号码		车辆类别	
新车购置价:		保险金额		责任限额	
出险原因:		事故责任		责任比例	
出险日期: 年 月 日		免赔比例		赔款比例	
损失程度:		保险期限	自 年 月 日零时起至 年 月 日二十四时止		
分险种赔款计算公式					
鉴定费: 元		代查勘费: 元		诉讼、仲裁费: 元	
其他费用: 元		预付赔款: 元		损余物资/残值金额: 元	
本次实付赔款(人民币大写): 元(¥: 元)					
赔款总计(人民币大写): 元(¥: 元)					
经理签字: 年 月 日	主管签字: 年 月 日		核赔师签字: 年 月 日		经办人签字: 年 月 日
上级审批意见: 年 月 日					

赔款计算书应该分险别项目计算,并列明计算公式。缮制赔款计算书时应注意以下几个问题:

(1)有关证明和单证材料要齐全,如报案登记表、出险通知书、勘察理赔工作报告、原始单据、第三者人身伤亡的医疗费单据、赔偿第三者的收款收据、施救费用清单和单据、勘察费用单据、汽车修理项目清单和费用单据、公安交通管理部门出具的责任裁定材料、现场照片以及修车协议书(车辆估损单)等有关的材料。如果保户原始单证入账无法提供,可用加盖财务公章的抄件或复印件,并注明原始凭证入账日期和会计凭证编号。

(2)"机动车辆赔款计算书"是支付赔款的正式凭证,各栏要根据保险单、勘察理赔工作报告及有关证明单证详细核对填写,项目要齐全,赔款计算应尽量用计算机出单,计算要准确,数字、字迹要清晰,不可有任何涂改。业务负责人审核无误后,在赔款计算书上签署意见和日期,然后送交核赔人员。

此外,理赔案件还要有一个综合报告。赔案综合报告是对一个赔案整个处理过程简明扼要的文字表述,要求文字表达准确、简练,内容要全面。任何人(包括赔案复核人、审核人)看了赔案综合报告后,能够对保险标的的承保情况、事故发生情况、保险责任确定以及损失费用核定情况有所了解,并能清楚整个赔案处理是否准确合理。

赔案综合报告书包括的要素:

(1)保险标的承保情况:包括被保险单位或被保险人、车辆损失险投保金额、车辆重置价、第三者责任险限额、附加险投保情况、保险有效期限等。

(2)事故情况:包括事故发生时间、地点,事故类型(碰撞、倾覆或其他自然灾害),交通事故处理机关经勘查事故现场后,分析认定事故责任情况以及损害赔偿调解,经济损失分担情况(包括承担比例及损失赔偿费用)。

(3)保险责任确定情况:保险公司勘察定损人员现场勘察情况以及依据保险条款对是否属于保险责任的确定。

(4)损失费用核定情况:损失费用核定应分项表述。如:车辆损失费用核定情况、施救费用核定情况、第三者损失费用核定情况(人、车、物)、附加险损失费用核定情况。在分项表述时应重点表述核减、剔除费用的原因及依据。

(5)赔款分项计算情况及总赔款数。赔案综合报告一般情况下要求全用文字表述,但考虑到理赔内勤的工作量以及综合报告简单明了,对一些基本通用情况,如保险标的的承保情况及事故处理中的时间、地点、事故类型等可采用表格形式,其他要素则采用文字表述形式。

7. 核定赔款

核赔是在授权范围内独立负责理赔质量的人员,按照保险条款及保险公司内部有关规章制度对赔案进行审核的工作。核赔是对整个赔案处理过程进行控制,对核赔质量的控制体现在:核赔师对赔案的处理一是及时了解保险标的的出险原因、损失情况,对重大案件,应参与现场勘查;二是审核、确定保险责任;三是核定损失;四是审核赔款计算。其主要内容有:

1)审核单证

(1)审核被保险人提供的单证、证明及相关材料是否齐全、有效,有无涂改、伪造等。

(2)审核经办人员是否规范填写有关单证,必备的单证是否齐全等。

(3)审核相关签章是否相符。

2)核定保险责任

(1)被保险人与索赔人是否相符。

(2)出险车辆的厂牌型号、牌照号码、发动机号码、车架号与保险单证是否相符。

(3)出险原因是否为保险责任。

(4)出险日期是否在保险期限内。

(5)赔偿责任是否与保险险别相符。

(6)事故责任划分是否准确合理。

3)核定车辆损失及赔款

(1)车辆损失项目、损失程度是否准确合理。

(2)更换的零部件是否按照规定进行了报价,定损项目与报价项目是否一致。

(3)换件部分拟赔款金额是否与报价金额相符。

4）核定人身伤亡损失与赔款

核赔人员根据现场勘察记录、调查证明和被保险人提供的"事故责任认定书"、"事故调解书"和伤残证明等材料,按照相关规定审核人员伤亡损失与赔款是否合理。应重点核定以下内容：

(1) 伤亡人员数、伤残程度是否与调查情况和证明相符。

(2) 人员伤亡费用是否合理。

(3) 被抚养人口、年龄是否属实,生活费计算是否合理。

5）核定其他财产损失

核定其他财产损失时,应根据照片和被保险人提供的有关货物、财产发票、有关单证,核实所确定的财产损失和损失物资残值等是否合理。

6）核定施救费用

根据案情和对施救费用的有关规定,对涉及施救费用的有关单证和赔付金额进行审核。

7）核定赔付计算

审核赔付计算是否准确,免赔率使用是否正确,残值是否扣除等。

属于本公司核赔权限的,审核完成后,核赔人员签字并报领导审批。属于上级公司核赔的,核赔人员提出核赔意见,经领导签字后,报上级公司核赔。在完成各种核赔和审批手续后,转入赔付结案程序。

四、赔付结案

1. 结案登记与单据清分

(1) 结案登记。赔付结案时要进行结案登记。

①业务人员根据核赔的审批金额,填发《赔款通知书》及赔款数据,被保险人在收到《赔款通知书》后在赔款收据上签章,财会部门即可支付赔款。在被保险人领取赔款时,业务人员应在保险单正、副本上加盖"××××年××月××日出险,赔款已付"字样的印章。

②未决赔案的处理办法。未决赔案是指截止到规定的统计时间,已经完成估损、立案,尚未结案的赔款案件,或被保险人尚未领取赔款的案件。处理的原则是,定期进行案件跟踪,对可以结案的案件,需敦促被保险人尽快交齐索赔材料,赔偿结案;对尚不能结案的案件,应认真核对、调整估损金额;对超过时限,被保险人不提供手续或找不到被保险人的未决赔案,按照"注销案件"处理。

(2) 单据清分。赔付结案时,应进行理赔单据的清分。一联赔款收据交被保险人;一联赔款收据连同一联赔款计算书送会计部门作付款凭证;一联赔款收据和一联赔款计算书或赔案审批表,连同全案的其他材料作为赔案案卷资料归档。

被保险人领取赔款后,业务人员按照赔案编号,录入《保险车辆赔案结案登记簿》,同时在《报案、立案登记簿》备注栏中注明赔案编号与日期,作为续保时是否给付无赔款优待的依据。

2. 理赔案卷管理

(1) 理赔案卷内容。理赔案卷应按照一案一卷整理、装订、登记、保管。赔款案卷应单证齐全,编排有序,目录清楚,装订整齐,照片与原始单证应粘贴整齐并附必要的说明。

理赔案卷应做到一案一档,防止一档多案。理赔案卷在入档之前,理赔内勤人员要认真进行"理赔档案保管登记簿"登记。

登记的主要内容有:归档日期、案卷编号、被保险人姓名等。登记簿要指定内勤人员专人管理,便于查找调阅案卷。

(2)理赔案卷单证目录。理赔案卷单证目录内容如下：
①汽车保险赔案审批表；
②汽车保险赔款计算书；
③汽车保险结案报告书；
④汽车保险出险报案表；
⑤汽车保险报案记录（代抄单）；
⑥汽车保险索赔申请书；
⑦事故责任认定书、事故调解书、判决书或出险证明文件；
⑧汽车保险事故现场勘察记录；
⑨汽车保险事故现场勘察草图；
⑩汽车保险事故现场勘察询问笔录及附页；
⑪汽车保险车辆损失情况确认书（包括零部件更换项目清单及清单附页、修理项目清单及清单附页）；
⑫保险车辆增加修理项目申请单；
⑬汽车保险财产损失确认书；
⑭汽车保险人员伤亡费用清单；
⑮汽车保险伤残人员费用管理表；
⑯误工证明及收入情况证明；
⑰汽车保险赔案票据粘贴用纸（有关原始单据）；
⑱汽车保险赔案照片粘贴用纸（照片）；
⑲机动车行驶证复印件、机动车驾驶证复印件；
⑳汽车保险简易案件赔款协议书；
㉑汽车保险权益转让书；
㉒汽车保险领取赔款通知书；
㉓汽车保险赔款统计明细表；
㉔汽车保险拒赔通知书；
㉕汽车保险拒赔案件报告书；
㉖汽车保险代为追偿案件登记簿；
㉗汽车保险诉讼、仲裁案件申请表；
㉘汽车保险结案催告、注销通知书；
㉙机动车辆救助调度记录清单；
㉚机动车辆特约救助书；
㉛机动车辆救助特约条款赔款结算书；
㉜汽车保险预付赔款计算申请书；
㉝汽车保险预付赔款审批表；
㉞汽车保险损余物资回收处理单；
㉟汽车保险异地出险联系函；
㊱汽车保险受理勘察、定损复函；
㊲汽车保险赔案流转时限卡；
㊳其他有关证明及材料。

案卷管理是一项长期、细致的工作，应指定专人负责管理。通常当档案卷整理、装订完毕后并分类编号登记后,应按类号装盒归档,有序陈放,并按业务档案的管理规定进行妥善保管。

3. 理赔案卷按分级审批、分级留存并按档案管理规定进行保管的原则

(1)车险业务档案卷内的排列顺序一般遵循的原则。承保单证应按承保工作顺序依次排列,理赔案卷应按理赔卷皮内目录内容进行排列。

(2)承保单证、赔付案卷的装订方法:

①赔付案件中的资料均采用"三孔一线"的装订方法,孔间距为6.5cm。承保单证一律在卷上侧统一装订,赔付卷一律在卷左侧统一装订,对于承保和理赔中需要附贴的单证,如保费收据、赔案收据和各种医疗费收据、修理费发票等一律粘贴在"汽车保险(单证)粘贴表"上,粘贴整齐、美观、方便利用。

②对于承保单证一律按编号排列整齐,每50份装订为一卷,赔付卷要填写卷内目录和备注表,装订完毕后打印自然流水号,以防卷内形式不一的单证、照片等重要原始材料遗失,对于卷内不规格的形式不一的单证(如照片、锯齿发票等)除一律粘贴在统一规格的粘贴表上之外,还应加盖清晰的骑缝章,并在粘贴表的"并张单证"中注明粘贴张数。

(3)卷内承保、理赔卷的外形尺寸。卷内承保、理赔卷的外形尺寸分别以承保副本和汽车保险(单证)粘贴表的大小为标准,卷皮可使用统一的"车辆业务档案卷皮"加封,并装盒保存(注每盒承保50份,理赔10份)。

(4)承保单证及赔付案卷卷皮上应列明的内容。承保的卷皮上应列明的内容为:机构名称、险种、年度、保单起止号、保管期限;赔案卷皮应注明的内容为:机构名称、险种、赔案年度、赔案起止号、保管期限。

(5)档案管理要求。业务原始材料应由具体经办人提供,按顺序排列整齐,然后移交档案管理人员,档案管理人员按上述要求统一建档,保管案卷人员应以保证卷内各种文件、单证的系统性、完整性和真实性为原则,当年结案的案卷归入所属业务年度,跨年度的赔案归入当年的理赔案卷。

(6)业务档案的利用工作。业务档案的利用工作既要积极主动,又必须坚持严格的查阅制度。查阅时要填写调阅登记簿,由档案管理人员亲自调档案并协助查阅人查阅。

(7)承保及理赔档案的销毁和注销。根据各个公司的规定,对于车险业务一般保管期限为三年,对于超过保存期限的经内勤人员和外勤人员共同确定确实失去保存价值的,要填写业务档案销毁登记簿,上报部门经理方可销毁。

4. 支付赔款

保险公司在赔偿时是以事实为依据,依照保险条款进行赔偿。因此,被保险人在处理事故时要实事求是地承担责任,超过应负责任的损失,保险公司不负责赔偿。

公安交管部门结案后,被保险人提供齐全、有效的索赔材料后,保险公司根据条款、索赔材料进行赔款理算,经过缮制、核赔等环节确定赔偿金额。被保险人按照保险公司的通知或约定到保险公司领取赔款。一般保险双方确认赔偿数额后,保险公司应在10日内作出赔偿。

在保险公司结案后,被保险人应尽快领取赔款,领取赔款时要携带被保险人及取款人的身份证。如被保险人为单位的,需要单位出具同意领取赔款的证明或者提供账号、开户行以转账的方式支付赔款。

5. 典型的专项案件处理程序

1) 简易赔案

在实际工作中很多案情简单,出险原因清楚,保险责任明确,事故金额低,可在现场确定损失。为简化手续,方便客户,加快理赔速度,根据实际情况可对这些案件实行简易处理,称之为简易赔案。

(1) 实行简易赔案处理必须同时具备以下的条件:

①车辆损失险列明:自然灾害和被保险人或允许的合格驾驶员或约定的驾驶员,单方肇事,不涉及第三者,而导致的车损险案件。

②案情简单,出险原因清楚,保险责任明确,损失容易确定。

③车辆部分损失可以一次核定,已损失金额在5000元以下的。

④车损部位可以一次核定,且受损的零部件按照价格目录可以准确确定价格。

(2) 处理程序。典型的专项案件处理程序如下:

①接到报案后,勘察定损人员应双人赶赴第一现场勘察、拍照、定损。

②逐项确定损失费用和金额,填写《简易赔案协议书》,并由被保险人签字。

③经核赔人员审核后,交领导审批签字。

④开具《赔款通知书》,交财会部门及时支付赔款。

⑤将《简易赔案协议书》相关内容录入计算机,进行结案登记。

(3) 赔付结案必备的单证。简易赔案案件在赔付结案时,必备的单证包括保险单抄件、出险通知书、简易赔案协议书及其定损清单、现场勘察报告、事故现场与车损照片、赔款收据及其他有关单证。

2) 逃逸案件

根据现行的《道路交通事故处理办法》的规定,在实行机动车辆第三者责任法定保险的行政区域发生机动车辆交通事故逃逸案件的,由当地保险公司预付伤者抢救期间的医疗费及死者的丧葬费。但如果在案发当地有多家保险公司经营汽车保险业务,对逃逸案件是否垫付,由各保险公司自定或按照国务院的相关规定执行。

(1) 垫付程序:

①保险公司接到当地公安交通管理部门出具的垫付通知书后,应迅速勘察核实,登入《逃逸案件登记表》。

②伤者抢救期结束时,根据公安交通管理部门提供的医院抢救费用单据或死亡证明,办理垫付手续,并由公安交通管理部门出具垫付款收据。

③按照规定填写赔款计算书,连同垫付通知书、垫付款收据、有关医院费用单据或死亡证明等归入理赔案卷。垫付金额直接作为赔款支出核算。

④每一逃逸案件垫付的最高金额以5万元为限。

⑤垫付赔款应做好统计,年底按照当地其他保险公司保险费收入所占比例进行分摊,分摊回的金额应冲减赔款。

(2) 垫付赔款的追偿。逃逸案件破案后,应向逃逸者及其所在单位或汽车所有人追偿垫付的所有款项,并要求公安交通管理部门协助追偿,追偿回的金额应冲减赔款。

3) 代位追偿案件

(1) 处理原则。

①只有机动车辆损失险适合于代位追偿。

②代位追偿必须是发生在保险责任范围内的事故。

③代位追偿是法定的保险人应履行的责任,根据权利义务对等的原则,代位追偿的金额应在保险金额范围内,根据实际情况接受被保险人全部或部分权益转让。

④履行代位追偿以后,追偿工作必须注意债权债务的法律实效问题。

(2)处理程序。对涉及第三方责任导致的车辆损失险赔付案件,被保险人在索赔过程中,如遇第三方不予支付的情况,应向人民法院提起诉讼。经人民法院立案后,被保险人书面请求保险人先予赔偿的,同时应向保险人提供人民法院的立案证明。保险人可按保险条款有关规定和保险合同载明的条件先行赔付。具体处理程序如下:

①被保险人需要出具人民法院的立案证明和权益转让书,以及各种有效证据,保险人受理代位追偿案件。

②保险人按照保险合同和有关规定理算赔款。

③保险公司业务部门缮制赔款计算书和赔款通知书,履行赔付结案手续。

④赔偿后,在结案登记时注明"代位追偿"的字样,并要求被保险人积极配合保险人的追偿工作。

⑤对代位追偿的案件数和赔偿金额进行统计,已经追回的追偿款应冲减赔款。

4) 预付赔款案件

汽车保险赔付原则上不能预付赔款,对于特殊案件确需要预付赔款时,应从严掌握。属于下列情况的可以预付赔款:

(1)被保险人因特殊原因提出预付赔款请求,必须提交有关证明与材料。经审核确属于保险责任的,方可预付。

(2)保险责任已经确定,但因保险赔偿金额暂时不能确定而难以尽快结案的,可以根据已有的证明材料,按照能确定的最低数额先行支付,等最终确定赔偿金额后,再支付相应的差额。

(3)对于伤亡惨重、社会影响面大,被保险人无力承担损失的重大案件,经审核确定为保险责任但赔偿金额暂时不能确定的,可在估计损失的50%内先行支付。等最终确定赔偿金额后,支付相应差额。

预付赔款时,应由被保险人填写《预付赔款申请书》,按照规定要求报上级公司审核批准后支付。

5) 救助案件

救助案件是指对投保汽车保险、附加险、附加救助特约险保险责任范围内的出险车辆,实施救助理赔的案件。救助案件处理过程是:

(1)保险公司接受报案并抄单,同时通知救助协作单位,救助单位实行救助并反馈。

(2)被保险人确认签字后,进行立案,核对并缮制赔案,支付赔款。

6) 疑难案件

疑难案件分争议案件和疑点案件两种情况,即:

争议案件指保险人和被保险人对条款理解有异议或责任认定有争议的案件,在实际操作中采用集体讨论研究、聘请专家论证和上级公司请示等方式解决,保证案件圆满处理。

疑点案件指赔案要素不完全、定损过程中存在疑点或与客户协商不能达成一致的赔案。疑难案件调查采取4种形式:

(1)在勘察定损过程中发现的有疑点的案件由勘察定损人员负责进行调查。

(2)在赔案制作和审批过程中发现有疑点的案件由各保险公司的专门机构负责进行调查。

(3)骗赔、错赔案件和虚假赔案由纪检监察部门或人员负责进行调查。

(4)重大伤人案件调查由保险公司的专门机构完成。

7) 注销案件

注销案件指保险车辆发生保险责任范围内的事故,被保险人报案立案后,未行使保险金请求权致使案件失效注销的案件。它分为超出索赔时效注销和主动声明放弃索赔权利注销两种情况。

对超出索赔时效注销,即自被保险人知道保险事故发生之日起两年内未提出索赔申请的案件,由业务处理中心在两年期满前 10 天发出"汽车保险结案催告、注销通知书"。被保险人仍未索赔的,案件报业务管理处(科)后予以注销处理。

对主动声明放弃索赔权利注销的案件,在业务处理中心发出"汽车保险结案催告、注销通知书"后,由被保险人在回执栏签署放弃索赔权利意见。案件报业务管理处(科)后予以注销处理。对涉及第三方损害赔偿的案件,被保险人主动声明放弃索赔权利的,要慎重处理。

8) 拒赔案件

拒赔案件的拒赔原则是:

(1)拒赔案件要严格按照《保险法》、《汽车保险条款》有关规定处理。拒赔要有确凿的证据和充分的理由,慎重决定。

(2)拒赔前应向被保险人明确说明原因,认真听取意见并向被保险人作好解释工作。

思考练习题

1. 汽车保险理赔的含义是什么?
2. 汽车保险理赔有哪些特点?
3. 汽车保险理赔有哪些重要意义?
4. 汽车保险理赔的作用是什么?
5. 汽车保险理赔的原则有哪些?
6. 汽车保险理赔工作人员有什么特殊要求?
7. 汽车保险理赔业务一般经过哪几个步骤?
8. 受理报案的主要工作内容有哪些?
9. 现场勘察的主要内容有哪些?
10. 现场勘察的主要程序包括哪些?
11. 现场摄影的方式有哪些?
12. 现场摄影的方法有哪些?
13. 现场勘察草图的基本内容有哪些?
14. 车辆定损有哪些方法?
15. 车辆定损时应注意哪些问题?
16. 一辆新车购置价(含车辆购置税)为 120 000 元的汽车,全额投保了车辆损失保险,该车辆在保险期内发生第三次交通事故,实际价值 90 000 元,驾驶人员承担全部责任,依据该种车辆条款的规定承担 15% 的免赔率,同时又由于是第三次出险,应增加 10% 的免赔率。出险后车辆全部损失,残值 1 000 元,试计算保险公司应支付该车辆损失险的赔款。
17. 一辆新车购置价(含车辆购置税)为 120 000 元的汽车,全额投保了车辆损失保险,该车辆在保险期内发生交通事故时,实际价值 80 000 元,驾驶人员承担全部责任,依据该种车辆条款的规定承担 15% 的免赔率,同时又由于非约定驾驶员肇事,应增加 5% 的免赔率。

车辆的实际修理费用10 000元,损坏部件残值100元,试计算保险公司应支付该车辆损失险的赔款。

18. 一辆按照责任限额100 000元投保机动车辆第三者责任险的汽车,在出险时给第三方造成150 000元的损失,诉讼仲裁费用为3 000元。该车负主要责任,承担70%的损失,依据条款规定应承担15%的免赔率。按照2003年版条款试计算保险公司应支付的第三者责任险赔款。

19. 一辆家庭自用车投保了责任限额100 000元的机动车辆第三者责任险和责任限额30 000元的附加车上货物责任险,同时投保了上述两个险种的不计免赔特约险。在保险期内第三次发生交通事故时,造成第三者损失80 000元、车上货物损失20 000元,驾驶人员承担全部责任,依据该种车辆条款的规定承担15%的免赔率,同时又由于非约定驾驶员肇事,应增加5%免赔率,本保险期内第三次出险,增加10%免赔率,试计算保险公司应支付的各项赔款。

20. 某保险车辆新车购置价为65 000元,双方协商确定车辆保险金额为实际价值40 000元,车上所载货物价值30 000元,发生保险事故,属于单方肇事,保护与施救费用共支出1 000元。试计算保险公司应赔付的施救费用。

21. 什么叫核赔?核赔的主要工作内容包括哪些?
22. 理赔案卷按怎样的原则进行管理?
23. 简易赔案处理必须同时具备哪些条件?
24. 逃逸案件的垫付程序有哪些内容?
25. 代位追偿案件的处理原则是什么?
26. 在什么情况下可以预付赔款?
27. 疑难案件分哪两种类型?各种类型的含义是什么?
28. 赔案综合报告书包括哪些具体的要素?

参 考 文 献

[1] 强添纲,孙凤英.汽车金融[M].北京:人民交通出版社,2009.
[2] 王再祥.汽车金融[M].北京:中国金融出版社,2004.
[3] 王再祥,贾永轩.汽车消费信贷[M].北京:机械工业出版社,2006.
[4] 何忱予.汽车金融服务[M].北京:机械工业出版社,2006.
[5] 奕涛.汽车金融研究[M].北京:企业管理出版社,2005.
[6] 王平.中外汽车金融比较研究[D].2005.
[7] 马钧,倪明辉,何瑛,徐雯霞.汽车金融服务[M].北京:北京理工大学出版社,2007.
[8] 中国银行业监督管理委员会.汽车金融公司管理办法[J/OL].(2008-02-03) http://www.gov.cn/flfg/content 881073htm
[9] 杨双会.对我国汽车金融服务发展策略的思考[J].汽车工业研究,2008.7:7-17.
[10] 王爱晶.国外汽车金融经营管理模式对我国的启示[J].金融与经济,2009.4:37-40.
[11] 朱继涛,郑太阳.我国汽车金融公司发展的制约因素及对策分析[J].现代商业,2008.23:183.
[12] 李旭.国内汽车消费信贷模式构建研究[J].商场现代化,2008.26:32.
[13] 张君毅.美德日汽车金融服务的比较[J].汽车与配件,2007.42:34-41.
[14] 王爱梅,郑晓翔.中外汽车消费信贷管理比较分析[J].北方经贸,2008.1:103-104.
[15] 张亮,阎俊.我国汽车信贷的主要模式及风险防范[J].商业时代,2005.26:76-77.
[16] 赵宇华.资产证券化原理与实务[M].北京:中国人民大学出版社,2007.
[17] 高广春.资产证券化的结构[M].北京:中国经济出版社,2008.
[18] 耿丹丹.我国信贷资产证券化的立法完善[J].西南金融,2007.4:53-54.
[19] 刘希珍,边心博.汽车金融的资产证券化研究[J].西安电子科技大学学报(社会科学版),2007.3:83-88.
[20] 冯俊文.汽车金融中的信贷资产证券化研究[D].南京:南京理工大学,2006.
[21] 吕伟昌.汽车金融公司资产证券化问题探讨[J].中国证券期货,2009.3:44-48.
[22] 张翔.汽车金融信贷业务模式分析[J].汽车工业研究,2003.8:25-28.
[23] 梁转平.汽车金融信贷研究[D].安徽农业大学,2006.
[24] 高继东.汽车金融体系及汽车消费信贷研究[D].天津大学,2004.
[25] 李洁.汽车金融公司个人汽车消费信贷的操作风险研究——以上海汽车集团财务有限责任公司为例[D].复旦大学,2009.
[26] 莫少荣.中国汽车金融风险管理[D].广西大学,2006.
[27] 王德辉.我国汽车消费信贷风险研究[D].中国农业大学,2005.
[28] 陈超惠.个人汽车消费信贷风险与防范[J].特区经济,2008.4:228-229.
[29] 彭国庆,梁新波.当前个人汽车贷款的风险分析与控制对策[J].科技情报开发与经济,2008,18:112-114.
[30] 徐晓辉.我国汽车金融服务业中的信用风险管理[D].山东大学.2008.
[31] 周显志.金融市场中的消费信贷法律问题研究[M].北京:法律出版社,2008.

[32] 陶祯喆.我国汽车金融公司监管制度的发展与创新[J].改革与开放,2010. 10:12.
[33] 孙凤英.机动车辆保险与理赔[M].北京:人民交通出版社,2011.
[34] 倪嘉薇,吴霖生.汽车信贷与保险[M].上海:上海大学出版社,2005.
[35] 黎明琳.汽车金融公司监管法律问题研究[D].华东政法大学,2011.